Mitarbeit: Werner Irro
Taschenbuch ISBN: 978-3-00-051018-2
e-book ISBN:978-3-00-051017-5
www.isabellemueller.de

Isabelle Müller

PHÖNIX TOCHTER

Die Hoffnung war mein Weg

GEMISCHTES BLUT

Als meine Mutter jung war, wurde von einer Frau erwartet, dass sie sich von den Eltern einen Mann aussuchen ließ, viele Kinder großzog, Nebenfrauen klaglos ertrug und selbst bescheiden und unterwürfig blieb. Die erste Frau in meiner Familie, die gegen dieses traditionelle Rollenverständnis verstieß, war meine Mutter. Sie wollte nach ihren Vorstellungen leben, selbst wenn sie dafür teuer bezahlen musste. Sie war eine starke Frau.

Meine Mutter hieß Cuc, das bedeutet Chrysantheme. Sie kam 1929 in Annam, der heutigen Sozialistischen Republik Vietnam, zur Welt, ihre Mutter war eine Frau aus dem Volk der Lao. Eine Geburt in Vietnam war nicht zu vergleichen mit einer Geburt in Europa. Die vietnamesische Kultur ruht auf einer Vielzahl von archaischen, fest verankerten Bräuchen. Wird ein neuer Mensch geboren, müssen bestimmte Bräuche zum Schutz gegen drohendes Unglück eingehalten werden. Um kein Leid über das Kind und die Familie zu bringen, muss eine schwangere Annamitin außerhalb der eigenen vier Wände niederkommen. So wurde meine Mutter unterwegs geboren, ihre Eltern befanden sich gerade auf dem Weg zur Hafenstadt Haiphong, wo sie die Ausbeute ihrer Jagd verkaufen wollten. Während mein Großvater, der von den Moi, einem wilden Jägerstamm abstammte, neben dem Wasserbüffel und der Karre voller Waren wartete, gebar meine Großmutter das Kind ohne jede Hilfe. Ihr Mann hatte bewusst abseits gestanden, nach annamitischem Glauben hätte er sonst seine Männlichkeit verloren.

Nachdem das Kind da war, rief ihn seine Frau herbei, um die Nabelschnur zu durchtrennen. Mein Großvater drehte sie zu einem Schneckenhaus, bevor er das Gebilde mit einer großen Silbermünze am Bauch des Säuglings befestigte, um auf diese Weise den Heilungsprozess zu fördern. Die junge Mutter saugte dem Neugeborenen unterdessen die Unreinheiten aus der Nase und spuckte sie an den Wegrand; damit sollte eine Erkrankung der Atemwege verhindert werden. Die Nachgeburt nahm mein Großvater mit, er würde sie später, gemäß der Sitte zum Schutz eines Säuglings, an einem geheimen Ort vergraben. Kurz darauf setzten beide ihren Weg fort, nun zu dritt.

Im Vietnam der dreißiger Jahre des letzten Jahrhunderts herrschte eine strenge Hierarchie: Alter zählte mehr als Jugend, der Mann mehr als die Frau, die Familie mehr als das einzelne Kind. Weil meine Mutter nicht bereit war, sich dieser Hierarchie zu unterwerfen, wurde sie jedes Mal, wenn sie sich gegen Anordnungen wehrte, verprügelt, einmal so heftig, dass sie fast starb. Eines Tages erfuhr sie, dass für sie eine Heirat mit einem Unbekannten ausgehandelt worden war. Ihr Gegenwert: zwei Schweine und ein Stück Acker. Mit diesem Schicksal vor Augen flüchtete sie endgültig von zu Hause. Sie war damals nicht einmal zwölf Jahre alt.

Nichts konnte meine Mutter daran hindern, ihr Leben selbst in die Hand zu nehmen. Und es gelang ihr. Bald hatte sie einen festen Freund, und sie beschlossen zu heiraten. Kurz vor dem großen Termin ertappte sie ihn allerdings auf frischer Tat mit dem Dienstmädchen. Sie verließ ihn sofort. Obwohl die Hochzeitsvorbereitungen bereits im Gange waren und sie schon ein Kind unter ihrem Herzen trug, nahm sie es lieber auf sich, zu gehen. Sie wusste, dass sie von nun an als entehrte Frau galt, was nichts anderes bedeutete, als als Prostituierte verachtet zu werden. Sie gebar eine Tochter und gab ihr den Namen Loan, das vietnamesische Wort für Phönix. Doch das Kind starb bereits wenige Monate später in ihren Armen, gegen einen Infekt gab es damals keine Hilfe. Danach nahm sie selbst den Namen ihrer über alles geliebten Tochter an und nannte sich Loan. Und so sollte es bleiben: Für uns Kinder war sie immer nur Mè Loan, Mutter Loan.

Der Name wurde für sie zum Symbol dafür, aus dem Nichts wieder aufzuerstehen, er sollte sie in Zukunft stets an diese Kraft erinnern.

Einige Jahre später geriet sie zwischen die Fronten der einheimischen Polizei und der französischen Besatzungsmacht. Der französische Hauptmann, der sie befreite, »belohnte« sich für seine gute Tat, indem er sie vergewaltigte. Das Schlimmste geschah: Meine Mutter wurde erneut schwanger.

Meine Mutter betrieb damals gemeinsam mit zwei Freundinnen ein kleines Café, und hier war es auch, wo sie meinen Vater kennenlernte. Er war als Soldat der französischen Armee in Vietnam und verliebte sich in die hübsche Lokalbesitzerin. Als meine Eltern sich kennenlernten, offenbarte meine Mutter gleich zu Anfang ihre Schwangerschaft, und diese Ehrlichkeit beeindruckte meinen Vater so sehr, dass er versprach, das Kind zu adoptieren. Im Mai 1954, nach der endgültigen Niederlage der Franzosen in Dien Bien Phu, holte Frankreich überstürzt seine Truppen zurück, und meinem Vater blieb keine Zeit mehr, um die notwendigen Formalitäten für eine Adoption oder eine Heirat in die Wege zu leiten. So ließ er meine Mutter mit dem inzwischen geborenen Kleinen in Saigon zurück. Frankreich hatte sich da schon in den nächsten Kolonialkrieg verstrickt, und mein Vater wurde sofort nach Algerien geschickt.

Mè Loan blieb in Vietnam zurück, mit ihrem Sohn Marcel und zum dritten Mal schwanger. Sie versuchte alles, um das Land aus eigener Kraft verlassen zu können. Ein guter Freund, ein Schamane und Astrologe aus Saigon, stand ihr dabei mit Rat und Tat zur Seite. Herr Phan lieh ihr sogar das Geld für die Ausreisepapiere und für die Überfahrt mit dem Schiff nach Frankreich. Endlich, 1955, gelang meiner Mutter die Flucht – ohne ihr Kind.

Ihre natürliche Anlaufstation in Frankreich war die Familie meines Vaters, doch hier empfing man sie mit Kälte und Verachtung. Vielleicht galt die Ablehnung der zukünftigen Frau meines Vaters, ganz bestimmt galt sie jedoch meiner Mutter als Asiatin. In den nächsten Monaten bekam sie innerhalb und außerhalb der Familie alle Vorurteile zu spüren, keine Demütigung blieb ihr erspart. Wieder ganz auf sich allein gestellt – mein Vater kämpfte noch immer in Algerien –, brachte sie Jean-Pierre zur Welt, ihren ersten gemeinsamen Sohn.

Bald darauf, unmittelbar nach ihrer Hochzeit, schifften sie sich in Marseille zu dritt nach Algerien ein, sie und das Baby als blinde Passagiere. Mè Loan wollte bei meinem Vater sein. Der Krieg würde weniger schwer zu ertragen sein als Isolation und Einsamkeit in der ihr so feindlich gestimmten Umgebung, hoffte sie.

An der Seite meines Vaters zog sie quer durch das Land, je nachdem, wohin ihn seine Einsätze verschlugen. Meine Mutter musste fast immer alleine zurechtkommen, oft in der brennenden Ungewissheit, ob ihr Mann überhaupt noch am Leben war. Der Krieg bedeutete, wie jeder Krieg, endlose Gräueltaten und Attentate von beiden Seiten, doch der Algerienkrieg war besonders grausam. Als meine Mutter, die wieder schwanger war, bei einem Anschlag eine Freundin verlor, gingen ihr die Augen auf: Wenn ihrem Mann etwas zustieße, würde sie allein mit zwei kleinen Kindern den Kampf um das nackte Überleben nicht gewinnen können, nicht hier in Nordafrika. Ihre Kinder sollten in einer sicheren Welt ohne Angst aufwachsen, das war sie ihnen schuldig. Nach fast einem Jahr in Algerien kehrte meine Mutter nach Frankreich zurück.

Mein Vater folgte ihr bereits ein halbes Jahr später. Zum großen Entsetzen seiner Vorgesetzten und auch seiner Mutter verließ er im März 1958 die Armee. Er hatte genug, sollten andere für *La Grande Nation* sterben. Sein sehnlichster Wunsch war, alles zu vergessen, was er im Krieg erlebt hatte. Er wollte sein Leben noch einmal ganz von vorne beginnen.

Meine Eltern wohnten mit ihren Kindern und dem Schäferhund Jicqui in Tours, der Geburtsstadt meines Vaters. Inmitten eines Ghettos aus Betonwohnblöcken lebten sie in einer Sozialwohnung, gar nicht weit vom Stadtkern entfernt. Mein Vater verdiente sein Geld damals als Vertreter bei einer Baustofffirma, deren Inhaber heimlich mit Paulette, Vaters attraktiver verwitweter Mutter, liiert war.

Das klägliche Einkommen meines Vaters reichte nur mit Mühe, um die inzwischen noch einmal gewachsene Familie satt zu bekommen. Nach Jean-Pierre war Hélène geboren worden, und ein Jahr später war Daniel gefolgt. Außerdem war es meinem Vater endlich gelungen, Marcel, den in Vietnam zurückgelassenen Jungen, zu adoptieren und ihn nachkommen zu lassen.

Meine Mutter überlegte oft, wie sie zu mehr Geld kommen konnten. Lange war es her, dass sie geglaubt hatte, die Sommersprossen auf dem Rücken meines Vaters seien Glück bringende geschmolzene Münzen, ein Aberglaube, den sie von ihrem Großvater übernommen hatte. Hellhäutige Menschen waren im Vietnam meines Urgroßvaters äußerst selten gewesen, und so hatte man sich ihr Aussehen oder die seltsamen Dinge, die sie bei sich trugen, eine Armbanduhr etwa, die tickte, oder ein Radio, das auf geheimnisvolle Weise Töne von sich gab, als höhere Realität zu erklären versucht.

Den Glauben an Wunder hatte meine Mutter längst verloren. Der Teufelskreis der Armut hielt sie gefangen und zwang sie, von der Hand in den Mund zu leben, so wie sie es aus früheren, einsamen Zeiten gewohnt war. Nur dass sie inzwischen eine Familie mit vier Kindern hatte.

Wie aber konnte sie diesen Verhältnissen entkommen? Mè Loan wusste genau, was ihr Ziel war: Sie wollte eines Tages ein kleines Haus in einer ruhigen Gegend besitzen, womöglich mit einem Garten, in dem sie Obst und Gemüse für die Familie anbauen konnte. An einem kleinen Altar, den mein Vater für sie gebaut hatte, schickte sie hinter verschlossenen Türen Tag für Tag ihre Gebete zum Himmel und zu ihren Ahnen und wartete auf ein Zeichen.

Meine Mutter verstand, dass Bildung die Zukunft eines Menschen bestimmt, also wollte sie Französisch lesen und schreiben lernen. Ihre Aussicht auf eine anständige Arbeitsstelle hätte sich dadurch erheblich verbessert. Eines Tages äußerte sie gegenüber meinem Vater die Absicht, eine Schule besuchen zu wollen. Dieser Wunsch stellte für sie etwas ganz Besonderes dar, da ihr als Kind in Vietnam der Schulbesuch verwehrt worden war.

Das Privileg, am »heiligen Ort der Weisen« lernen zu dürfen, war bei ihr zu Hause nur dem männlichen Geschlecht oder Kindern aus wohlhabenden Familien vorbehalten. Ein Jahr Unterricht kostete ein Kilo pures Gold. Unter großen Entbehrungen hatten Mè Loans Eltern für den Schulbesuch ihres ältesten Sohnes gesorgt, während Mutters Neugierde auf die Schule damit beantwortet worden war, dass sie verprügelt wurde. Sie musste stehlen, um ihren Wissensdurst stillen zu können, und dabei ihr Leben aufs Spiel setzen. In Vietnam wurde einem Dieb ein Finger abgehackt, beim zweiten Mal die ganze Hand, und beim nächsten Vergehen fiel automatisch der Kopf. Aber nur durch Bestechung mit gestohlenem Obst, Süßigkeiten oder auch Fleisch konnte sie einige Jungen aus ihrer Nachbarschaft dazu bringen, ihr den Unterrichtsstoff zu erklären. Mit einem Stöckchen zeichneten die Kinder die Buchstaben des Alphabets auf die staubige Erde; wäre jemand gekommen, hätten sich diese Zeichen im Handumdrehen wegwischen lassen. Auf diese Weise hatte sich meine Mutter als Kind heimlich Lesen und Schreiben beigebracht.

Mein Vater reagierte vollkommen verständnislos: »Bist du noch ganz bei Sinnen? Willst du, dass die Leute uns auslachen, wenn sie erfahren, dass du neben deinen Kindern auf der Schulbank sitzt?« Mit diesen Worten hatte er ihre Hoffnungen für immer zunichte gemacht. »Auslachen« war für sie gleichbedeutend mit »Schande bringen«, und dies hieß nichts anderes als das Gesicht zu verlieren. Etwas Schlimmeres kann einem Asiaten nicht passieren.

Mè Loan machte auch den Vorschlag, als Putzfrau zu arbeiten. Mein Vater kam von seiner Arbeit früh nach Hause und hätte bis zu ihrer Rückkehr für die Kinder sorgen können. Wieder handelte sie sich eine Abfuhr ein. »Meine Frau wird niemals für die Franzosen putzen gehen! Niemals!«, brüllte er. »Es genügt, dass ich für diese Schweine im Krieg war.«

Aber meine Mutter war hartnäckig, sie gab nicht auf. Schließlich überzeugte sie meinen Vater davon, dass sie sich als Trödlerin und Hausiererin versuchen wolle. Sie besorgte sich japanisches Geschirr, Bilder und bestickte Tischdecken bei einem Großhändler, der ihr Ratenzahlung ermöglichte. Auf einem Klapptisch konnte sie jetzt ihre Ware auf den Wochenmärkten der Umgebung anbieten.

Um ihrem großen Wunsch nach mehr Unabhängigkeit ein Stück näher zu kommen, erkundigten sich meine Eltern bei einem Makler nach Möglichkeiten, auch mit ihrem geringen Einkommen ein Haus zu erwerben. Konkret hatten sie sogar schon ein Baugrundstück unweit der Stadt im Blick. Bald hatten sie eine realisierbare Finanzierung vereinbart, die das Maklerbüro ihnen auf Basis der mitgebrachten Lohnzettel meines Vaters ein paar Tage später offiziell anbieten wollte. Voller Vorfreude erzählte mein Vater seiner Mutter von den Plänen, doch Paulette war wenig begeistert. »Das ist absurd! Was willst du dich in so jungen Jahren schon verschulden?«, meinte sie. »Das Geld reicht gerade mal aus, um die vielen Münder zu stopfen, dazu auch noch den Mund von diesem Jungen, der nicht einmal von dir stammt.«

Doch meine Eltern ließen sich von ihrem Vorhaben nicht abbringen. Zum ausgemachten Termin erschienen sie erwartungsvoll im Maklerbüro, aber kaum hatten sie Platz genommen, eröffnete ihnen der Makler mit kühler Miene: »Es tut mir leid, aber wir können nichts für Sie tun. Der Platz ist nicht mehr zu haben.«

Fassungslos sahen sich meine Eltern an. »Wir können nach etwas anderem schauen, Grundstücke gibt es genügend«, versuchte es mein Vater noch einmal.

»Gewiss, aber das wird nichts daran ändern, dass wir für Sie nichts tun können. Ihre Kreditwürdigkeit ist leider nicht ausreichend, wir haben es überprüft.« Mit diesen Worten drückte er meinem Vater die Unterlagen in die Hand.

Mè Loan drängte ihre Tränen zurück, für sie brach eine Welt zusammen. Arme Menschen hatten es hier nicht leicht. Arme Ausländer hatten so gut wie keine Chancen.

Bald darauf erfuhren meine Eltern, wer hinter dieser Demütigung steckte. Paulettes Mutter, eine schikanöse Frau, hatte von der Sache Wind bekommen und dem Maklerbüro einen Besuch abgestattet. Wir wussten, was sie dem Makler gesagt hatte. »Vor kurzem war mein Enkel bei Ihnen, der Mann mit der asiatischen Frau. Nehmt euch bloß in Acht, wenn ihr diesen Leuten einen Kredit gewährt, werdet ihr euer Geld nie wiedersehen. Die können nicht einmal ihre Kinder satt kriegen.«

Einmal mehr war es an Mè Loan, stark zu sein und meinen Vater zu trösten. »Mach dir keine Sorgen!«, sagte sie. »Irgendwann kommt unsere Zeit. Aus jedem Stein, den sie uns vor die Füße werfen, werden wir einen Weg bauen, egal was sie tun oder sagen.«

Dieser Verrat innerhalb der Familie setzte in meiner Mutter neue Energien frei und machte sie nur noch entschlossener. Mè Loan pries ihre Waren nun noch eifriger auf den Märkten an, ohne den Leuten Beachtung zu schenken, die sie anstarrten oder wegen ihrer Aussprache auslachten. Selbstbewusst durchkämmte sie systematisch das Ausländerviertel, in dem sie lebte. Spanier, die der Frankodiktatur entkommen waren, Portugiesen, Inder und Araber, die sich als Bau- oder Textilarbeiter eine neue Existenz aufbauten, waren hier ihre Nachbarn. Meine Mutter verband etwas ganz Entscheidendes mit ihren Kunden: Alle waren sie Fremde im Exil.

Mè Loan hörte diesen Menschen zu. Sie nahm Anteil, hatte Mitgefühl für sie und steuerte ihre eigenen Erinnerungen bei. Hatte sie Pieds Noirs vor sich – in Algerien geborene Europäer wurden als Schwarzfüße bezeichnet –, musste sie stets an ein Massaker denken, bei dem der abgelegene Hof eines Bekannten von algerischen Befreiungskämpfern überfallen worden war. Sie hatten die Bäuche der Frauen aufgeschlitzt und mit Steinen gefüllt, die Kinder zerstückelt und den Männern ihre Genitalien in den Mund gesteckt. Der Bekannte selbst überlebte als Einziger. Für eine Zukunft ohne Armut war meine Mutter sogar bereit, sich an so schreckliche Dinge zu erinnern.

Eines Tages traf sie überraschend eine Freundin aus Vietnam. Ngoc lebte mit ihrem französischen Mann ebenfalls in Tours. Die Freundin führte meine Mutter in ihren Bekannten- und Freundeskreis ein, und mit der Zeit entwickelten sich weitere Beziehungen zu anderen Asiatinnen, die alle mit Franzosen verheiratet waren. Hier kannte jeder jeden, und auch Mutter verfügte bald über viele Kontakte.

Bald darauf lernte sie ganz zufällig auf der Straße eine weitere Vietnamesin kennen, die außer sich war, als sie erfuhr, unter welchen Umständen Mè Loan lebte. Nguyen Thi Qui machte ihr ein Angebot. »Möchten Sie nicht lieber auf dem Land leben und ein eigenes Haus bauen? Ich hätte ein Baugrundstück außerhalb der Stadt zu verkaufen.« Überrascht antwortete Mè Loan, dass ihr Geld dazu wohl nicht reichen würde, doch die Frau zuckte mit den Schultern: »Na und? Das Grundstück könnten Sie in niedrigen Raten bezahlen, wie es Ihnen eben möglich ist.«

Auf so ein Geschenk des Himmels hatte meine Mutter gewartet. Die Frau schrieb Maße, Preis und Adresse des Grundstücks auf, daneben notierte sie ihre Anschrift mit der Telefonnummer. »Falls Sie interessiert sind, melden Sie sich einfach«, sagte sie zum Abschied.

Die Parzelle umfasste 1800 Quadratmeter, sie lag etwa fünfzehn Kilometer vom Stadtkern entfernt und war für 3600 Francs zu haben. Verglichen mit den üblichen Marktpreisen war das wenig Geld. Meine Eltern vereinbarten gleich für den nächsten Tag einen Besichtigungstermin.

Die schmale Landstraße führte zunächst durch zwei Ortschaften. Vor dem Fluss Cher, dessen Ufer sich hinter hohen Pappelbäumen und Birkenreihen abzeichnete, erstreckten sich Raps-, Weizen- und Maisfelder in der leicht hügeligen Kalklandschaft. Meine Eltern passierten verwinkelte Häuser aus altem Tuffstein und zahlreiche Weinkeller, die vor Urzeiten tief in den Fels gehauen worden waren. Hinter einem hohen Eisenbahndamm waren Schrebergärten und Weinreben zu sehen. Ein holpriger Feldweg, der schließlich mitten im Nichts endete, führte zu dem Grundstück, eines von vielen Brachfeldern.

Während mein Vater sich mit dem Eigentümer unterhielt, schloss Mè Loan bereits heimlich das Geschäft mit dessen Ehefrau ab, auf gut vietnamesische Art: Sie erklärte ihre Absicht und gab dann ihr Wort.

Wieder zu Hause informierte sie meinen Vater über ihre Entscheidung. Er war plötzlich unentschlossen: Was, wenn Paulette doch recht hatte? Wer würde ihnen einen Kredit gewähren? Aber er unterschätzte die Tatkraft meiner Mutter.

Mè Loan zweifelte keine Sekunde. Dies war die Chance, um endlich aus dem Elend herauszukommen. Zwei Tage später, als mein Vater von der Arbeit zurückkam, hatte sie bereits das notwendige Geld beisammen. Dem Großhändler hatte sie ihre Waren zurückverkauft, und alles, was zu Hause nicht unbedingt gebraucht wurde, Fernseher, Radio, Bilder, Tischdecken, eigenes Geschirr sowie ihre handbestickten Trachten, die ihr so wichtig waren und die sie voller Stolz trug, war von ihr erfolgreich zu Geld gemacht worden. Sofort wurde ein Notartermin festgesetzt. Als mein Vater einige Tage später vor der Tür des Notars unschlüssig zögerte, drängte Mè Loan ihn ungeduldig: »Kommst du jetzt? Oder soll ich alleine unterschreiben?«

Über die Französische Bahn, die SNCF, konnte der Kredit finanziert werden. Die Bahn gewährte auch Nichtbeschäftigten sehr günstige Baukredite, hinzu kam Geld, das die Präfektur an kinderreiche, sozial schwache Familien zinslos verlieh.

Am 24. Juli 1961 wurde der Kauf besiegelt. Ein erster großer Schritt auf ihrem Weg: Der Hausbau konnte beginnen.

Das eigene Haus

Meine Mutter warf sich mit ihrer ganzen Energie auf die vor ihr liegende Aufgabe. Sie meldete ihr Gewerbe ab, kaufte sich ein gebrauchtes Fahrrad und fuhr jeden Morgen zur Baustelle, als Essensration hatte sie nur ein Stück Baguette und eine Flasche Wasser dabei. Sie riss Gestrüpp und verwilderte Brombeersträucher aus und trennte Kalksteine von der guten Erde, die sie für ihre Gemüsebeete benutzen wollte. Mit Pickel und Schaufel grub sie die Vertiefung für das Fundament des Hauses. Zufrieden über jeden Spatenstich, den sie getan hatte, radelte Mè Loan nachmittags in der hochsommerlichen Hitze nach Hause zurück, um das Abendessen auf dem Tisch zu haben, bevor die Kinder aus der Schule kamen.

Im Ort war sie bald bekannt, und es verging kaum ein Tag, an dem die Einheimischen nicht bei ihr vorbeischauten. Sie staunten wohl gleichermaßen über den raschen Fortschritt bei der Arbeit, wie auch über die Energie dieser Frau mit der fremden Hautfarbe.

Als eines Morgens ein Lastwagen vorfuhr, um Ziegelsteine abzuliefern, schaute sich der Fahrer irritiert um. »Wo sind die Leute, die mir beim Abladen helfen?«, fragte er.

»Ich bin alleine hier«, antwortete meine Mutter. »Ich helfe Ihnen.«

Der Mann winkte ab: »Sie kleine Frau? Unmöglich. Das sind über zwanzig Tonnen!«

Mit einem Lächeln, das alle Zweifel aus dem Weg räumte, antwortete sie: »Und? Wir schaffen das schon, kommen Sie! Sie kriegen etwas zu essen und dazu noch ein gutes Trinkgeld.«

Und so luden sie zusammen, unter den skeptischen Blicken mancher Zuschauer und mit dem Zirpen der Grillen im Hintergrund, Stein für Stein in der prallen Sonne ab.

Nach getaner Arbeit, müde und völlig verstaubt, gab ihm meine Mutter zwanzig Francs. Damals war das viel Geld, ein Baguette kostete beispielsweise zwanzig Centimes. Der Mann verstand nun gar nichts mehr. Überrascht nahm er das Geld und verabschiedete sich kopfschüttelnd mit den Worten: »So etwas habe ich noch nie erlebt.« Mè Loan bereute diese großzügige Belohnung keinen Moment, sie kannte den Wert guter, ehrlicher Arbeit.

An Gegenbeispielen war kein Mangel. Da war etwa ihr Schwager René. In regelmäßigen Abständen kam René an der Baustelle vorbei, seine Besuche dienten der Berichterstattung an die Familie. Vor vollendete Tatsachen gestellt, hatte Paulette meinen Eltern erst die kalte Schulter gezeigt und signalisiert, dass von ihr keine Unterstützung zu erwarten sei. Nach dem Beginn der Bauarbeiten war sie jedoch plötzlich mächtig stolz auf ihren Sohn, schließlich würde er bald Hausbesitzer sein, der Erste in ihrer Familie, und deshalb wollte sie von René über den Gang der Dinge informiert werden.

Als meine Mutter einmal gerade dabei war, ein Loch zu graben, das die Sickergrube werden sollte, kam René vorbei. Dieses Mal wollte er praktischerweise auch gleich sein neues Auto waschen. Mè Loan unterbrach ihre Arbeit und hielt ihm den Wasserschlauch, während er schrubbte. Es war schon spät geworden, als der Wagen glänzte, und zufrieden wie er war, schlug er meiner Mutter vor, sie heimzufahren. Spontan wollte sie ablehnen, denn René hatte sich schon einmal geweigert, meinen Vater in seiner verschmutzten Arbeitskleidung mitzunehmen, obwohl er wusste, dass dieser zu Fuß mehrere Kilometer bis zur nächsten Bahnstation zurücklegen musste. Doch dann willigte sie ein, schließlich wollte sie nicht nur schlecht über ihren Schwager denken. René lud ihr Fahrrad ein, legte ein Stück Plastikfolie über den Vordersitz und ließ sie einsteigen. Während der Fahrt merkte meine Mutter erst, wie müde sie war, und ihre Dankbarkeit, dass ihr der mühsame Weg nach Hause einmal erspart blieb, wuchs mit jedem Kilometer. Außerdem war sie glücklich, sich mit jemandem unterhalten zu können, und so genoss sie die Autofahrt. Auch René schien ihre Gesellschaft zu mögen, er zeigte sich gesprächig und hörte ihren Erzählungen sichtlich amüsiert zu.

Sie hatten die Wohnung erreicht. René hielt ihr die Tür auf und lud das Fahrrad aus, doch dann streckte er plötzlich die Hand aus.

»Das macht fünf Francs«, sagte er.

»Fünf Francs?«, wunderte sich meine Mutter.

Renés Blick war auf einmal unnahbar geworden. »Na, für die Fahrt. Benzin ist nicht umsonst!«

Für diesen Abend war Mè Loan der Appetit vergangen.

Ständig musste sie an René denken und an die fünf Francs in seiner Tasche. Mit dem Geld hätte sie zwei Wochen lang Brot für ihre Kinder kaufen können.

Zum Jahreswechsel sollte der Einzug in das neue Haus stattfinden, und im Herbst stellte meine Mutter fest, dass sie erneut schwanger war. Obwohl sie erschrocken war, fand sie sich mit der neuen Situation ab. Umso mehr überraschte sie die Reaktion ihres Mannes. »Das darf nicht wahr sein, Scheißkondom!«, fluchte er und fasste sich an den Kopf. »Womit sollen wir dieses Kind füttern? Das treibt uns noch in den Ruin. Wir können das Kind nicht behalten, du musst abtreiben!«

Meiner Mutter war der Begriff Schwangerschaftsabbruch ganz und gar fremd. Bei ihr zu Hause bekamen die Frauen die Kinder »vom Himmel geschenkt«, und erst nach der Geburt entschied sich, ob ein Kind lebensfähig war oder nicht. Kam ein Neugeborenes behindert auf die Welt, gehörte es zur Tradition, ihm die Nase zuzuhalten, bis es erstickte. So wurde der Stamm gesund und rein gehalten. Ein ungeborenes Kind zu töten war hingegen vollkommen undenkbar. Hier in der Fremde hatte sie jedoch keine Wahl, sie musste einwilligen.

Ein Arzt aus der Stadt, der dafür bekannt war, keine Fragen zu stellen, gab ihr die notwendigen Mittel, um eine Fehlgeburt einzuleiten. Fassungslos und entsetzt über sich selbst, ein Menschenleben geopfert zu haben, spülte meine Mutter den Embryo in der Toilette hinunter. »Ist das erledigt?«, fragte mein Vater nur, als er von der Arbeit zurückkam. Mè Loan nickte und ging zu ihren Kindern, um sie ganz fest an sich zu drücken.

Die ganze Nacht hindurch brannten an dem kleinen Altar Räucherstäbchen. Während alle schliefen, bat meine Mutter die Seele ihres ungeborenen Kindes um Verzeihung und versprach, so etwas nie wieder zu tun.

Am 1. Januar 1963 verließ meine Familie endgültig das Wohnghetto. Unser neues Heim – eigentlich befand es sich noch im Rohbau – war bescheiden, aber es verfügte über fließendes, wenn auch nur kaltes Wasser und über Strom. Der Hauseingang war auf der Nordseite, man kam direkt in die Küche. Das Wohnzimmer lag Richtung Süden. Im Flur boten lange Regalbretter offene Abstellflächen für Werkzeuge und Lebensmittel. In dem winzigen Badezimmer mit WC und Waschbecken stand an der Wand eine Plastikwanne, die abwechselnd als Wäschekorb und Badewanne diente. Neben dem Elternschlafzimmer gab es noch zwei Kinderschlafzimmer. Unverputzte graue Hohlblöcke trennten die Räume, die Decken waren mit Gipsplatten abgehängt. In einer schmalen, dunklen Kammer befand sich die laut ratternde Heizungsanlage. Hier, am Ende des Flurs, hatte mein Vater in die abnehmbare Decke einen Aufstieg zu einer Art Speicher gebaut, eine leere Fläche voller ungesicherter Stellen direkt unter dem Dach. Die Fläche des Hauses umfasste zweiundachtzig Quadratmeter.

Ein neues Leben begann. Jeden Morgen riss der Wecker auf dem Boden des Elternschlafzimmers mit schrillem Ton die ganze Familie samt Hund aus dem Schlaf, gefolgt von dem knappen Befehl meines Vaters: »Aufstehen!« Trotz der kühlen Nächte war die Heizung im Winter auf die kleinste Stufe gestellt. Alle schliefen in ihrer Kleidung, sodass das Anziehen schnell erledigt war. Mè Loan setzte Wasser auf. Mein Vater nahm eine Schale Tee zu sich, rieb seine Nase an der Nase meiner Mutter – ein Kuss, wie er in Vietnam üblich ist – und fuhr zur Arbeit, ohne Frühstück. Meistens gingen auch die Kinder mit leerem Magen aus dem Haus, weil sie so früh noch nichts essen wollten. Ihre erste Mahlzeit war das fade Mittagessen in der Schulkantine.

Etwa einhundert Meter vom Haus entfernt sammelte ein klappriger, gelber Schulbus alle Kinder ein und fuhr sie in die dreieinhalb Kilometer entfernten Gemeindeschulen. Damals gab es zwei Schulen, für Jungen und Mädchen getrennt. Der Unterricht fing um halb neun an. Um 16 Uhr sammelte der Schulbus alle wieder ein, und es ging zurück nach Hause.

Währenddessen erledigte Mè Loan die Hausarbeit. Sie kochte, backte, seifte die Schmutzwäsche ein, die sie anschließend mit einer harten Bürste traktierte, da sie keine Waschmaschine besaß. Den Rest des Tages verbrachte sie draußen. Schon bald verwandelte sich das verwahrloste Grundstück in einen ansehnlichen Garten. Sie baute verschiedene Gemüsesorten an und zog ganze Reihen von Obstbäumen. Viele Blumen erfreuten das Auge, zunächst nur Glockenblumen, Goldlack und Margeriten. Meine Mutter hatte dafür in den Stadtgärten die Samen gesammelt. Später, als mehr Geld da war, kamen Tulpen, Schwertlilien, Rosen und Fliederbäume sowie der schnell wachsende Schlingknöterich hinzu, der das Gebäude unter seinem dichten grün-weißen Mantel ganz verschwinden ließ.

Meine Eltern hatten das Grundstück grob mit Maschendrahtzaun eingezäunt, damit die Kinder und der

Hund nicht auf den Bahndamm liefen. Auf der Nordseite wurde eine kleine Einfahrt mit Tor errichtet, daneben befand sich der Briefkasten. Aus den übrigen Brettern, Holzpfählen und etwas Maschendraht entstand ein Hühnerstall. Im Ort kaufte Mè Loan Küken, die später Eier und Fleisch liefern sollten. Mit dem restlichen Draht bauten sie zuletzt noch Jicquis Hundezwinger.

Obwohl unser Haus außerhalb des Ortes lag, war das Einkaufen kein Problem. Frisches Brot und andere Backwaren wurden von zwei ortsansässigen Bäckern geliefert, donnerstags kam der Obst- und Gemüsehändler an unsere Haustür.

Der Sommer 1963 ging zu Ende, und das Leben in der beengten Wohnung war schon eine blasse Erinnerung geworden, als Mè Loan wieder ein Kind erwartete. Mein Vater schlug erneut vor abzutreiben, doch dieses Mal weigerte sich meine Mutter. Dieses Kind war für sie eine Antwort des Himmels auf ihre Gebete um Verzeihung. Es war die Chance, die Abtreibung vom Jahr zuvor wiedergutzumachen, und eine Prüfung, die sie anzunehmen hatte. Der Geburtstermin würde in das Jahr des Drachen fallen, ein gutes Zeichen, da Drachen in Asien als Glücksbringer gelten. Menschen dieses Sternzeichens, das wusste meine Mutter, ziehen das Glück an, und Glück konnten sie allemal brauchen. So wurde diese Schwangerschaft, von der mein Leben abhing, von meiner Mutter verteidigt. Mein Vater akzeptierte sie schließlich mit den Worten: »Wie du willst.«

Am 25. Mai weckte Mè Loan meinen Vater frühmorgens: »Du kannst mich fahren, es ist so weit.« Er brachte sie in die Klinik nach Tours. Bis dahin hatte sie das ganze Frühjahr über unermüdlich im Garten geschuftet.

Als der Arzt kam, war meine Mutter auf ihrem Bett schon wieder fest eingeschlafen. Besorgt rüttelte er sie wach und führte seine Untersuchung durch. »Der Muttermund ist weit geöffnet«, sagte er. »Ich kann schon den Kopf des Kindes sehen.«

Aber Mè Loan war in einem Zustand völliger Erschöpfung und Teilnahmslosigkeit. Ohne die Augen aufzumachen, antwortete sie bloß: »Lassen Sie mich schlafen, ich bin müde.«

Der Arzt schaute die Krankenschwester an und meinte entgeistert: »Sie sind doch hergekommen, um zu gebären. Schlafen können Sie später, vorher müssen Sie Ihr Kind zur Welt bringen!«

Genau um halb zehn morgens erblickte ich das Licht der Welt. Ich hatte noch keinen Mucks von mir gegeben, und meine Augen waren geschlossen. Mè Loan konnte im Blick des Arztes erkennen, dass möglicherweise etwas nicht stimmte. Sie wagte ihn nicht zu fragen, ob ihr Kind tot sei. Da packte er mich an beiden Füßen, hob mich hoch und klatschte mir fest auf den Po. Endlich schrie ich aus voller Kehle. Mè Loan war glücklich, der Arzt erleichtert. Verblüfft sah er zu, wie sie mir die Unreinheiten aus der Nase saugte und ausspuckte, bevor wir beide einschliefen. Er verließ lachend den Raum: »Was für eine Geburt! So eine erschöpfte Mutter und so ein müdes Kind habe ich in meiner ganzen Karriere noch nicht erlebt.«

Ein katholischer Pfarrer bot an, mich gleich vor Ort zu taufen. Für meinen Vater war die Taufe ein Muss. Ihm war während seiner katholischen Erziehung im Militärinternat eingetrichtert worden, das sei die Garantie dafür, nicht in der Hölle zu landen. Meine Mutter sah die Taufe als ein schützendes Ritual des Westens an, das nicht schaden konnte. Dabei dachte sie auch an Loan, ihr erstes, ungetauftes Baby. Also willigten meine Eltern ein, durch die Taufe im Krankenhaus konnten sie zudem elegant die Kosten für eine sonst fällige Feier sparen. Mè Loan wählte für mich den Vornamen Isabelle und als Zweitnamen Paulette, um ihrer Schwiegermutter, die nur Söhne hatte, eine Freude zu machen. Am nächsten Morgen verließ meine Mutter die Klinik. Zu Hause wartete die Arbeit auf sie.

Meine Geschwister nahmen mich mit Begeisterung auf, besonders Marcel, der zum ersten Mal in seinem Leben wirkliche Brudergefühle entwickeln durfte. Oft stritten sie sich, wer mich in dem nagelneuen Kinderwagen, den Paulette meinen Eltern als Dank für meinen zweiten Namen geschenkt hatte, durch die Straßen schieben durfte. Ich brachte ein bisschen Abwechslung in ihren gleichförmigen Alltag, der neben der Schule hauptsächlich darin bestand, meinen Eltern zu helfen.

Mein Vater, der das Geld nach Hause brachte, weshalb er den Platz am Kopf des Esstischs beanspruchte, ließ sie mit einem lauten Pfiff anrücken und beim Ausbau des Hauses mitarbeiten. Der Haushalt, die Küche, der Garten sowie die Erziehung der Kinder waren dagegen Mè Loans Sache. Entsprechend spannte sie die Kinder bei der Haus- und Gartenarbeit ein, wozu auch das Schlachten der Tiere gehörte.

Zum Alltag gehörte allerdings auch, schikaniert oder sogar ausgegrenzt zu werden. In unserer Straße wurden nach und nach viele Häuser gebaut, in den meisten wohnten kinderreiche Familien wie wir selbst. Doch das änderte nichts an der Einstellung der Menschen uns gegenüber. Sobald sich meine Mutter in die Warteschlange vor dem Lieferwagen des Händlers stellte, verstummten die Stimmen der anderen, und sie drehten sich weg. Wartete nur eine einzelne Person, wurde Mè Loan notgedrungen gegrüßt, allerdings ganz leise, damit es niemand mitbekam. Die Händler, denen dieses Verhalten peinlich war, hielten bald zusätzlich extra vor unserem Haus.

Weil Mutter weit und breit die einzige Asiatin war, waren wir keine normalen Ausländer wie etwa die Spanier oder Portugiesen. Wir hatten den Status von minderwertigen Ausländern mit fremdartigem Aussehen. Für solche Menschen war in der Dorfgemeinschaft kein Platz.

Das bekamen auch meine Geschwister zu spüren, ihr pechschwarzes Haar, ihre leicht mandelförmigen Augen und die glatte helle Haut unterschieden sie von den anderen Kindern. Viele dieser Kinder streuten in der Schule die üblen Bemerkungen ihrer Eltern. Wenn die Hänseleien auf dem Schulhof zu schlimm wurden, verprügelten meine Geschwister die anderen schon mal. Es kam immer wieder zu Beschwerden bei der Schulleitung, und eines Tages wurden meine Eltern zum Direktor bestellt.

In der Schule wurden sie unwirsch über das Verhalten ihrer Sprösslinge informiert. Vor allem beschwerte man sich über Marcel, der kräftemäßig allen Mitschülern überlegen war. Da meine Mutter für die Kinder zuständig war, ergriff sie als Erste das Wort. Sie entschuldigte sich für deren Verhalten und versprach, ein ernstes Wort mit ihnen zu sprechen. Sie erwähnte auch den Krieg und Marcels schwierige Vergangenheit und bat um Nachsicht und Verständnis.

Doch sie war an einen bornierten französischen Beamten geraten. Dass ihr Französisch alles andere als lupenrein war, steigerte die Ungeduld und die Herablassung des Direktors nur noch. Mein Vater unterbrach ständig, nur um die Worte des Direktors in seinem groben, abgehackten Französisch noch einmal zu wiederholen. Das Gespräch wurde ein Desaster. Enttäuscht und frustriert stand Mè Loan schließlich auf und ging. Sie fühlte sich von dem »Weisen« unverstanden.

Nun war der Beamte völlig vor den Kopf gestoßen. Während in Vietnam ein direktes Verhalten und eine unverblümte Ausdrucksweise normal sind, hatte sie den französischen Verhaltenskodex verletzt. Mein Vater, der über das Benehmen seiner Frau genauso irritiert war, es aber zumindest nachvollziehen konnte, tat ihre Reaktion als bloße Unwissenheit ab. »Keine Sorge«, sagte er. »Ich werde das Problem daheim lösen. Meine Frau wird sich zukünftig aus diesen Dingen heraushalten. Ab jetzt bin ich Ihr einziger Ansprechpartner.« Der Direktor atmete erleichtert auf.

Während der Autofahrt erklärte mein Vater Mè Loan, wie falsch ihr Verhalten war und wie groß nun der angerichtete Schaden und ihre Schande seien. »Kinder brauchen eine harte Hand und Disziplin, glaube mir, sie müssen bestraft werden, vor allem Marcel! Lass mich in Zukunft machen, dieses missratene Stück wird uns sonst noch die anderen verderben. Den werde ich dressieren wie in der Armee!«

Zu Hause angekommen, entlud er seine Wut auf die ahnungslosen Kinder mit Ohrfeigen und Schlägen. Dabei kündigte er ihnen für die Zukunft drastische Konsequenzen an, wenn sie sich nicht besserten. Am nächsten Tag kaufte er eine Geißel, die gleich hinter der Haustür, links am Heizkörper, ihren symbolischen Platz bekam. Ihr Anblick sollte jeden daran erinnern, was ihm blühte, wenn er sich danebenbenahm. Mein Vater war auf diesen Einfall richtig stolz.

Danach kehrte eine Zeit lang Ruhe bei uns ein, bis die Gendarmes eines Tages vor der Tür standen. Marcel hatte sich auf die Schienen gestellt und sich einen Spaß daraus gemacht, die Züge zum Halten zu zwingen. Es blieb bei einer polizeilichen Verwarnung, und die Beamten fuhren unter den Blicken der Nachbarn, die sich kopfschüttelnd auf der Straße unterhielten, wieder weg.

Die folgenden Prügel waren so heftig, dass die Geißel auf Marcels Rücken zerbrach. Ein kurzerhand abgesägtes Stück Besenstiel, billiger und haltbarer, ersetzte sie.

Das war jedoch nur der Anfang. Die Streitereien zwischen meinen Eltern über Marcel, den mein Vater seither nur noch als »Sohn seiner Mutter« bezeichnete, häuften sich. Marcel musste nach Vaters neuer Hausordnung mittlerweile auf dem Boden schlafen. In der Schule verschaffte sich mein Bruder zunehmend Respekt mit seinen Fäusten. Mit elf Jahren fing er an, die Schule zu schwänzen, zu klauen und zu erpressen. Und so trieben neue Beschwerden der Schule und weitere Zwischenfälle in der Nachbarschaft, bei denen immer häufiger die Gendarmerie anrückte, meine Familie weiter ins Abseits. Dorthin, wo sie ja auch hingehörte, wie alle meinten.

Ab meinem dritten Lebensjahr schlief ich bei Hélène, weil mein Gitterbett zu klein geworden war. Obwohl ihr Bett für uns beide viel zu eng war, konnte ich mich nun wenigstens ausstrecken und wärmen. Richtig ungemütlich wurde es nur, wenn ich ins Bett machte, wie es inzwischen oft geschah. Mè Loan stand dann immer mit uns Mädchen auf und bezog das Bett neu, bis eines Nachts mein Vater ins Zimmer hereinplatzte.

»Das machst du wohl absichtlich, um uns Eltern zu ärgern«, empörte er sich. Ich duckte mich, doch es kam kein Schlag.

»Ab jetzt schläfst du eben im Nassen weiter, und wage bloß nicht noch einmal, uns zu wecken!«

Im Dunkeln weinte ich leise in Hélènes Armen. Mein Vater hatte zum ersten Mal mit mir geschimpft. Nun war ich auch ein böses Kind.

Ab da wechselten meine Schwester und ich heimlich die Bettwäsche und versteckten sie, bis wir am nächsten Tag einen günstigen Moment fanden, um sie unserer Mutter zu geben.

Obwohl unsere finanzielle Lage es inzwischen erlaubt hätte, kam die Anschaffung eines weiteren Bettes nicht in Frage. Mein Vater hatte beschlossen, alles, was wir brauchten, auf der großen Mülldeponie der Gemeinde zu suchen. Mein Gitterbett hatte er entdeckt, als er einem Sperrmüllwagen gefolgt war. Seither predigte er uns, was für brauchbare Dinge an diesem Ort zu finden seien: Kleidung, wichtige Baustoffreste – wonach ein Handwerker wie er ständig suchte –, Möbel, mit einem Wort, der Ort war eine wahre Fundgrube. Die Müllkippe wurde unsere Wohlstandsquelle, was wir Kinder allerdings niemandem verraten durften. Als ich ihn fragte, warum, antwortete er: »Weil uns sonst die Leute die besten Stücke vor der Nase wegschnappen.« Hélène fügte nüchtern hinzu: »Und weil die Leute sonst glauben, dass wir arm sind.«

Anderthalb Jahre später wurde unsere ausdauernde Suche nach einem Bettgestell mit Matratze für mich belohnt. Mein Vater machte inzwischen mehrmals im Monat einen Abstecher zu der Müllhalde, um alles, was die anderen wegschmissen, einzusammeln. Diese Tage waren für mich etwas Besonderes, ich konnte seine Rückkehr kaum erwarten, so groß war die Vorfreude. Mit meinen Geschwistern machte ich mich aufgeregt über die mitgebrachten Sachen her, in der Hoffnung, vielleicht sogar Spielzeug zu finden. Oder es wäre mit etwas Glück eine Jacke für mich dabei, und alle würden mich dann gebührend bewundern. Falls es Schuhe gab, auch wenn sie zwei Nummern zu groß waren, behielten wir sie trotzdem, irgendwann würden sie ja passen und reihum alle unsere

Füße glücklich machen. Beim Anprobieren dachten wir uns einfach die Flecken weg und ignorierten den häufig penetranten Geruch.

Manchmal sah mein Vater mich und meine Geschwister lange an, als wolle er sich jeden Gesichtszug einprägen. Es konnte vorkommen, dass er dann nachdenklich sagte: »Was seid ihr für schöne Kinder. Euer Blut ist gemischt, merkt euch das. Ihr seid Eurasier, deshalb seid ihr auch anders und intelligenter als die anderen!«

Mir gefiel das sehr. Wenn er das sagte, widerstrebte es mir, Französin zu sein. Ich wollte nur noch fremd sein, eine Asiatin wie meine Mutter, und nicht zu »diesen Drecksäcken von Verschwendern« gehören, wie er die Franzosen inzwischen bezeichnete.

Mit meinem runden Gesicht und dem dunklen Haar war ich zufrieden, nur mit meinen Augen nicht, weil sie nicht genügend geschlitzt waren. Wenn wir an den Wochenenden Besuch von Bekannten und Freundinnen von Mutter hatten, verglich ich das ganz oder zur Hälfte asiatische Aussehen der Kinder genau mit meinem und war enttäuscht, wenn deren Gesichtszüge markanter waren als meine. Damit es ihm nicht so auffiel, zwinkerte ich mit meinen Augen, wenn Vater mich ansah, in der Hoffnung, dass sie dann geschlitzter wirken würden. Vor allem aber wollte ich anders sein, weil mein Vater etwas Liebes gesagt hatte und mir damit das Gefühl gegeben hatte, er sei stolz auf mich.

So entstand bei uns die Kluft zwischen Reich und Arm, zwischen den »Franzosen« und uns, und bald auch zwischen der Außenwelt und der Welt meiner Mutter. Während wir fast täglich unser Heim für diese andere Welt, die Arbeit, die Schule, verließen, blieb Mè Loan alleine zu Hause. Die Absicht, den Führerschein zu machen, hatte sie aufgegeben, weil ihr Mann darauf bestand, sie überall hinzufahren. Das nutzlos gewordene Fahrrad wurde daraufhin auch verkauft. Wir und das Haus waren Mutters einziger Bezugspunkt.

Zwei Ereignisse trugen dazu bei, dass der Abstand zwischen ihr und den Menschen um uns herum sich vergrößerte und sie noch weiter isoliert wurde. Kaum fünfzig Meter von uns entfernt hatte es sich die Frau eines netten Bauern – nett, weil er uns immer grüßte – zur Gewohnheit gemacht, in Abwesenheit ihres Mannes Mè Loan mit einem Fernglas bei der Gartenarbeit zu beobachten. Wochenlang erduldete meine Mutter das, bis ihr eines Tages der Kragen platzte. Als die Frau sie wieder einmal mit dem Fernglas belästigte, warf Mè Loan plötzlich ihren Spaten auf den Boden, stellte sich demonstrativ am Zaun auf und entblößte sich. Mit dem Zeigefinger deutete sie auf ihr Geschlecht und schrie: »Sieh mal her: So sind wir Gelben gebaut!« Dann drehte sie sich abrupt um, streckte ihren blanken Hintern in die Luft und rief: »Hast du jetzt auch meinen Arsch gesehen? Darf ich wieder arbeiten?« Völlig schockiert rannte die Frau in ihr Haus zurück. Von da an ließ sie uns in Ruhe.

Einige Zeit später bemerkte meine Mutter am hinteren Teil unseres Grundstücks Vögel, die sich auf ihrem Mais niederließen. Sie machte kurzen Prozess: Mit Vaters Gewehr schoss sie vom Wohnzimmer aus ziellos in Richtung Maisfeld. Plötzlich vernahm Mè Loan lautes Geschrei und entdeckte etwas flatterndes Weißes. Als sie vor die Tür lief, schallten ihr Schreie entgegen: »Nicht mehr schießen! Ich ergebe mich! Bitte nicht mehr schießen!« Ein alter Bauer, der in seinem Schrebergarten hinter dem Bahndamm gearbeitet hatte, hatte sein weißes Taschentuch an einem Ast befestigt und flehte verzweifelt um sein Leben. Die Geschichte machte natürlich die Runde, weit über unsere Dorfgrenzen hinaus. Mich machte sie aber vor allem stolz: Mit uns war wirklich nicht zu spaßen, und das sollte diese »andere Welt« ruhig erfahren!

Eines Tages stand der Gemeindepfarrer vor unserer Tür. Er wollte mit meinen Eltern die Kommunion meines Bruders Marcel für den Sommer besprechen. »Der?«, reagierte mein Vater abfällig. »Wird da ein Segen helfen können bei dem, was der Junge alles anstellt? Dann braucht er aber einen großen Segen!« Nach einer Weile einigten sie sich schließlich darauf, dass Jean- Pierre seinen Bruder begleiten und ebenfalls die Kommunion empfangen würde, um für einen reibungslosen Ablauf der Zeremonie zu sorgen.

»Wir müssen in die Kirche? Was sollen wir dort?«, fragten Marcel und Jean-Pierre, als sie davon erfuhren. »Ihr seid Christen«, antwortete mein Vater, »und Christen gehen in die Kirche.« So besuchten meine Brüder den Katechismusunterricht – oft getrieben von Vaters Tritten in den Hintern –, und ich hörte sie jetzt ab und zu von einem mächtigen Herrn im Himmel namens Gott sprechen, ein Alleskönner, der sie beschützte und besonders liebhatte, weil sie bald seinen Segen empfangen würden. Das machte mich natürlich neugierig und auch etwas neidisch. Mit keiner geringeren Spannung als sie erwartete ich den großen Tag, an dem ich endlich sehen würde, wie Gott diesen Segen erteilte. Doch als der Tag kam, musste ich mit Mè Loan und meinen übrigen Geschwistern daheim bleiben. Mutter wollte in der Kirche die Aufmerksamkeit der Menschen nicht auf sich ziehen und dadurch ihre Söhne, die schon aufgeregt genug waren, vielleicht in Verlegenheit bringen. Außerdem saß der Schmerz, den sie bei ihrer Hochzeit empfunden hatte, als der Pfarrer sich wegen ihrer Hautfarbe weigerte, die Glocken läuten zu lassen, nach wie vor tief.

Ich war maßlos enttäuscht, denn die Bedeutung der Kommunion war für mich damit noch abstrakter geworden. Meine Brüder waren strahlend nach Hause gekommen. Marcel hatte René und Jean-Pierre den Kirchenpfleger, weil niemand anderes zur Verfügung stand, als Paten bekommen, und zum ersten Mal hatte es sogar Geschenke gegeben. Die anschließende Feier bei uns zu Hause war harmonisch verlaufen – es war die erste Feier überhaupt, die ich erlebte, denn wir feierten nie etwas, weder Weihnachten noch Ostern noch Geburtstage.

Dieses Mal hatte die Familie meines Vaters überhaupt nichts auszusetzen gehabt. Es hatte nicht einmal jemand geschimpft, als wir Kinder von oben bis unten verschmutzt ins Haus rannten, um etwas zu trinken zu holen. Aber was hatte sich nun im Leben meiner Brüder geändert? Obwohl die beiden um einen Segen reicher waren, bekamen sie nach wie vor Vaters Prügel, und Gott mischte sich immer noch nicht ein. Wirkte ein Segen vielleicht nur für einen Tag?

Mich interessierte das Thema Gott, ein Thema, das mein Vater allerdings wie das Thema Tod grundsätzlich vermied – ausgenommen wenn er fluchte und heftig über Gott schimpfte. Sprach ich in seiner Gegenwart darüber, zuckte er zusammen und ermahnte mich sofort zur Ruhe. Meine Mutter dagegen sprach bereitwillig mit mir darüber, wenn wir alleine waren. »Gott«, sagte sie, »ist eine Art schützende Kraft aus dem endlosen Himmel, zu dem alle Ahnen nach einem Dasein auf Erden zurückkehren. Diese Kraft lässt sich nicht beschreiben, sie nimmt in uns Gestalt an. Spüren tust du sie manchmal erst, nachdem sie dich aus der Not gerettet hat.« Mit was für einer Zuversicht Mè Loan das sagte! Umso mehr sehnte ich mich danach, dass sich Gott endlich auch bei mir bemerkbar machen würde.

Die sogenannte Abwechslung

In der Küche brüllten sich meine Eltern an. Ich wagte mich nicht in unser Kinderzimmer und floh stattdessen in den Garten, wo meine Geschwister schon waren. Lieber etwas entfernt warten, bis sich der Sturm gelegt hatte. Ausnahmsweise war sich keiner von uns einer Schuld bewusst, und so standen wir ziemlich ratlos da.

Meine Geschwister forderten Jean-Pierre auf, herauszufinden, worum es diesmal ging, also schlich er sich ans Küchenfenster. Kurz darauf kam er zurück und erzählte den Großen leise, was er erfahren hatte. Ich als Jüngste spitzte meine Ohren, um auch zu hören, was er sagte.

»Er hat ihr schon wieder Hörner aufgesetzt. Sie ist wirklich wütend!«

Ich stellte mir schreckliche Hörner vor und dachte an etwas Schlimmes, gleichzeitig ahnte ich aber, dass der Ausdruck noch eine andere Bedeutung haben könnte. »Warum streiten Papa und Mama?«, fragte ich.

Alle drehten sich zu mir um und antworteten wie aus einem Mund: »Wegen nichts!«

Enttäuscht über die Geheimniskrämerei stellte ich mich entschlossen hin und sagte: »Ihr dürft es mir ruhig sagen, ich bin nicht doof. Ich werde schließlich bald vier!«

Aber meine Geschwister ignorierten mich nur und wandten sich wieder ab.

»Eigentlich weiß ich alles«, fuhr ich fort, »er hat ihr Hörner aufgesetzt!« Instinktiv betonte ich dabei das Wort »Hörner«.

Mein Satz zeigte Wirkung. Überrascht drehten sich erneut alle zu mir um. »Sieh mal an, die Kleine ...«, sagte Marcel.

»Weißt du überhaupt, was das heißt?«, fragte mich Hélène.

»Klar«, bluffte ich. Als sie ihr Gespräch fortsetzten, war ich mit dabei. Und so erfuhr ich eine Wahrheit, die mich meine Neugierde sofort bereuen ließ.

Während Mè Loan und wir Kinder uns mit den alltäglichen Sorgen herumschlugen, wurde mein Vater immer unzufriedener. Er forderte lauthals, tun und lassen zu dürfen, was er wollte. »Ich will raus, etwas erleben!«, das war sein Standardspruch. »Hier sitze ich wie im Gefängnis. Ich brauche Abwechslung!«

Meine Mutter hatte sich dem immer widersetzt. Erst als er argumentierte, dass sie schließlich dieselben Freiheiten besäße, gab sie nach. Natürlich dachte sie im Traum nicht daran, »Abwechslung« zu suchen.

»Wenn du etwas liebst, lass es frei. Irgendwann kommt es zu dir zurück«, sagte sie mir später einmal, als sie meinen verständnislosen Blick sah, nachdem sich mein Vater in einer Wolke von Parfüm zu einer »Verabredung« auf den Weg gemacht hatte. Dann erzählte sie mir von der Ehe ihrer Eltern in Vietnam.

»Meine Mutter«, begann sie, »war nicht glücklich. Sie war nur dazu da, um Kinder von einem Mann zu bekommen, den die Familie für sie ausgesucht hatte. Sie musste uns allein erziehen, wobei sie immer unter den prüfenden Blicken ihrer Schwiegereltern stand. Die Alten haben vollständig über sie bestimmt. Du kannst dir nicht vorstellen, was das für ein Leben war.«

Ich schwieg.

»Mein Vater hat getrunken und dazu gern unser Geld beim Ba-Kuan, einem Kartenspiel mit Geldeinsätzen, verspielt. War ihm danach, verschwand er monatelang, ohne auch nur ein einziges Lebenszeichen von sich zu geben. Er vergnügte sich bei seiner zweiten Frau, während meine Mutter manchmal nicht wusste, wie sie unsere Mäuler stopfen sollte. Die Ehre, seine erste Ehefrau zu sein, musste ihr genügen.«

Ich hörte weiter zu, ungläubig.

»Deinen Vater habe ich mir selbst ausgesucht. Er ist nicht perfekt, aber er trinkt und spielt nicht. Und er hat sein Versprechen wahr gemacht und deinen Bruder Marcel aus Vietnam geholt und ihm einen Namen gegeben. Das vergesse ich nicht. Nie. So gesehen ist Untreue das kleinere Übel, oder nicht?«

Ich nickte, auch weil mir nichts anderes übrig blieb.

Mein Vater nutzte die ihm gegebene Freiheit für seine Eskapaden voll aus. Er ging gezielt fremd. Anschließend kehrte er nach Hause zurück und beichtete meiner Mutter den Seitensprung, rücksichtslos, bis in alle Details. Er ließ nichts aus, auch wenn sie ihn darum bat, endlich damit aufzuhören. Manchmal weinte er dann und beteuerte, wie leid es ihm tue. Seine Beichte krönte er jedes Mal mit einer Versöhnung im Schlafzimmer. Wenn seine Lustschreie durch die Wände der Kinderzimmer drangen, kicherten meine Geschwister. Ich hielt mir die Ohren zu. Danach war wieder Frieden im Haus, bis es ihn das nächste Mal von meiner Mutter forttrieb.

Meine Geschwister wussten das alles längst. Im Garten ließen sie eine ganze Reihe von Namen ehemaliger Geliebter meines Vaters fallen, darunter auch den Namen derjenigen Frau, die sich bei uns daheim mit ihm vergnügt hatte, während Mè Loan sich noch im Krankenhaus von meiner Geburt erholte. Ich hörte die Namen unserer lieben asiatischen »Tanten«, und auf einmal begann ich sie zu hassen, weil sie meine Welt ins Wanken brachten. Zum ersten Mal fühlte ich mich unsicher, bedroht, betrogen, doch vor allem hatte ich Angst, dass meine Eltern sich nicht mehr liebten. Es nutzte mir nichts, davon überzeugt zu sein, dass meine Mutter die schönste Frau überhaupt war, und auch dass Vaters Affären nach einem präzisen Muster abliefen, machte es nicht besser. Nichts konnte mich in diesem Moment wirklich beruhigen und trösten, nicht einmal Toto, mein erster Teddybär von der Mülldeponie, dem ein Auge fehlte und dem ich alles anvertraute. Seit diesem Tag, an dem ich von der wahren Rolle meiner »Tanten« erfuhr, hatte mein Geborgenheitsgefühl einen weiteren Riss bekommen.

Als wir Kinder später ins Haus zurückgingen, schienen meine Eltern den Streit beigelegt zu haben. Nach dem Abendessen zogen dicke Wolken am Himmel auf, die Vorboten eines heftigen Gewitters. Ich zog mich ins Kinderzimmer zurück und war froh, dass die anderen nebenan spielten. Ich wollte lieber alleine sein. Der Regen setzte ein, und ich fing an zu weinen. Blitze zerrissen den schwarzen Himmel, und in diesem Augenblick fiel mir ein, dass es da oben Gott gab. »Mama vertraut dir«, sagte ich leise. »Sie sagt, dass man dich überall rufen kann, dass du uns beschützt und in der Not hilfst. Kannst du mir helfen, auch wenn ich noch keinen Segen habe?«

Bald regnete es in Strömen, tiefer Donner war zu vernehmen. Und plötzlich spürte ich, dass der Himmel mich verstanden hatte, Regen und Donner und Blitz konnte ich als seine Antwort sehen. Es war ein seltsames, erregendes Gefühl. Als der Sturm fast vorbei war und ein letzter gewaltiger Blitz einschlug, spürte ich eine unheimliche Kraft in mir aufkommen, die Kraft des Himmels. Gott hatte sich zum ersten Mal bei mir bemerkbar gemacht, er hatte meinen Kummer geteilt und mir in dem Naturschauspiel ein Beispiel seiner Macht gezeigt. Das war der Beginn meiner Liebe zu Gewittern. Bald danach schlief ich ein, getröstet.

Meine Eltern gingen wieder liebevoller miteinander um, was mir ein wenig Sicherheit zurückgab. Aber ich konnte nicht mehr so unbeschwert sein wie früher. Mein Leben bewegte sich danach zwischen dem Glück, sie beide zu haben, und der Furcht, sie zu verlieren. Ich beobachtete meine Eltern scharf, interpretierte jede Bewegung, legte jedes ihrer Worte auf die Waage, auf der Suche nach irgendeinem Unterton, der vielleicht verriet, dass es vorbei war und sie sich trennen würden. Ich klammerte mich an jedes bisschen Zuneigung von ihnen, weil es vielleicht das letzte Mal war, dass ich sie bekam.

Wie viele andere Kinder hatten auch wir unsere Spitznamen. Marcel nannten wir »Mongole«, weil er aus dem fernen Vietnam zu uns gekommen war und seine asiatischen Gesichtszüge markanter waren als unsere. Jean-Pierre, der lebhaft und aufgedreht war, hieß nur »Kackfliege«, weil er meine Geschwister oft mit seinen Neckereien nervte. Hélène machte dauernd einen Schmollmund, wenn sie im Haushalt etwas tun musste, also nannten wir sie »die Faule«. Daniel war eines Tages in einer Markthalle hartnäckig von einem Hund verfolgt worden, so kam er zu seinem Spitznamen »Bulldogge«. Für mich, das Nesthäkchen, hatten sie die Bezeichnung »Bengelstück« gefunden. Natürlich ärgerte es mich gewaltig, nicht wenigstens als ganzer Bengel angesehen zu werden.

Die Spitznamen stärkten unseren Zusammenhalt, genauso wie die furchtbaren Frisuren, die Mè Loan uns einmal im Monat reihum verpasste. Sie nahm es dabei nicht so genau. Während die elektrische Haarschere zwar sanft, aber nicht unbedingt regelmäßig über die Schädel der Jungen fuhr, wurde uns Mädchen eine Schüssel als Formgeber aufgesetzt. Ob sie ganz mittig saß oder nicht – alles, was darunter hervorquoll, wurde erbarmungslos abgeschnitten. Das Ergebnis lag voll im Trend, behauptete sie: ein Schnitt »à la Mireille Mathieu«, der Sängerin, die zu jener Zeit der Schwarm meines Vaters war. Doch in Wirklichkeit sahen meine Schwester und ich mit unseren Pilzköpfen eher wie verlorene Mitglieder der Beatles aus ...

Das Symbol für Vaters Autorität hatte sich über die Jahre kaum verändert. Irgendwann hatte ein dicker, vierkantiger Holzstock aus dem Garten den runden Besenstiel ersetzt. Er lehnte an seinem angestammten Platz in der Küche.

Das hinderte uns Kinder natürlich keineswegs, alles Mögliche anzustellen, wenn wir einmal allein zu Hause waren. Einer von uns hielt am Küchenfenster Wache, meistens war das ich. Bei Alarm wurde alles blitzschnell wieder in Ordnung gebracht, bevor die Eltern einen Schritt ins Haus setzen konnten. Merkten sie nichts, hatte es sich gelohnt, und merkten sie doch etwas – einmal hatten Marcel und Jean-Pierre das Gewehr von Vater verkehrt herum in den Schrank zurückgestellt, und prompt waren sie verprügelt worden; der Vorfall hatte aber auch sein Gutes, denn danach wurde die Waffe auf Drängen unserer Mutter sofort verkauft –, war trotzdem niemand geknickt. Das war es wert gewesen!

In der Schule, die ich inzwischen auch besuchte, erfuhren wir, was es mit Aprilstreichen auf sich hatte. Wir waren begeistert! Ausgerüstet mit einer Säge begaben wir uns in das Elternschlafzimmer. Nach kurzer Überlegung stand der Plan fest: Hélène und Daniel hoben das Bett hoch, während Marcel und Jean-Pierre sich mit einer Holzsäge am linken vorderen Bettfuß zu schaffen machten. Mittendrin zögerten alle für einen Moment, doch da war es bereits zu spät. Das abgesägte Stück klemmten sie anschließend wieder hochkant unter das Bein.

Es war noch nicht lange her, dass mein Vater sich in den Kopf gesetzt hatte, an unserer Hausseite einen Bunker zu graben, in dem wir im Falle eines Krieges, der, wie er sagte, so gut wie feststand, Schutz finden würden. Der harte Kalkfels unter der Erdschicht machte dem Vorhaben ein Ende. Ausgerechnet an diesem ersten April ließ mein Vater frustriert alles stehen und liegen und beschloss, sich eine Weile hinzulegen. Unsere Spannung wuchs. Mit einem lauten Knall krachte das Bett schräg auf den Boden, und die Katastrophe nahm ihren Lauf. Laut schimpfend knöpfte sich mein Vater meine Geschwister vor. Mit dem Hinweis auf den ersten April gestanden sie zwar alles sofort und versuchten, ihn zu einem Lachen zu bewegen, doch das nützte nichts. Der Stock kam zu einem seiner ausgiebigsten Einsätze, meine Mutter und ich mussten ohnmächtig zusehen.

Marcel kam als Erster dran. Wie üblich bückte er sich und täuschte Schmerzensschreie vor, während er mir heimlich zublinzelte. Sein Theater wäre vielleicht durchgegangen, doch als der Stock zerbrach, lachte Marcel meinen Vater aus. Damit eskalierte die Sache.

Mè Loan zog den Jungen beiseite. »Genug!«, sagte sie. »Sei nicht so hart zu ihm!«

Vor Wut schäumend schrie mein Vater sie an: »Du verdirbst deine Kinder! Jetzt werden sie etwas erleben, sie werden nichts mehr zu lachen haben!«

Er drehte sich zu mir um. »Los«, befahl er, »geh hinaus und bring mir einen anderen Stock!«

Überrascht stand ich nur still da, mit weit aufgerissenen Augen, bis sein lautes »Beeilung!« mich aus meiner Lethargie riss.

Ich rannte in den Garten und machte mich auf die Suche nach einem Stock. Doch keiner schien mir geeignet. Sie sind zu dick, dachte ich, sie werden ihnen zu sehr wehtun. Ich suchte fieberhaft weiter, und mein Einsatz lohnte sich. Ich fand ein passendes Stück, ein federleichtes, fingerdickes Bambusrohr. Stolz über meine List rannte ich ins Haus zurück und reichte es meinem Vater.

Doch nun begann der Albtraum erst. Unter der durch die Luft sausenden Rute, die sich elastisch bog und einen schneidenden Pfeifton von sich gab, schrien und hüpften meine Geschwister, wie ich es noch nie gesehen hatte.

Ich verschwand weinend nach draußen, mir schwante, dass ich alles falsch gemacht hatte. Als meine Brüder und meine Schwester später nachkamen, schimpften sie gar nicht mit mir. Sie untersuchten vorsichtig die heftigen roten Striemen auf ihrer Haut und sagten nur: »Du hast es gut gemeint, aber das war voll daneben, Bengelstück!« Ich nahm mir vor, es das nächste Mal besser zu machen.

Für Marcel gab es kein nächstes Mal. Mein Bruder verließ uns, noch bevor er vierzehn Jahre alt war. Einen richtigen Auslöser hatte es trotz pausenloser Vorfälle nicht gegeben. Seine bloße Anwesenheit machte ihn für meinen Vater zu einer Provokation. Vaters Gedanken drehten sich seit langem schon darum, wie er diesen Taugenichts, als den er ihn immer bezeichnete, der sich einfach nichts von ihm sagen ließ, loswerden könnte. Als der Hotelier eines benachbarten Dorfes sich eines Tages bereit erklärte, meinem Bruder eine Chance zu geben und ihn als Koch auszubilden, konnten beide, Marcel und mein Vater, ihr Glück kaum fassen.

Neben der Lehre besuchte Marcel als Teil seiner Ausbildung trotz seines jugendlichen Alters noch die Berufsschule. Während er in der Anfangszeit am Wochenende oft die vielen Kilometer zu uns nach Hause zurücklegte, zu Fuß oder per Anhalter, wurden seine Besuche mit der Zeit immer seltener. Manchmal vergingen Monate ohne ein Lebenszeichen von ihm.

Marcel fehlte mir sehr, aber sein Gehen hatte mir eines klargemacht: Stärke war etwas vollkommen anderes als Gewalt. Stärke bedeutete, sich nicht brechen zu lassen und sich an sein Ziel zu halten, koste es, was es wolle. Marcel hat uns Kindern das vorgemacht. Allein dafür war er für mich ein Held und niemals ein Verlierer.

Die Lücke, die mein Bruder hinterließ, war groß. Sein Fehlen machte sich auch darin bemerkbar, dass niemand mehr da war, um die schweren Arbeiten im Haus durchzuführen. Wer leerte nun die Sickergrube, sobald sie nach Kloake stank, schöpfte mit Schaufel und Eimer die Brühe weg und kippte sie am Bahndamm aus? Es war stets ratsam, aus Vaters Blickfeld zu bleiben.

Eines Tages sollte Daniel ein Kabel wickeln. Mittendrin explodierte mein Vater. »Sieh dir das an, du Idiot!«, schrie er. »Das ist nicht fachmännisch gewickelt! Sogar deine kleine Schwester könnte es besser als du!«

Ich war gerade in der Nähe, also befahl er mir: »Du da, zeig es ihm!« Er schob meinen Bruder beiseite und drückte mir ein Stück Kabel in die Hand.

Auch wenn das Ergebnis eher unbefriedigend war, sah mein Vater sich trotzdem bestätigt. »Siehst du«, sagte er verächtlich zu Daniel und schickte ihn fort.

Ab da war ich zu Vaters neuem Stift erkoren. Ich musste ihm seine Werkzeuge reichen, etwas festhalten oder schnell etwas holen. Jetzt hatte es auch mich erwischt, wie meine Geschwister sollte ich stets für ihn auf Abruf bereitstehen, Tag und Nacht.

Er hatte sich angewöhnt, Unmengen von Nägeln, Schrauben, Muttern, Dübeln, Dichtungen und sonstigem Kleinkram, das meiste natürlich von der Mülldeponie, in einer großen Plastikschüssel aufzubewahren. Mitten in der Nacht, wenn er nicht schlafen konnte, knipste er das Licht im Flur an und leerte ruckartig den gesamten Inhalt dieser Schüssel auf den Boden, genau vor unseren Schlafzimmern. Wir schliefen mit offenen Türen, das Licht und das Klirren der Metallstücke rissen uns unweigerlich aus dem Schlaf. Obwohl eine grässliche Staubwolke unsere Nasen kitzelte, ließen wir die Augen absichtlich geschlossen und stellten uns schlafend.

»Muss das jetzt sein? Lass die Kinder schlafen! Morgen haben sie Schule«, wies ihn meine Mutter zurecht.

»Hier lernen sie etwas Wichtiges fürs Leben!«, konterte er und rüttelte dann einen von uns wach. Oft war das ich. »Steh auf! Ich brauche dringend noch eine Schraube wie die da!«

»Wird's bald?«, schrie er, wenn er merkte, dass mir die Augen zufielen.

Manchmal verbrachte ich Stunden auf dem kalten Boden, zwischen tausend Schrauben hockend, verzweifelt, bis er das Ganze mit den Worten beendete: »Nicht schlimm. Die hier geht auch ...« Dann griff er irgendeine aus dem Haufen heraus und schickte mich ins Bett zurück.

Bei der Arbeit an Vaters Seite lernte ich merkwürdige Dinge, so erfuhr ich zum Beispiel, was für Auswirkungen Seufzer haben. Als ich eines Tages vor Ungeduld seufzte, fuhr er mich an: »Du sollst nicht seufzen! Das bringt Unglück!«

Erschrocken hörte ich sofort damit auf. Allerdings fragte ich mich, warum er selbst immer lange Seufzer ausstieß, sobald er eine neue Affäre beginnen wollte. Brachten seine Seufzer vielleicht kein Unglück? Die Antwort ließ nicht lange auf sich warten.

Wieder einmal suchte er »Abwechslung«, schon seit Wochen quälte er meine Mutter, ihn gehen zu lassen. Mit der Forderung verbunden, anschließend einen endgültigen Schlussstrich unter die Affäre zu ziehen, erlaubte Mè Loan ihm endlich, eine Woche mit seiner neuen Geliebten in Paris zu verbringen. Glücklich summend verließ er bald darauf unser Haus mit einem kleinen Koffer und kam acht Tage später von seinem »Urlaub«, wie er seine Abwesenheit vor uns Kindern bezeichnete, zurück.

Anstatt danach wie versprochen Schluss zu machen, versuchte er jedoch, die Affäre zu verlängern. Mè Loan sah rot. Ich war zufällig dabei, als der Streit in der Küche eskalierte.

»Das geht mir zu weit!«, sagte sie bestimmt. »Ich gebe dir einen Finger, und du verlangst die ganze Hand!«

Mein Vater brüllte: »Mir hast du alles zu verdanken! Schließlich hab ich dich und deinen Bastard aus Vietnam geholt, aus dem Dreck! Wenn es dir nicht passt, geh dahin zurück, wo du herkommst!«

»Das werde ich auch tun! Dort habe ich es besser gehabt«, schimpfte meine Mutter zurück. Dann sah ich, wie sie ihm einen Stapel Teller auf dem Kopf zerschlug.

Mein Vater, etwas benommen, rieb sich den Schädel und fing an zu weinen.

Ich flüchtete in mein Zimmer. Mutters Worte ließen mich nicht los. Als wieder Ruhe eingekehrt war, wagte ich mich vorsichtig in die Küche.

Mutter saß am Fenster und starrte nach draußen. Hier und zum ersten Mal in meinem Leben sah ich sie weinen.

»Mama, warum weinst du?«, fragte ich mit einem Kloß im Hals. »Ich bin doch da. Mama, hör auf zu weinen.« Ich berührte ihre Hand.

»Mè Loan«, fuhr ich nach einer Weile leise fort, »wirst du wirklich zurückgehen nach Vietnam?« Am liebsten hätte ich hinzugefügt: Wenn ja, nimm mich mit! Aber das traute ich mich nicht.

Sie blickte mich ernst an. »Nein, mein Schatz«, sagte sie, »ich bleibe bei euch. Hab keine Angst, Mama verlässt dich nicht.«

Ich begriff, dass Mè Loan nur wegen uns Kindern bei meinem Vater blieb. Jetzt hatte ich die Antwort auf meine Frage: Seufzen brachte Unglück, und Vaters Seufzen definitiv auch!

Schattenhafte Gefährten

Meine Eltern hatten eines gemeinsam: Beide glaubten fest an das Übersinnliche, an das Unsichtbare, an Geister. Wenn sie sich darüber unterhielten, versäumte ich keine Gelegenheit, mir ihre gruseligen Geschichten anzuhören.

Einmal erzählte mein Vater, wie er 1945 als Zehnjähriger vor der Haustür spielte, als er plötzlich seinen Vater erblickte. Als Offizier war dieser mit seiner Einheit im Libanon stationiert, galt jedoch seit einem Jahr als vermisst. Als nun der Vater in einer prächtigen Uniform vor ihm stand, konnte der Junge seine Freude kaum fassen, wagte aber nicht, ihn anzusprechen, das wäre respektlos gewesen. Der Vater lächelte ihn an und ging wortlos an ihm vorbei ins Haus.

Der Junge wartete einige Minuten, bevor er ins Haus und die Treppe hinaufstürmte. »Wo ist er?«, fragte er seine Mutter, Paulette. »Wo ist wer?«, fragte sie erstaunt zurück. »Der Papa, ich habe ihn gerade gesehen. Wo ist er, sag schon!« »Dein Vater ist doch an der Front. Hör jetzt auf damit«, antwortete sie. »Aber er war doch eben da!«, beteuerte er weiter. Da wurde es seiner Mutter zu viel. Sie ohrfeigte ihn. »Ich finde diesen Scherz überhaupt nicht lustig!« Genau zwei Wochen später erfuhr Paulette, dass ihr Mann ein Jahr zuvor bei einem Flugzeugabsturz in Palästina ums Leben gekommen war.

Mè Loans Geschichten waren nicht weniger mysteriös, auch weil sie oft von Geistern handelten. »In Vietnam«, sagte sie, »hat fast jede Familie schon etwas mit ihnen zu tun gehabt. Geister zeigen sich in der Regel, wenn sie uns Menschen dringend etwas mitteilen wollen oder wenn jemand in Gefahr ist. In diesem Fall sind es Ahnen der Familie, die ihre Nachkommen beschützen. Die Lebenden müssen dann die Bitten aus dem Jenseits zufriedenstellend erfüllen, ohne zu vergessen, sich zu bedanken. Allgemein gebührt diesen Wesen großer Respekt, ganz gleich in welcher Form sie erscheinen und ob sie gut oder böse sind. Sind böse Geister am Werk, kann die Sache allerdings sehr unangenehm werden, und nur ein Geisterbeschwörer kann sie fortjagen.«

Zwei Geschichten aus ihrer Kindheit erzählte uns Mè Loan besonders gern. Zusammen mit ihrer Mutter ging sie in den Dschungel Holz sammeln. Die beiden hatten sich in der Zeit geirrt und waren bei Einbruch der Dunkelheit noch einige Kilometer von ihrem Dorf entfernt. Barfuß und beladen kamen sie nur mühsam voran, und der schmale Pfad war zuletzt nur noch zu erahnen. Sie waren allein. Als sie an einer Böschung vorbeigingen, nahmen sie plötzlich Stimmen wahr, die lockend nach ihnen riefen. Überrascht wollte Mè Loan stehen bleiben. »Mè öij, liebe Mutter, wer ist das?«, fragte sie. Ihre Mutter packte nur fest ihre Hand, ohne ihr eine Antwort zu geben, und erhöhte das Tempo. Die Stimmen schienen ihnen zu folgen, wurden lauter und klangen bedrohlicher. Mè Loans Mutter blieb plötzlich stehen. »Pinkle schnell in deine Hände und reibe dir damit das Gesicht ein, so wie ich es tue!«, befahl sie und hockte sich selbst nieder. Für meine Mutter war nichts leichter als das, so wie sie am ganzen Leib zitterte. Kaum hatten sich beide auf diese Weise geschützt, verstummten die Stimmen, doch dann, wie aus dem Nichts, sprangen Schweinegestalten an ihnen vorbei, dunkler als die Nacht. »Geister nehmen gern diese Gestalt an, wenn sie entlarvt werden«, erklärte ihre Mutter.

Die andere Geschichte spielte in ihrem Dorf. Die junge Frau eines Nachbarn war schwer krank und spürte, dass der Tod nahte. Sie rief ihren Mann, den sie sehr liebte, zu sich. »Nach meinem Tod werde ich bei dir sein, wenn du mir etwas von meinem Lieblingsduft auf die Schläfen gibst.« Er parfümierte seine Frau liebevoll, und sie wurde kurz darauf von ihrem Leiden erlöst. Später heiratete der Mann wieder. Mit der Verwandtschaft zusammen wollte das Paar in das Tet-Fest, das vietnamesische Neujahr, hineinfeiern. Die Frauen bereiteten die Speisen zu. Während sie die Gerichte ins Esszimmer brachten, richtete die neue Ehefrau eine weitere Platte an, doch aus Unachtsamkeit ließ sie Krevetten auf den Boden fallen. Es war Sitte, an diesem Tag nichts »Unreines« zu verspeisen, es wäre sonst ein schlechtes Omen für das ganze Jahr gewesen. Aber weil ihr das Essen zu schade war, legte sie die gesäuberten Stücke auf die Platte zurück und servierte sie. Kaum hatte die Frau Platz genommen, wurde sie von heftigen Krämpfen befallen und fiel schreiend zu Boden. Alle eilten zu ihr, doch auf einmal bat ihr Ehemann um Ruhe. Ein leichter Duft hatte den Raum gefüllt, den er eindeutig als den Lieblingsduft seiner verstorbenen Frau erkannte. »Was ist passiert?«, fragte er seine kranke Frau. Sie schwieg, immer noch von Krämpfen geschüttelt. Er sah sie scharf an. »Was hast du getan?« Endlich beichtete sie ihr Missgeschick. Der Mann wandte sich an den Geist: »Ich danke dir für deine Aufmerksamkeit, aber bitte, verzeih ihr. Sie ist jung und hat ihren Fehler zugegeben, bestrafe sie nicht!« Kaum hatte er zu Ende gesprochen, verflüchtigte sich der Duft, und die Schmerzen hörten auf. Kniend entschuldigte sich die Frau bei ihren Gästen, und zu Ehren dieses wachsamen Geistes wurden Räucherstäbchen angezündet.

Als ich selbst Zeuge wurde, wie bei uns ein Geist die Grenzen seiner Welt überschritt, musste ich endgültig an diese Geschichten glauben. Es war an einem Sommerabend. Daniel hatte sich als Erster zum Schlafen hingelegt, während wir anderen uns noch draußen aufhielten. Die Fensterläden waren geschlossen, doch die Zimmertür stand weit offen. Mein Bruder döste vor sich hin, als er sich beobachtet fühlte. Er öffnete seine Augen und sah eine dunkle Gestalt am Fußbett, die er für Jean-Pierre, der ihm gerne Streiche spielte, hielt. »Was glotzt du mich so an?«, beschwerte sich Daniel. Die Gestalt rührte sich nicht. Daniel erkannte ein Lächeln in dem Gesicht. Etwas beunruhigt über Jean-Pierres untypisches Schweigen rief er: »Aufgeflogen!« Wieder geschah nichts. Ein wenig verängstigt sagte er: »Mann, jetzt hör auf, das ist nicht mehr lustig!«, und setzte sich auf. Doch da wurde es ihm richtig mulmig: Sein merkwürdiger Besucher besaß keinen Unterleib. Panisch sprang mein Bruder zum Lichtschalter, da verschwand die Gestalt mit einem unüberhörbaren Zischen in der Wand. Völlig verstört rannte Daniel nach draußen zu unseren Eltern und schilderte ihnen sein Erlebnis. Noch nie hatte ich meinen Bruder so aufgelöst gesehen. Doch Mè Loan, als sei nichts vorgefallen, sagte bloß: »Beruhige dich, es war nur ein Geist. Mir ist etwas Ähnliches im Wohnzimmer passiert, während ich betete. Er verschwand auch zischend in den Kopf des Buddhas hinein.« – Die Buddhastatue stammte aus Saigon und stand auf Mutters Altar. Herr Phan hatte sie nach einem Schutzritual besprochen und sie ihr mitten in den Kriegswirren Vietnams, in denen sogar Briefe nur selten ihr Ziel erreichten, unversehrt zukommen lassen.

Wir Menschen waren anscheinend nicht alleine hier. Meinen eigenen Alltag hatten die Geister bislang jedoch nur indirekt berührt. Wenn sich meine Schuhbänder lösten, sprachen meine Eltern davon, dass die Geister ein Spielchen mit mir trieben. Ging etwas verloren, waren sie schuld. Ich musste die Geister dann bitten, mir das Versteck zu zeigen – seltsamerweise fand ich anschließend oft wieder, was ich suchte. »Ich weiß, dass ihr da seid«, rief ich ihnen manchmal laut zu, wenn ich allein zu Hause war und es mir unheimlich wurde, »aber bitte erscheint mir nicht. Ihr macht mir Angst!« Manchmal nachts verwandelten sich die Muster der Gipsplatten über meinem Kopf in bedrohliche Gesichter, und da wir keine

Nachtleuchte haben durften, verkroch ich mich ganz tief unter meine Decke und hoffte, bald einzuschlafen. Doch wie lange noch sollte ich mich verkriechen und zittern? Wenn Geister aus der grenzenlosen Ewigkeit kamen und uns Menschen ein Leben lang begleiteten, wie Mutter behauptete, würde ich sie niemals loswerden. Also machte ich auf der Suche nach Erlösung eine Art Geschäft mit meinen schattenhaften Gefährten. »Ich akzeptiere euch an meiner Seite«, sagte ich zu ihnen. »Ihr dürft weiterhin mit mir spielen und überall sein, wo ich auch bin. Im Gegenzug aber dürft ihr mich niemals erschrecken!« Es funktionierte, sie hielten sich daran, und meine Angst war damit plötzlich verschwunden.

Kekse und Wasser

»Eurasier beschweren sich nicht«, sagte mein Vater, »sie sind tapfer.« Ich war groß genug, um bei der Hausarbeit zu helfen. Neben Geschirrspülen und Abtrocknen gehörte dazu auch das Bettenmachen. Die Kanten mussten perfekt gerade sein, und Hélène zeigte mir, wie man das machte. So pingelig kannte ich sie eigentlich gar nicht. Ließ ich mich im Laufe des Tages auf das Bett fallen, ging sie auf mich los und schrie: »Meine Kanten! Du dummes Ding machst meine Kanten kaputt!« Ich musste sie sofort wieder herrichten und durfte mich bis zum Abend nicht mehr hinlegen. Auch mein Vater kontrollierte bei seinen Rundgängen die Kinderzimmer. Waren die Kanten nicht gerade, zog er mit einem Ruck die Bettwäsche ab, und wir mussten die Betten neu beziehen, natürlich fehlerfrei.

Draußen wartete die schwere Plastikwanne mit unserer nassen Wäsche auf mich. Ich kam gerade so an den Eisendraht, der als Wäscheleine diente, doch mit jedem Zentimeter, den ich wuchs, fiel mir diese Arbeit leichter. Außerdem half ich Mè Loan bei der Kartoffelernte. Nachdem sie die größten Kartoffeln schon beiseitegelegt hatte, suchte ich hinter ihr mit einem Rechen das Feld noch einmal ab und las übersehene Kartoffeln auf. Dann machte ich mich an die Mutterpflanzen heran, die sie auf einen Haufen geworfen hatte, und trennte die restlichen Knollen ab, die oft nicht größer waren als eine Walnuss. Es war alles sehr mühsam, und wenn wir anschließend anfingen, die Winzlinge für das Abendessen zu schälen, empfand ich das ganz besonders. »Siehst du«, meinte meine Mutter, »so viel Mühe, und in weniger als fünf Minuten ist alles verschlungen. Aber heute werden sie besonders lecker schmecken, weil du mir geholfen hast.«

Im Frühjahr wurde ich zum Spargelstechen eingeteilt, was mir viel Spaß machte. Den breiten Weidekorb hatte meine Mutter von Zigeunern gekauft, die ein- oder zweimal im Jahr durch unsere Gegend zogen und ihre selbstgefertigten Waren anboten. Mè Loan kaufte ihnen immer etwas ab, nicht weil sie etwas brauchte, sondern damit unser Haus vor ihren Beutezügen verschont blieb. So brauchten wir uns all die Jahre, im Gegensatz zu den Nachbarn, kein einziges Mal um unsere Wäsche zu sorgen, die draußen an der Leine hing.

Am Bahndamm hatten wir eine Feuerstelle eingerichtet, auf der wir Papier und trockenes Gestrüpp regelmäßig verbrannten. Oft bewachte ich die Feuerstelle mit einem Wasserschlauch ganz alleine und wartete, bis alles niedergebrannt war. Feuer faszinierte mich, hier Wache zu stehen war eine meiner Lieblingsaufgaben. Aber wir verbrannten auch ekelerregende Sachen. Ganze Scharen Ratten, von denen es um unser Haus herum manchmal nur so wimmelte, wurden von meinen Eltern vergiftet. Sie landeten in den Kartons und wurden verbrannt.

Auch bei Schlachtungen musste ich meiner Mutter helfen. An die Schreie der Tiere und an das Blutspritzen hatte ich mich bald gewöhnt. Bei Enten fing ich nach Mutters gezieltem Schnitt in die Kehle in einer Schale das Blut auf, das dann gewürzt und im Wasserbad gekocht wurde, bis es stockte. Wenn Mè Loan dies abends voller Genuss mit Reis, gekochtem Ei, Chilischoten und Nuoc Mam, einer Sauce aus vergorenem Fisch, verspeiste, ergriff mein Vater schlagartig mit zugehaltener Nase die Flucht. »Das können nur Wilde fressen!«, rief er. Mutter lachte laut.

Gerade dann probierte ich zu ihrer Freude etwas davon, denn auch wenn es mir nicht wirklich schmeckte, weil es viel zu scharf war, war ich jetzt wenigstens eine »Wilde«. Schlachtungen wurden unangenehm, wenn ein blutendes, kopfloses Geschöpf wegrannte und ich es einfangen musste. Es kostete mich sehr viel Überwindung, diese Tiere anzufassen. Sie brauchten einfach zu lange, um zu sterben.

Wir hatten einen prächtigen Hahn mit weißem Gefieder, der einen ungewöhnlich stolzen Gang hatte. Er war so schön, dass meine Geschwister bei Mè Loan um Gnade für ihn bettelten. Sie willigte ein, ihn leben zu lassen. Danach stritten sie sich jedoch endlos, wer ihn füttern dürfe. Kurz entschlossen betraute Mè Loan mich mit dieser Aufgabe, damit endlich Ruhe einkehrte. Stolz fütterte ich den Hahn monatelang, und er bedankte sich dafür, indem er immer zutraulicher wurde.

Als ich an einem Samstag von der Schule nach Hause kam und ihn wie gewohnt begrüßen wollte, war er aus dem Stall verschwunden. Beunruhigt rannte ich ins Haus und fragte meine Mutter nach ihm. Sie deckte gerade den Tisch und sagte: »Er ist davongeflogen, als ich die Stalltür aufmachte. Das kann passieren, weißt du ...«

Damit war das Thema abgeschlossen. Ich war traurig, doch gönnte ich dem Vogel seine Freiheit, die er bestimmt verdient hatte. Beim Mittagstisch holte Mè Loan eine große Platte mit Kartoffeln, die um ein goldbraun gebratenes Prachtexemplar von Huhn drapiert waren, aus dem Backofen. Ich sah die Gesichter meiner Geschwister und spürte, dass hier etwas faul war.

»Mama, das ist nicht mein Hahn, oder?«, fragte ich unsicher, Schreckliches ahnend. Ihr verlegener Blick gab mir die Antwort. Ich schob meinen Teller zurück und fing heftig an zu weinen.

Alle lachten los, bis auf meine Mutter. Ich war untröstlich. Zum ersten Mal in meinem Leben hatte mich Mè Loan angelogen. Auch als sie später beteuerte, dass es keine Absicht gewesen sei, sah ich ihre Tat dennoch als gemeinen Verrat an. Natürlich weigerte ich mich, etwas zu essen. Ganz gerade blieb ich jedoch bis zum Schluss am Tisch sitzen. Wie es sich für eine Eurasierin gehörte.

Vaters endlose Seitensprünge hatten Folgen. Mè Loan fing an, die Menschen, die sie besuchten, zu taxieren. Alle ehemaligen Geliebten warf sie nun konsequent aus dem Haus, ebenso die Frauen, die nichts gegen Vaters Annäherungsversuche unternahmen. Oft war das Ganze mit großem Krach verbunden, denn einige Ehemänner erfuhren auf diese Weise zum ersten Mal von dem Betrug ihrer Gattinnen.

Im Gegenzug verhielt sich mein Vater gegenüber Mutters Besuchern absichtlich auffällig und unangenehm, ganz speziell natürlich gegenüber den Frauen, die ihm einen Korb erteilt hatten. Er setzte eine angewiderte Miene auf und ignorierte sie völlig; sie wussten, dass sie nicht mehr willkommen waren. Außerdem weigerte er sich, Mè Loan zu ihnen zu fahren. Da wir noch kein Telefon besaßen, brach irgendwann der Kontakt ganz ab. Hatte Vater sein Ziel erreicht, lautete sein Schlusswort: »Sowieso uninteressante Leute! Wieso soll ich sie umsonst füttern. Sollen sie doch woanders hingehen.« Bis dahin hatte Mè Loan ihre Gäste stets mit einem üppigen Essen verwöhnt und ihnen noch Blumen aus dem Garten und Eier zum Abschied mitgegeben.

Schließlich war nur noch die Familie meines Vaters übrig geblieben, die letzten von Vater und Mutter gemeinsam geduldeten Stammgäste in unserem Haus. Anlässe zu Besuchen und Festen gab es genug. Jean-Pierre hatte, weil er beim ersten Mal so jung gewesen war, die Kommunion wiederholt. Hélène und Daniel bekamen ebenfalls ihren Segen. Onkel René, der in Paris zusammen mit seiner Frau ins Showbusiness eingestiegen war, um dort eine große Nummer zu werden, kam regelmäßig vorbei, wenn er in der Gegend war.

Unsere Gegenbesuche bei Paulette waren nach einem einschneidenden Erlebnis rigoros eingeschränkt worden. Jahrelang war die gesamte Verwandtschaft, neben Paulette also René und seine Frau, Paulettes Mutter und noch unsere Großtante Jeanne, von Mè Loan bei jedem ihrer Besuche verwöhnt worden, ein gelegentliches Lob hatte meiner Mutter genügt. Selbstverständlich waren sie alle jedes Mal mit leeren Händen erschienen. Nie hatte es jemand von ihnen für nötig gehalten, im Gegenzug unsere Familie einzuladen. Bis auf eine einzige Ausnahme. Während der Besuche meines Vaters bei seiner Mutter, die immer alleine stattfanden oder höchstens in Begleitung von einem Kind, warf sie ihm häufig seine Ehe mit einer Ausländerin vor. Umso größer waren die Überraschung und die Freude, als Paulette uns doch einmal zum Mittagessen einlud.

Mutter wusste, wie viel Arbeit es bedeutete, für sieben Leute zu kochen, und so backte sie einen Kuchen und band einen Strauß aus ihren schönsten Blumen. Pünktlich um halb eins standen wir vor ihrer Haustür, hungrig und herausgeputzt wie selten. Mè Loan hatte uns Kindern am Tag zuvor mit einem handgroßen, fast glatten Kieselstein – so war es bei ihr zu Hause üblich – im heißen Wasser der Plastikwanne den Dreck vom Leib geschrubbt. Bei aller Vorsicht ließen sich dabei leichte Verbrennungen auf unserer Haut nicht immer vermeiden. Aber wenigstens wurden wir warm im Haus gewaschen und mussten nicht unter den Blicken der Nachbarn draußen in die rostige, mit eiskaltem Regenwasser gefüllte Eisentonne tauchen.

Paulette lebte alleine in einem ruhigen Stadtviertel, sie hatte eine kleine, mit viel Geschmack eingerichtete Wohnung. Ich sehe mich dort noch mit meinen Geschwistern stehen, ganz schüchtern und beeindruckt von dem feinen Interieur. Wir begrüßten unsere Oma besonders liebevoll, weil wir wussten, wie sehr Mutter sich über diese Einladung gefreut hatte, dann folgten wir ihr in das Esszimmer, in dem sie einen massiven Holztisch mit schmiedeeisernen, verschnörkelten Füßen ausgezogen hatte, damit wir alle Platz fanden. Wir setzten uns, während Paulette den Blumenstrauß in eine Vase stellte.

»Wann essen wir? Mir knurrt der Magen«, flüsterte Jean- Pierre.

»Ich hab Hunger ...«, ergänzte Daniel leise.

»Seid still! Wir essen gleich«, antwortete mein Vater.

Auf dem Tisch waren acht schön gemusterte blau-weiße Teller, drei passende Teetassen, fünf Gläser neben einer vollen Karaffe mit Leitungswasser sowie ein Stapel Stoffservietten bereitgestellt. In der Mitte befand sich eine große Platte mit Butterkeksen, sie sahen wie kleine Soldaten aus, die in Reih und Glied geordnet schliefen.

Endlich kam meine Oma aus der Küche, eine Teekanne in der Hand. »Ich dachte, Jacquie«, so nannte sie meine Mutter, weil sie den Namen Loan angeblich nicht aussprechen konnte, »dass Sie gerne Tee trinken.«

Meine Mutter bedankte sich mit einem Nicken, und Paulette schenkte ihr ein.

»Die Kinder trinken sicherlich Wasser«, fügte sie hinzu und nahm ein erstes Glas. In diesem Moment wagte sich Daniel, der es nicht mehr aushielt, an einen Keks heran. Prompt stellte die Gastgeberin die Karaffe so unsanft auf den Tisch, dass sie überschwappte, und nahm ihm den Keks weg.

Sie schlug ihm fest auf die Finger und sagte: »Junge, du bist schlecht erzogen. Warte gefälligst ab, bis ich es dir erlaube! Lege beide Hände auf den Tisch!«

Mein Vater sah zu und schwieg, Mè Loan jedoch reagierte entrüstet: »Warum tun Sie das? Das Kind hat Hunger!« Sie griff nach einem Keks, um ihn Daniel zu geben. Doch mein Bruder war so erschrocken, dass er nur ganz verschüchtert daran knabberte.

Meine Oma wandte sich an meinen Vater: »Bringe deinen wilden Kindern endlich Manieren bei! Was ist das für eine Erziehung?« Dann ging sie in die Küche zurück, um einen Schwamm zu holen.

Die Stimmung wurde vollends eisig, als meine Mutter begriff, was Paulette unter »Mittagessen« verstand. Ihr fiel auf, dass es aus der Küche überhaupt nicht nach Essen roch. Unsere Großmutter hatte gar nicht gekocht! Mè Loan sagte es leise meinem Vater, der nur mit den Schultern zuckte.

Meine Mutter blieb ruhig sitzen und ließ uns genügend Zeit, auszutrinken. Sie wollte das Gesicht nicht verlieren und ihrem Mann die Schande dieses Affronts ersparen. Erst lange Minuten später stand sie auf.

»Vielen Dank für Ihre Einladung. Aber es ist Zeit zu gehen«, sagte sie. Erleichtert machten wir es ihr nach.

»Wie? Wollen Sie schon gehen?«, fragte Paulette, die jedoch keine Anstalten machte, uns davon abzuhalten.

Erst als wir uns im Auto in Sicherheit fühlten, sagten meine Geschwister wie aus einem Mund: »Die Oma ist böse. Sie mag uns nicht. Sie mag keine Kinder.«

Prompt antwortete mein Vater: »Sagt so was nicht!« Dann blickte er stur geradeaus auf die Fahrbahn. Kurz glaubte ich gesehen zu haben, wie er sich Tränen abwischte. Meine Mutter, einen Finger vor dem Mund, bedeutete uns, ruhig zu sein.

Zu Hause angekommen, machte sie gleich etwas zu essen. Es redete keiner mehr darüber. Mich wunderte, wie Menschen, besonders feine Leute, so unterschiedliche Vorstellungen von Geben und Nehmen haben konnten.

Danach wurden die Besuche ganz selten. Allerdings besuchten wir meine Oma immer dann, wenn ich etwas Selbstgebasteltes aus der Schule mitbrachte. Ob zu Ostern, Weihnachten oder zum Muttertag, auf väterlichen Befehl musste ich diese Geschenke, die eigentlich für meine Eltern gedacht waren, stets mit einem Kuss Paulette schenken.

Ich war fünf, als die Besuche ganz endeten. An einem Sonntag saßen Paulette, Jeanne und René bei uns am Mittagstisch. Zu einem kräftigen Rotwein verputzten sie genüsslich das Essen. Dabei schwärmten sie von unserem Garten, der prachtvoll in vielen Farben blühte.

Mè Loan brachte gerade neue Teller für das nächste Gericht, als sich Jeanne, die Bäckchen vom Alkohol schon etwas verfärbt, an meinen Vater wandte. Mit vollem Mund sagte sie laut: »Wunderschön ist es hier, wirklich!

Aber sag mir, mein Junge, warum hast du eigentlich ein Haus für eine gelbe Haut gebaut?«

Mein Vater verschluckte sich. Auf Renés Lippen zeichnete sich ein unsicheres Lächeln ab. Paulette versuchte, ihre Schwester zurückzuhalten, doch Jeanne war nicht zu bremsen: »Ist doch wahr! Das fragen wir uns schon seit Jahren, oder nicht?«

Wie meine Geschwister legte auch ich das Besteck zur Seite und blieb still sitzen. Noch nie hatte jemand bei uns zu Hause unsere Mutter vor uns Kindern so beleidigt. Vater war blass geworden und rang noch nach Worten, als Mè Loan, der der Atem kurz gestockt hatte, die Initiative ergriff.

Sie setzte die Teller mit einem Knall auf dem Tisch ab, packte Jeannes Handtasche und warf sie ihr in den Schoß. Wutentbrannt platzte es aus ihr heraus: »Jahrelang habt ihr das Essen von einer gelben Haut wie mir wie Tiere gefressen! Aber die gelbe Haut ist hier zu Hause und will Schweine wie euch nicht mehr füttern. Ab jetzt könnt ihr euch euren Dreck selbst zubereiten. Packt sofort eure Sachen und raus mit euch!«

Paulette versuchte die Lage zu retten und sprach von einem großen Missverständnis. Mein Vater schwieg. René lächelte weiter. Jeanne schmollte, überrascht von dieser Wendung. Doch sie hatte sich nicht verhört, meine Mutter blieb stur.

»Soll ich euch eigenhändig hinauswerfen?«, drohte sie.

Mit roten Köpfen standen die Gäste auf und verschwanden aus unserem Haus.

Das war ein Befreiungsschlag für Mè Loan und nicht nur für sie. Meine Geschwister rückten dicht an sie heran und sagten: »Du hast recht gehabt, Mama, wir haben es auch gehört! Das hast du gut gemacht!« Sogar mein Vater nickte zustimmend. Ich war stolz, so eine mutige Mutter zu haben.

Fast zwei Jahre waren vergangen, in denen die Verwandtschaft keinen Fuß mehr in unser Haus gesetzt hatte. Immer drängender versuchte Vater Mè Loan zu überreden, wieder Kontakt zu seiner Familie aufzunehmen, und sei es nur zu seiner Mutter. Meine Mutter ahnte, dass er und Paulette sich heimlich in der Stadt trafen, wenn er bei der Arbeit war, doch wollte sie daran keinen Gedanken verschwenden. Für sie war das Thema abgeschlossen.

Mit der Zeit nahm mein Vater ihr das übel. Er begann einen vulgären Umgangston anzuschlagen, erst ihr und dann uns allen gegenüber. Das hatte manchmal zur Folge, dass Mè Loan seine abscheuliche Ausdrucksweise übernahm, weil sie es nicht besser wusste. Eines Tages traf es unseren Pfarrer. Ihm war zu Ohren gekommen, dass wir Kinder daheim schwer arbeiten mussten, weshalb er prompt zu uns radelte, um das Thema Kinderarbeit anzusprechen und meine Eltern zu bitten, uns weniger zuzumuten. Meine Mutter verstand sein Anliegen als Beschwerde, die Einmischung in ihre Privatsphäre war ein Angriff auf sie. Sie sagte jedoch nichts und überließ ihrem Mann das Wort.

Mein Vater, der sich in seiner Haut ganz unwohl fühlte, begründete unsere harte Erziehung schließlich damit, dass Kinderarbeit in Vietnam etwas ganz Normales sei.

Als der Geistliche das hörte, hob er die Arme und begann, seine Empörung laut kundzutun. »Um Himmels willen, ihr seid hier aber in Frankreich!« Das ging Mè Loan zu weit! Sie nahm meinen Vater sofort in Schutz, beschimpfte den armen Mann Gottes mit Worten, die er sicherlich selten zu hören bekam, und jagte ihn fort.

Er kam nie wieder. Dafür verkündete mein Vater beim Mittagessen: »Sollte sich einer von euch in der Schule oder bei sonst jemandem beschweren, wird es dampfen!«

Als Nächster zeigte sich der Schulleiter wieder einmal besorgt um unser Wohl und schickte meinen Eltern eine Vorladung, dieses Mal wegen Jean-Pierre und Hélène. Auf ihren Rücken waren beim Umziehen für den Sportunterricht auffällige blaue Flecken entdeckt worden, und er wollte wissen, wie es dazu gekommen war. Tatsächlich war Vaters Stock wieder zum Einsatz gekommen, da mein Bruder ein großes Loch in die Kinderzimmertür getreten hatte, weil Hélène sie beim Spielen zugehalten hatte.

Mit Anzug und Krawatte erschien mein Vater in der Schule und gab die übliche, wenig originelle Erklärung ab: »Sie sind beide nur unglücklich gefallen! Sie wissen ja, wie wild unsere Kinder sind. Ist doch normal, in diesem Alter ...« Er kam sichtlich zufrieden nach Hause, stolz darauf, dass man ihm seine Geschichte offenbar abgenommen hatte. Allerdings befahl er uns Kindern, falls jemand danach fragen sollte, dieselbe Lüge zu erzählen. Dieser Hilfsversuch der Außenwelt war also gescheitert, mein Vater konnte ungehindert weiterprügeln.

Ich spielte im Haus Verstecken mit Jean-Pierre. Diesmal wählte ich den kleinen müffelnden Wandschrank im

Zimmer der Jungs. Ich stieg hinein, obwohl ich wusste, dass die Tür nur außen einen Griff besaß, und ließ die Tür einen winzigen Spalt offen. Jean-Pierre suchte und suchte. Ich hörte, wie er sagte: »Das Bengelstück ist bestimmt draußen.« Ganz aufgeregt über meinen gelungenen Streich ließ ich die Tür zufallen. Jetzt war der Schrank zu. Und mein Bruder war draußen.

Völlig im Dunkeln geriet ich in Panik. Ich fing an zu klopfen und zu schreien. Nach ewigen Minuten riss jemand die Tür auf. Es war mein Vater, der zufällig vorbeikam. Ich krabbelte heraus, rot und verschwitzt, kurz davor, bewusstlos zu werden.

»Wer hat dich eingesperrt?«, schrie er mich an.

Noch ganz benommen, aber auch aus Angst, Prügel zu bekommen, sagte ich bloß: »Ich habe mit Jean-Pierre Verstecken gespielt ...«

Im gleichen Moment kam Jean-Pierre herein. Noch bevor er etwas sagen konnte, zog ihn mein Vater am Kragen in die Küche und nahm das Erstbeste, das ihm in die Hände fiel, einen Gummischlauch für die Gasleitung. Unbarmherzig schlug er damit auf ihn ein. Ich musste zusehen, wie er Jean-Pierres Kopf danach unter den voll aufgedrehten Kaltwasserhahn hielt.

»Dein heißes Temperament werden wir mal abkühlen!«, brüllte er.

Mè Loan, die durch die Schreie aufmerksam geworden war, kam angerannt und sah meinen geschundenen Bruder, dem das Blut aus der Nase lief. »Lass ihn!«, befahl sie meinem Vater. »Du bringst ihn noch um!«

Ich erwachte aus meiner Starre, nahm meinen ganzen Mut zusammen und sagte unter Tränen: »Papa, ich habe mich selbst eingesperrt. Er war nicht schuld.«

Er schaute mich an. Doch anstatt mich zu bestrafen, sagte er nur: »Macht nichts. Er hatte es sowieso verdient!«, und ging hinaus.

Ein paar Tage später kam der Schulleiter mit seinem Auto bei uns vorbei, ein letzter Versuch, sich um uns zu kümmern. Wir wurden in unsere Zimmer geschickt. Sofort kamen meine Brüder zu uns Mädchen, und jeder von uns drückte ein Ohr an die Wand, um bloß nichts zu verpassen.

Der erzürnte Rektor schlug gegenüber meinem Vater einen anderen Ton an: »Ich habe bei Ihrem Sohn neue Striemen gesehen. Und erzählen Sie mir nicht, er sei gefallen! Der Junge ist ausgepeitscht worden. Ich gebe Ihnen einen Rat: Wenn die Kinder so wild sind, schicken Sie sie doch in den Turnverein. In der Gemeinde gibt es genug Möglichkeiten. Aber hören Sie auf, sie zu schlagen! Sonst melde ich es der Schulbehörde.«

Mein Vater gab sich einsichtig, und der Mann ging wieder. Hinter der Wand jubelten wir leise.

Aber leider verschwand auch dieser Hoffnungsschimmer schnell. Als Konsequenz der Unterredung führte mein Vater ein neues »gemildertes« Bestrafungssystem in drei Stufen ein. Bei Stufe eins, wenn wir Kinder etwas ausgefressen hatten, schickte er uns nicht in den Turnverein, sondern in Turnhosen nach draußen. Bei jeder Jahreszeit und Witterung musste der Betroffene so lange um das Haus rennen, bis er völlig erschöpft war. Vater achtete darauf, dass das Kind, wenn es am Wohnzimmer vorbeikam, jeweils laut die Anzahl der Runden brüllte.

Die zweite Stufe sah folgendermaßen aus: Hatte jemand etwas angestellt, musste er draußen irgendeine besonders harte Arbeit verrichten, bis es dunkel wurde, bis zum nächsten Tag bekam er dann nichts zu essen. Sobald Vater allerdings eingeschlafen war, brachte Mè Loan dem Betroffenen doch etwas. Die letzte Stufe des Systems waren nach wie vor Schläge. Dabei achtete mein Vater nun jedoch darauf, nur ganz gezielt auf bestimmte Körperpartien zu schlagen.

So konnte der trügerische Schein, bei uns sei alles in Ordnung, weiter aufrechterhalten werden. Niemand konnte etwas dagegen tun.

Bald wurde alles noch viel schlimmer. Mein Vater kam nach Hause und verkündete: »Wir müssen jetzt den Gürtel enger schnallen, ich bin arbeitslos.« In der Küche schilderte er meiner fassungslosen Mutter, was geschehen war. Sein Chef hatte ihn darum gebeten, Mè Loan in Zukunft von der Firma fernzuhalten. Er wollte ihr sogar untersagen, in seinem Viertel einkaufen zu gehen, da sie als Asiatin angeblich die Aufmerksamkeit der Kundschaft auf sich zog, und das sei nicht gut fürs Geschäft. Es kam zum Zerwürfnis, und mein Vater musste seinen Arbeitsplatz räumen. Als ich das hörte, füllte sich mein Herz mit ohnmächtigem Hass gegen diesen Unbekannten, der meine Familie in finanzielle Schwierigkeiten stürzte.

Während sich mein Vater auf Arbeitssuche machte, begann meine Mutter öfter als sonst zu beten. Im Wohnzimmer richtete sie Obst, einen Kuchen, frische Blumen und sonstige Gaben an, die keiner von uns vor dem Abschluss der Zeremonie anfassen durfte. Hinter verschlossenen Türen zog sich Mè Loan vom Duft von Räucherstäbchen umgeben allein vor dem kleinen Altar zurück. In dieser schwierigen Zeit bat sie mich zum ersten Mal, bei ihren Gebeten mit dabei zu sein. Darum hatte sie bis dahin niemanden aus der Familie gebeten. Ich war überrascht und freute mich sehr, weil mich alles, was hinter dem Geheimnis des Betens steckte, reizte. Aber ich fragte mich auch, ob sie mich ausgesucht hatte, weil sie von einigen meiner seltsamen Erfahrungen wusste.

Ich hatte ihr erzählt, dass ich einmal nachts aus meinem Körper »herausgeschlüpft« war, um dicht unter der Decke in unserem Haus umherzuirren, bis ich mich selbst schlafen sah und wieder in meine Hülle zurückkehrte. Und dass ich ab und zu gregorianische Gesänge hörte – etwas, das ich damals noch nicht kannte –, die mein Vater als zu lautes Radiogeplärre eines Nachbarn deutete. Schließlich konnte ich grelles Licht leuchten sehen, das für niemand sonst sichtbar war. Meine Mutter hatte nur etwas auf Vietnamesisch gesagt und genickt. Als wüsste sie bestimmte Dinge, die mir vorerst noch verborgen bleiben sollten.

Mè Loan verriegelte beide Türen, ließ sich vor der Buddhastatue auf die Knie nieder, verbeugte sich und faltete ihre Hände.

»Schau, wie ich bete. Wenn du willst, kannst du es mir nachmachen«, sagte sie.

Ihre Stimme war ganz leise geworden, weswegen auch ich flüsterte. »Mama, gehen dann die Wünsche in Erfüllung?«

»Ja, wenn man lange genug darum bittet, irgendwann schon«, antwortete sie. Ihr Gesicht nahm andächtige Züge an.

Ich wusste nicht, in welcher Haltung man betet, und fragte sie. Sie unterbrach ihre Andacht. »Beten heißt einfach, mit dem Herzen rufen, egal, wo du dich befindest. Wenn du um Beistand bittest, tue es immer aus tiefstem Herzen, dann wird dir geholfen.«

Stolz über dieses neue Wissen betete ich still an ihrer Seite für die berufliche Zukunft meines Vaters und das Wohlergehen meiner Familie. Den treuen Jicqui vergaß ich natürlich auch nicht, ich wünschte ihm ein langes Leben.

Es verging ein halbes Jahr, bis mein Vater wieder Arbeit fand. Nach jedem erfolglosen Vorstellungsgespräch war er nach Hause gekommen und hatte über die ungerechte, undankbare Welt geklagt. Ganze Tage hatte er im Wohnzimmer verbracht, deprimiert, frustriert und verbittert. Er ließ seinen Unmut an jedem aus, der sich in seiner Nähe befand. War ich betroffen, konnte ich ihm sein Verhalten nicht einmal übel nehmen. Seit ich eines Nachts vom offenen Flur aus sein leise geführtes Gespräch mit

Mè Loan mitbekommen hatte, wusste ich, was auf dem Spiel stand. »Ohne Einkommen wird uns das Jugendamt die Kinder wegnehmen«, hatte er gesagt. »Dürfen sie das?«, hatte Mutter gefragt. »Ja, und das werden sie auch tun, wenn nicht bald etwas passiert.«

Ich bekam es mit der Angst zu tun und begriff den Ernst unserer Lage. Hier war mehr denn je Zusammenhalt gefragt. Auch wenn es zu Hause nicht immer angenehm war, ging es nun um den Erhalt meiner Familie, von der ich niemals getrennt werden wollte.

Vaters Frustration erreichte ihren Höhepunkt kurz vor den Sommerferien, gerade als mein Bruder Marcel wieder einmal ein Wochenende bei uns verbrachte. Marcel suchte mit meinen Geschwistern zusammen im Garten Kröten, um ihnen eine angezündete Zigarette ins Maul zu stecken. Grinsend ließen sie die armen Tiere einige Züge paffen, bis eine kleine Rauchwolke ihren letzten Atemzug bezeugte. Das war nichts für mich, und ich ging zurück ins Haus.

Mè Loan war früh am Morgen mit dem Zug in die Stadt gefahren. Als ich den Flur betrat, hörte ich plötzlich meinen erregten Vater brüllen: »So ist das, ihr wollt nicht aufräumen? Schau dir mal diesen Saustall hier an ... Jetzt zeige ich euch mal, wie man das bei der Armee erledigt!«

Verängstigt näherte ich mich vorsichtig und wagte einen Blick um die Ecke. Mit dem Rücken zu mir stand er im Mädchenzimmer vor dem weit geöffneten Fenster. Zu meinem Entsetzen sah ich, wie er alles packte und hinauswarf, Wäsche, Schuhe, unsere Schulranzen, Hefte, Toto, den Bär, und sogar mein Bett. Er versuchte gerade,

Hélènes Bettgestell über die Fensterkante zu wuchten, doch anscheinend reichte die Kraft trotz seiner Wut dazu nicht aus.

Plötzlich drehte er sich um und entdeckte mich. Ich zuckte zusammen. »Du kommst gerade richtig! Hilf mir, das hier hochzuheben!«, befahl er mir. Ich musste mit anpacken. Mit einem großen Ruck warfen wir das letzte sperrige Stück aus dem Fenster, das zu Füßen meiner Geschwister aufprallte, die vom Krach alarmiert angerannt gekommen waren und jetzt mit weit aufgerissenen Augen ungläubig vor dem angerichteten Chaos standen.

Anschließend führte mein Vater dieselbe »Aufräumaktion« im Jungenzimmer durch und steigerte sich dabei immer mehr in seine Wut hinein. »Euch bringe ich Ordnung bei, ihr Dreckschweine!«

Ganz außer Atem und rot im Gesicht setzte er sich nach getaner Arbeit ins Wohnzimmer und schaltete den Fernseher an, während wir Kinder wortlos und wie betäubt damit anfingen, unsere weit verstreuten Sachen aufzusammeln. Weil wir die Möbelstücke nicht durch die Fenster heben konnten, trugen meine Geschwister sie gemeinsam durch die breite Wohnzimmertür wieder zurück. Marcel packte kräftig mit an. Er sagte nichts, doch sein düsterer Blick verriet mir, wie er sich an früher erinnert fühlte.

Die Älteren räumten mir fast alles wieder ein, während ich noch draußen vor dem Durcheinander stand: Meine ordentlichen Schulhefte waren zerknittert und beschmutzt, meine gemalten Bilder waren zerrissen, lose Seiten meiner Schulbücher flogen herum. Als ich auch noch meine Schreibfeder vermisste, fing ich an zu weinen. Was würde mich in der Schule erwarten? Bestimmt würde meine Lehrerin mich dafür bestrafen – wie es üblich war, wenn jemand etwas anstellte –, mir auf dem Podest die Hose herunterziehen und meinen Po vor der ganzen Klasse auspeitschen oder mir sogar den verpönten Eselsohrenhut aufsetzen und mich damit, die Nase an die Wand gedrückt, für eine ganze Stunde in der Ecke des Klassenzimmers stehen lassen. Ich war todunglücklich.

Marcel kam zu mir und wischte meine Tränen weg. »Weine nicht, Bengelstück«, sagte er. »Das musst du aushalten. Du musst stark bleiben!« Ich versuchte das Weinen zu unterdrücken, fühlte mich jedoch miserabel. Mein Bruder glättete meine Hefte und versprach, die losen Seiten wieder schön einzukleben. Anschließend gingen wir Hand in Hand auf die Suche nach der Schreibfeder und fanden sie unter dem Fliederbaum. Sein erleichtertes Lächeln wurde schnell von einem ernsten Gesichtsausdruck abgelöst, als er sie mir aushändigte. »Wenn du groß bist, Bengelstück«, sagte er, »kannst du weg von hier!« Ich nickte.

Zusammen gingen wir ins Haus hinein und zogen uns in unsere Zimmer zurück. Es herrschte eine bedrückte, traurige Stimmung. Hélène saß mit glasigem Blick auf dem Bett und betrachtete fassungslos ihren Seestern. Er war zerbrochen. Sie hatte ihn aus ihrem ersten kurzen Urlaub am Meer mitgebracht, der durch die Unterstützung des Hilfsfonds für sozial schwache Familien möglich gewesen war.

Am nächsten Morgen entdeckte ich die Teile im Abfalleimer. Sie hatte sie weggeworfen.

Mè Loan kam abends nach Hause und fragte, ob alles in Ordnung sei. Mein Vater antwortete: »Ja, ich habe heute den Kindern geholfen, ihre Zimmer aufzuräumen.«

Gesichter einer Stadt

Gelegentlich fuhr ich mit meiner Mutter zusammen mit der Bahn in die Stadt. Zu Fuß gingen wir die wenigen Kilometer bis zu unserer kleinen Bahnstation. Sosehr ich mich über den Ausflug freute, hoffte ich doch jedes Mal, dass wir alleine am Bahnsteig warten würden. Niemand sollte beobachten, wie Mè Loan entschlossen auf die Holzbank kletterte, um sich trotz meiner Proteste die noch nicht flüggen Vögel aus einem Nest zu holen. »Eine kleine Leckerei für den Abend.« Dann machte sie sich mit strahlender Miene gleich vor Ort an die Arbeit. Gerupft und sorgfältig in ein Taschentuch gewickelt verschwanden die Vogeljungen in der mitgebrachten Netztasche.

Unterwegs prägte ich mir alles, was ich sehen konnte, genau ein, jedes einzelne Häuschen, die Vorgärten, in die sich manchmal ein Huhn verirrt hatte, die Wohnwagen, die verwahrlost aussahen, aus denen aber kleine Kinder herauskamen, oder die öde Vorstadt mit den dunklen Ziegelsteindächern der Häuserreihen in dem Arbeiterviertel.

Die Stadt pulsierte, und die Luft stank nach Abgasen. Bevor wir in die Fußgängerzone einbogen, stellten wir uns in die Warteschlange eines winzigen, herrlich duftenden Eckladens. Hier verkauften sie die besten Butterbrioches der Stadt. Wir gönnten uns jeweils eins.

Mè Loan nahm sich selten, und nur auf mein inständiges Bitten hin, Zeit, um die Schaufenster, die mich magisch anzogen, ausführlich zu betrachten. Oft sahen wir einen einsamen Clochard, der leise um Essen bettelte. Mit müdem Blick folgte er den Passanten, die ihn einfach ignorierten. In mir rief sein verwahrloster Anblick Mitleid und Angst hervor. Meine Mutter spendierte Bettlern grundsätzlich etwas zu essen und zu trinken. Auf meine Frage, warum sie das tat, sagte sie: »Könntest du etwas essen, wenn jemand neben dir hungert? Hast du selbst genug, dann gib etwas ab. Hungern sollte niemand, ich weiß, wovon ich rede.«

In der Regel kauften wir im Kaufhaus Kleinigkeiten, die im Sonderangebot waren. Vor der ausladenden Obstabteilung blieben wir jedoch immer stehen. Mè Loan rechnete schnell und griff dann nach bestimmten Obstsorten, während sie mir erklärte, nach welchen Kriterien sie aussuchte. Waren Litschis im Angebot, kaufte sie nach kurzem Zögern manchmal eine halbe Handvoll davon. »Sie sind sehr teuer«, sagte sie, »aber heute möchte sich meine Zunge so gern an diesen Geschmack aus meiner Heimat erinnern!«

Vor einem Seitenausgang zog uns der Geruch von heißen Croque Monsieurs – in Milch getunkte Toastbrotscheiben mit Schinken, überbacken mit Schmelzkäse – und Croque Madames in die Nasen. Etwas dahinter lag der Asialaden, der das größte Gewürzsortiment der Stadt bereithielt, Treffpunkt für eine bunt gemischte Kundschaft. Der Laden glich einem Labyrinth, mit Waren bis unter die Decke gestapelt. Die unterschiedlichsten, betörend riechenden Gewürze versetzten die Kunden in ferne Länder. Mè Loan erstand vietnamesische Zutaten, während sie lange mit der Besitzerin und anderen asiatischen Frauen plauderte, die manchmal vielleicht nur zum Reden hierherkamen. Ich saß derweil auf einem großen Sack Duftreis.

Hier sah ich zum ersten Mal eine Asiatin mit schwarz gefärbten Zähnen. Ich starrte die Frau an, entsetzt, weil ich dachte, ihre Zähne wären abgestorben. Meine Mutter lachte, als ich ihr das zuflüsterte. »Die Frau wird der Volksgruppe der weißen Hmong, der schwarzen Thai oder der Lao angehören«, erklärte sie mir. Und ich erfuhr, dass sich auch Mè Loan um der Schönheit willen und als Zeichen ihrer Keuschheit als junges Mädchen der schmerzhaften Prozedur des Zähnefärbens unterzogen hatte. Jahrelang hatte sie den schwarzen Glanz, der durch das Auftragen pulverisierter, verkohlter Kokosnussschalen erreicht wird, durch regelmäßiges Kauen von saftigen Betelblättern und Kalk aufrechterhalten. Ich war eigentlich ganz froh, sie mit weißen Zähnen zu kennen.

Dann machten wir uns wieder auf den Weg. Natürlich gingen wir nicht durch den sich anschließenden Boulevard Heurteloup, den Straßenstrich, sondern einen kleinen Umweg bis zum Place Jean Jaurès, wo sich viele Bars und große Kaffeehäuser befanden. Kunden standen an den Theken, die Terrassen waren gut besetzt, man bewunderte den unverkennbar aufrechten Gang der exquisit duftenden bourgeoisen Damen oder beobachtete einfach die Passanten. Oft pfiffen junge Männer hübschen Mädchen hinterher und luden sie auf ein Getränk ein.

Mittwochs und samstags fand auf dem Boulevard Béranger der beste Blumenmarkt weit und breit statt. Dorthin musste Mè Loan jedes Mal unbedingt einen Schlenker machen. Am späten Nachmittag rasteten wir kurz auf einer Holzbank, mit etwas Obst und Wasser, bevor wir die Rue Nationale entlanggingen. Unser Ziel war die Stadtbibliothek am Loireufer, der vereinbarte Treffpunkt, von wo uns mein Vater nach Feierabend mitnahm.

Zufrieden und erschöpft kehrten wir in unsere Welt zurück. Sobald alle Einkäufe aufgeräumt waren, grillte Mutter mit verklärtem Blick die Vogeljungen für sich und bereitete nebenher das Abendessen zu.

Fressen und gefressen werden

Wie jedes Jahr nach den Weihnachtsferien fehlten auch dieses Mal einige Kinder meiner Klasse, die meisten wegen einer Magenverstimmung, die auf den hohen Schokoladenkonsum zurückzuführen war. Das konnte mir nicht passieren. Das »Fest der Liebe«, wie meine Lehrerin das Ereignis nannte, war bei uns anders verlaufen als sonst. Mein Vater hatte Weihnachten zum Anlass genommen, wieder einmal seine Mutter zu besuchen. Nach langem Drängen hatte er Mè Loan so weit, dass er Paulette ganz offiziell sehen durfte. Er ging allein zu ihr. Offenbar freute sich meine Großmutter sehr über seinen Besuch, denn sie gab ihm zum Abschied Geschenke für uns Kinder mit. Meine Geschwister bekamen ein Gesellschaftsspiel und ich Puppengeschirr. Obwohl ich keine Puppe besaß, war meine Freude groß: Zum ersten Mal brauchte ich mir für die Schule kein tolles Weihnachtsgeschenk auszudenken, bloß um niemandem eine Erklärung dafür schuldig zu sein, warum bei uns keine Bescherung stattfand.

Nach Vaters Rückkehr erfuhren wir alle möglichen Neuigkeiten, unter anderem, was es mit Renés Showbusiness-Karriere auf sich hatte. René war gemeinsam mit seiner Frau auf der Titelseite einer bekannten Sonntags-Boulevardzeitung, der fettgedruckte Aufmacher lautete: »Die Arbeiter der Liebe streiken!« Mein Onkel, namentlich genannt, war in eindeutiger Pose gut zu erkennen. Das Blatt berichtete über seine zentrale Rolle beim »Live-Sex auf der Bühne« und erläuterte, warum er zu streiken begonnen hatte. Von Paulette zur Rede gestellt, stand er offen zu dem, was er machte, ja war stolz darauf, eine lukrative Marktlücke entdeckt zu haben. Meine bitter enttäuschte Oma wagte sich danach kaum mehr auf die Straße, aus Angst, angesprochen zu werden. Stattdessen suchte sie Trost bei ihrem ältesten Sohn.

»Dein Bruder begattet für Geld seine Frau vor Publikum?«, fragte Mè Loan ihn verblüfft. »Das ist doch abartig! Was für eine Familie!«

Mein Vater zuckte mit den Schultern: »Na und? Sie haben wenigstens Spaß! Meine Familie ist ganz und gar nicht abartig, wir sind normal.«

Was er unter Normalität verstand, stellte sich heraus, als mein Vater Mè Loan bald darauf den Besuch bei einer Prostituierten in der Stadt beichtete.

»Ich wollte es bei einer Weißen probieren«, hörte ich ihn sagen. »Aber ich habe ihn nicht hochbekommen, weil das Wasser, mit dem ich mich zuvor waschen musste, zu kalt war.«

Meine Mutter war wütend. »Mit welchem Geld bist du denn zu dieser Nutte gegangen?«

Mein Vater gab ihr eine Antwort, die meine erste schöne Erinnerung an Weihnachten gleich wieder zerstörte: »Mutter hat mir dafür einen Hunderter geschenkt ...«

Als der Streit eskalierte, flüchtete ich in mein Zimmer. Ich wollte nicht mitbekommen, dass er Mè Loan für alles die Schuld gab, weil sie seine Freundinnen aus dem Haus geworfen hätte. Und dass sie endlich seine sexuellen Wünsche erfüllen solle. Und dass er doch am liebsten mit ihr schlafen wolle, weil schließlich keine andere Frau so tolerant sei wie sie.

Ich erinnerte mich plötzlich an den Tag, als Mè Loan mir eröffnet hatte, dass sie meinen Vater nicht mehr liebe. Ich hatte damals vor lauter Überraschung bloß genickt, weil ich es einfach nicht wahrhaben wollte. Nach diesem Weihnachtsfest verstand ich nun ihre ernüchterten Worte. Wie sollte ich an das »Fest der Liebe« glauben?

Die Natur war für mich ein Ort zum Aufatmen, schon früh habe ich eine besondere Beziehung zu ihr aufgebaut. Mè Loan nahm mich oft auf ihre Ernterundgänge mit, wie sie ihre Spaziergänge nannte, wenn sie Walnüsse und Mandeln von angrenzenden Grundstücken auflas oder

Löwenzahn und Mais, den sie seit dem Vorfall mit dem Nachbarn nicht mehr selber anbaute, in den nahe gelegenen Feldern pflückte.

Wenn es regnete, sammelten wir häufig bei Anbruch der Dunkelheit Schnirkelschnecken. Die Kriechtiere trauten sich bei feuchtem Wetter heraus und waren mit einer Taschenlampe einfach zu finden. Unsere Beute gab Mè Loan zu den anderen Schnecken, die sie im Garten in einer Holzkiste, die mit frischen Salatblättern gefüllt war, aufbewahrte. Feinmaschiger Draht verhinderte eine Flucht. Hatte sie genügend Schnecken beisammen, gab sie ihnen zur Reinigung drei Tage lang nichts zu fressen. Anschließend streute sie Meersalz über die Tiere und wartete drei weitere Tage, bis sie keinen weißen Schaum mehr erzeugten – das sichere Zeichen, dass alle tot waren. Jetzt ließ sich der wirbellose Körper mit viel Geduld aus dem gewaschenen Schneckenhaus ziehen und zu einer delikaten Speise verarbeiten. Die Gehäuse bekamen wir Kinder zum Spielen.

Später durfte ich sie begleiten, wenn sie losging, um Wildkräuter, Puppen von Insekten oder abgestreifte Schlangenhäute zu sammeln. In unserer Gegend lebten viele Schlangenarten. Von Zeit zu Zeit lief ein alter Mann an den Schienen entlang, ausgerüstet mit einem Stock, an dessen Ende sich eine Schlinge befand, und einer dicken Stofftasche. Damit fing er Vipern oder Nattern, die er gegen Geld in der Dorfapotheke abgab, wo sie Serum aus den Tieren gewannen.

Auch meine Mutter verarbeitete ihre Funde daheim zu Arznei. Sie mixte eine ganze Reihe von Heil- und Pflegemitteln, wie sie es als Kind in Vietnam von ihrem Großvater gelernt hatte, angefangen von Pulvern gegen Darmerkrankungen, Würmer und Geschwüre, über Salben zur Behandlung von Hautkrankheiten bis hin zu Haarwuchslotionen. Mit einer Kräutermischung stellte sie ein Mittel gegen Erkältungen her. Ich schaute ihr dabei immer neugierig über die Schulter.

Im Gegensatz zu Hélène und Daniel war Jean-Pierres Naturverbundenheit ebenso grenzenlos wie meine. Doch nur er durfte sich, weil er schon älter war, in weiter entfernt liegenden Gegenden herumtreiben. Meistens spielte er an einem sumpfigen Weiher hinter dem Bahnübergang, in der Nähe des Cher. War der Fluss über die Ufer getreten, füllte sich der große Tümpel mit neuem Leben. Mein Bruder brachte voller Stolz alles, was sich bewegte, als Beute mit nach Hause, mal zur Freude, mal zum Entsetzen der anderen: Spinnen, Gottesanbeterinnen, Frösche, Molche, Salamander, Blindschleichen.

Einmal sogar einen verletzten Falken, der jedoch trotz liebevoller Pflege nicht überlebte. Die Frösche bewahrte er heimlich in alten Weinflaschen hinter seinem Bett auf, bis sie irgendwann durch ihr nächtliches Quaken oder ihren unerträglichen Gestank meinem Vater auffielen, der sie voller Ekel hinausschmiss. Außerdem sammelte er in einer alten Metalldose mit Löchern graue und grüne Eidechsen, manchmal bis zu dreißig Stück. Wenn Vater fort war, öffnete er die Dose gern im Zimmer von uns Mädchen, damit seine Lieblinge Hélène gehörig in Panik versetzen konnten.

Jean-Pierres Warnungen vor Giftschlangen ließen mich kalt. Sein Verbot, mich diesen Geschöpfen zu nähern, hinderte mich keineswegs daran, sie aufzustöbern. Von ihm hatte ich die Merkmale der giftigen Tiere sowie ihre bevorzugten Aufenthaltsorte gelernt. Ich machte mich auf die Suche nach ihnen, instinktiv vielleicht auch angezogen von der Gefahr. Durch Mè Loans Erzählungen über unsere vietnamesischen Vorfahren fühlte ich mich dazu ermutigt. Die meisten unserer Ahnen waren geschickte Jäger gewesen, und ihr Blut floss, darauf war ich sehr stolz, auch in meinen Adern. Besonders meinem Großvater, dem Führer großer Jagdexpeditionen im gefährlichen Dschungel, wollte ich unbedingt alle Ehre machen.

Befanden sich die Giftschlangen jedoch zu nahe an unserem Haus, tötete ich sie ohne mit der Wimper zu zucken mit einer Hacke oder einem Stein. Nachdem sich das im Ort herumgesprochen hatte, holte man mich in späteren Jahren sogar, wenn es eine Viper auf einem Grundstück zu beseitigen galt.

Ganz ungefährlich war das, was ich tat, natürlich nicht. Einmal entkam ich nur knapp dem Biss einer Viper, deren Geschwindigkeit ich unterschätzt hatte, und ein anderes Mal kroch ganz zufällig eine fette Schlange aus genau dem schmalen Loch hervor, an dem ich zuvor lange gespielt hatte, in der sicheren Annahme, darin höchstens eine Grille zu finden ...

Mit der Jagd war das allerdings so eine Sache, besonders wenn meine Mutter mir praktisch vorführte, was es mit dem Naturgesetz von »Fressen und gefressen werden« auf sich hatte. Unser Schlingknöterich beherbergte inzwischen viele Vogelnester. Für natürliche Feinde wie die Katzen waren diese zwar außer Reichweite, doch hatten die Vogeleltern nicht mit Mè Loan gerechnet. War ihr danach, ortete sie belegte Nester nach dem Piepsen der Jungen, holte sich daraus die fast ausgewachsenen Vögel, fleischig genug und doch noch etwas zu jung, um wegzufliegen, und drehte ihnen ihre dünnen Hälse um. Zugegeben, mit Salz gegrillt waren sie wahre Leckerbissen. Mutters Art, Tiere umzubringen, war mir aber zu grausam. Deswegen verriet ich es ihr auch nie, wenn ich wieder einmal ein vollbesetztes Nest entdeckt hatte. Piepste es aus dem Gebüsch, wenn Mè Loan sich näherte, schüttelte ich die lianenartigen Ranken kurz und heftig, bis Ruhe einkehrte.

Neben der Natur war die Schule der andere Ort, wo ich aufatmen konnte. Ich sehnte richtiggehend jeden Schultag herbei, weil ich wieder in die fremde »andere Welt« eintauchen durfte. Sobald ich unser Haus verließ und an der Bushaltestelle mit den anderen Kindern wartete, glaubte ich, zumindest ein bisschen, spüren zu können, wie es sich anfühlte, eine Französin zu sein.

Im Schulbus war es manchmal so laut, dass uns der Busfahrer anbrüllte, wir sollten endlich ruhig sein. Sofort kehrte für eine Weile Stille ein, und ich konnte einfach die Busfahrt über die vielen Schlaglöcher, die uns vergnügt auf den alten gefederten Ledersesseln hopsen ließen, genießen.

Ich kannte die weite Landschaft inzwischen zu allen Jahreszeiten auswendig, die Weizenfelder, in deren Gold

Mohn- und Kornblumen bunte Tupfer setzten, die aufgereihten Apfel- und Walnussbäume am Rand der Weinhänge sowie die als Viehfutter dienenden Riesenkürbisse, die, groß wie sie waren, perfekte Kutschen für Märchen abgegeben hätten. Unser Bus passierte eine Metzgerei, die Pferdefleisch verkaufte, dann den alten Ortskern mit der Bar und erreichte schließlich die Gemeindeschule, Mädchen- und Jungenschule hatte man inzwischen zusammengelegt.

Vor dem unauffälligen Schulgebäude wartete eine Lehrerin, bis alle da waren, um hinter uns das schmale Eisentor zu schließen. Sobald das Klicken des Torschlosses erklang, wusste ich, dass ich die Grenze zu der anderen Welt passiert hatte, einer alles in allem sehr friedlichen Welt, die mir sechs Tage in der Woche Zuflucht bot und in der ich meinen Wissensdurst in aller Ruhe stillen konnte. Meine Mitschüler fand ich kindisch und naiv und die mir gestellten Aufgaben zu einfach und langweilig, was den Vorteil hatte, dass ich zu Hause so gut wie nie lernen musste. Oft wurde ich daher zu Hause zu allen möglichen Arbeiten herangezogen, aber hier war ich ein Kind unter vielen, das wie alle gleich behandelt wurde, zumindest am Anfang. Dieses Gefühl der Zugehörigkeit war für mich eine ganz neue, angenehme Erfahrung. Mochte das Schulgebäude aber auch noch so viel Geborgenheit ausstrahlen, vor den Vorurteilen konnte es mich nicht schützen. Immer wieder wurde ich an meine Herkunft erinnert.

Im überdachten Bereich des Schulhofs standen die Plumpsklos unter der Aufsicht einer Erzieherin. Kaum ein Schultag verging, an dem diese Frau mich nicht durch den Türspalt von oben bis unten anstarrte, trotz meiner Proteste. Im Gegensatz zu mir durften die anderen die Tür mit einem Häkchen schließen. Als ich mich nach Monaten endlich traute, sie zu fragen, warum sie mir immer zusah, gab sie mir keine Antwort. Sie knallte die Tür nur verächtlich zu, die ich ab da jedes Mal zitternd abschloss.

Ein anderes Mal hockte ich starr vor Kälte unter dem Schuldach und wartete auf den Bus. »Schau dir das mal an«, mokierte sich eine Lehrerin laut über mich. »Die sieht aus wie eine Bettlerin!« Ich hatte sie ein Jahr zuvor als Lehrerin gehabt und wusste, dass sie mich nur deshalb gut behandelt hatte, weil an meinen Schulleistungen nichts auszusetzen war. Ich mochte sie nicht mehr, seit sie mich einmal vor der ganzen Klasse blamiert hatte. Sie mochte mich offensichtlich auch nicht.

Wenn Mè Loan zu Hause merkte, dass mir langweilig war, holte sie Wasserfarben, eine Schnur und eine feine Nadel hervor und ermutigte mich, leere Schneckenhäuser zu bemalen, um daraus eine bunte Halskette zu basteln.

»Schmuck muss nicht unbedingt aus Gold oder Silber sein«, erklärte sie mir. »Andere Naturmaterialien eignen sich genauso gut dazu. An manchen Orten in Vietnam bevorzugt man Teile des Schildkrötenpanzers oder Knochen oder Geweihstücke. Im Jägerstamm deines Großvaters waren Amulette aus Tigerzähnen oder Tigerkrallen besonders begehrt, weil sie gegen das Böse schützen und Kraft verleihen.« Ich war fasziniert. »Wenn dein Kunstwerk fertig ist, darfst du es in der Schule tragen. Sicher werden sie alle staunen!«

Nun, sie staunten nicht. Stolz kam ich mit meiner Kette aus kleinen Schneckenhäusern an, doch die Kinder fanden den Schmuck nur komisch. Richtig schlimm war die Reaktion meiner Lehrerin, die, ohne genauer hingeschaut zu haben, entrüstet sagte: »Wie kannst du so etwas Ekliges tragen? Das ist unhygienisch!« Sie befahl mir, die Kette sofort abzunehmen und sie in meinem Ranzen verschwinden zu lassen. Voller Scham und unter dem Gelächter der Mitschüler tat ich das. Am liebsten wäre ich im Boden versunken.

Meiner Mutter verschwieg ich dieses Erlebnis, um sie nicht traurig zu machen. Mich selbst fragte ich jedoch ein weiteres Mal, warum wir bloß so anders waren als die anderen und was daran falsch war.

Ebenso wenig konnte ich den Tag vergessen, als ich auf dem Schulhof Fangen spielte und Florence, ein Mädchen aus meiner Klasse, mit ihrer Freundin Catherine auftauchte. Beide wohnten am Ende unserer Straße. Ich kannte sie flüchtig von den Spaziergängen, die sie nach dem Gottesdienst in Begleitung ihrer Eltern an unserem Haus vorbei machten, mit Lackschuhen und in bester Sonntagskleidung, nicht ohne einen aufgesetzten Gruß an uns zu richten. Ich blieb stehen, da ich dachte, dass die Mädchen mitspielen wollten. Florence stellte sich demonstrativ vor mich hin und nahm plötzlich den Rand meines Jackenärmels zwischen zwei Finger. Sie hob meinen Ärmel in die Höhe, ihren kleinen Finger abgespreizt, als wolle sie sich nicht beschmutzen. Ihr Gesicht zeigte eine Grimasse voller Ekel. Dann rief sie ganz laut: »Kommt alle her! Seht euch die mal an!«

Etliche Kinder hatten sich bereits um uns versammelt. Ich spürte die Blicke meiner Klassenkameraden, starrende Blicke, die mich von oben bis unten gnadenlos taxierten: Meine knappen, abgetragenen Sandalen, aus denen die hässlichen weißen, mehrmals gestopften Kniestrümpfe, von Gummis festgehalten, verräterisch hervorschauten, mein ausgewaschenes, unförmiges, von Hand gestricktes Trägerkleid, darüber meine dunkelblaue Seemannsjacke, ein Prachtstück von der Mülldeponie, deren Ärmel zwar zu kurz waren, bei der es sich aber trotzdem um mein Lieblingskleidungsstück handelte wegen der goldenen, glitzernden Knöpfe mit dem Anker. Ich konnte zwar nur in wenigen Gesichtern Abneigung erkennen, und nur wenige Kinder lachten, aber mir kamen die Tränen.

Immer noch meinen Ärmel haltend, machte Florence weiter. »Schämst du dich denn nicht, so herumzulaufen?«

Ich schwieg.

Zum Glück intervenierte ein Mädchen namens Françoise: »Es reicht! Lass sie endlich in Ruhe! Sie kann nichts dafür.«

Florence ließ endlich los, doch bevor sie lachend wegrannte, fiel noch ein Satz, der mich sehr lange verfolgte: »Du bist bloß die Tochter einer gelben Chinesin mit Schlitzaugen!«

Ich ersparte mir die Mühe, ihr zu erklären, dass Mè Loan nicht aus China stammte. Stattdessen versuchte ich, die Tränen zurückzuhalten. Wie hätte ich in diesem Augenblick auf meine schwarzen Haare und auf meine Haut stolz sein sollen.

Zu Hause weinte ich mich bei meiner Mutter aus. Ich konnte nicht begreifen, warum Florence das gesagt hatte.

»Ja, ich sehe anders aus«, sagte mir Mè Loan. »Doch bin ich dadurch einzigartig, und du noch mehr, denn keines dieser Mädchen trägt zwei Kulturen in sich. Also vergiss deine Wut, lächle, als wärest du nicht verwundbar, und zeige es ihnen mit Geschick, mit Köpfchen! Sei einfach schlauer, sei besser als sie. Nur so kannst du gewinnen. Du wirst sehen, sobald sie merken, wer hier stärker ist, werden sie dich in Ruhe lassen.«

Ich nahm mir Mutters Worte zu Herzen. Bald darauf bekam ich Gelegenheit zur Rache.

Während einer Klassenarbeit wurde Florence neben mich gesetzt. Als sie Platz nahm, lächelte sie mich freundlich an. Sie tat, als habe sie den Vorfall auf dem Schulhof vergessen. Ich lächelte zurück. Ihre schulischen Leistungen waren mittelmäßig, das wusste ich, und ich wusste, dass sie versuchen würde, bei mir abzuschreiben. Ich tat so, als würden mich lange Blicke in die Landschaft draußen zwischendurch inspirieren, und legte dabei meine Arbeit so hin, dass sie alles leicht lesen konnte. Ich erkannte an ihrem schnellen Atem, wie sie eifrig abschrieb, ungläubig über ihr Glück. Kurz vor Abgabe jedoch nahm ich ein anderes Blatt und schrieb meine Antworten auf, dieses Mal die richtigen. Ihre verzweifelten Versuche, erneut abzuschreiben, wehrte ich erfolgreich ab. Weinend musste sie ihre Arbeit abgeben. Wie erwartet kassierte sie eine schlechte Note, ich eine Eins.

Ja, so herum macht das richtig Spaß, dachte ich. Ich genoss es, einzigartig und Tochter meiner Mutter zu sein.

Verheilte Wunden

Die besten Wintertage waren zweifellos die, an denen unsere Gemeinde den Schnee liegen ließ, bis Tauwetter einsetzte. Der gesamte Verkehr war dadurch lahmgelegt, einschließlich der Schulbusse. Der Unterricht fiel aus, und wir Kinder konnten uns draußen bei Schneeballschlachten austoben. Mè Loan setzte in dieser Zeit nur selten einen Fuß vor die Tür. Sie mochte die Kälte nicht und zog sich in unser Haus zurück, dessen Fenster auf Vaters Anordnung hin den ganzen Winter über geschlossen blieben. Solange er heizte, war Lüften, für ihn Synonym für Wärmeverlust und Geldverschwendung, unerwünscht.

Mè Loans Bitte, die Heizung etwas aufzudrehen, wehrte er stets mit den Worten ab: »Also mir ist nicht kalt, es geht doch!« Bestand sie hartnäckig darauf, weil wir inzwischen ganz vermummt herumliefen und sogar den Hauch unseres Atems sehen konnten, gab er schließlich nach, jedoch nicht ohne zu schimpfen. »Menschenskinder, zieht euch einfach dicker an!«

Dauernd erkältete sich einer von uns, zumal wir uns auch in der Schule ansteckten. Erkältungen, mit oder ohne Fieber, waren allerdings noch lange kein Grund, einen Arzt zu rufen. Stattdessen wurden wir, wie meine Mutter den Vorgang nannte, »gekocht«, und das im wahrsten Sinne des Wortes.

In einem Topf, der mit reichlich Wasser gefüllt war, brachte sie ihre eigene Mischung aus Heilkräutern zum Kochen. Bis dahin wartete der Patient nackt und nur in eine Wolldecke gehüllt. Sobald das Wasser sprudelte, nahm sie das Gefäß von der Kochstelle und stellte es auf ein Tuch, das sie auf dem Kachelboden der Küche ausgebreitet hatte. Jetzt musste sich der Kranke dazuhocken. Meine Mutter hüllte uns in die Decke ein, wobei sie sorgfältig darauf achtete, nirgends eine Öffnung entstehen zu lassen. Als ich noch ganz klein war, setzte sie sich, ebenfalls nackt, zu mir, um mir die Angst zu nehmen und darauf zu achten, dass ich mich nicht verbrühte.

Dann wurde der Topfdeckel abgenommen. Durch das Tuch hindurch drückte sie unseren Kopf knapp über die heiße Brühe, deren Dämpfe in tiefen Zügen durch den Mund eingeatmet werden mussten, während sie mit der anderen Hand unter der Decke ihre Mixtur mit einem langen Holzlöffel umrührte. Den Schleim, der sich alsbald von den Bronchien löste, spuckten wir in die Brühe. Nebenbei putzten wir uns die Nase mit einem Stofftaschentuch.

Erst wenn wir inständig bettelten, aufhören zu dürfen, oder fast schon ohnmächtig bedrohlich zu schwanken begannen, erlöste sie uns aus dem quälenden, unerträglich gewordenen Schwitzkasten.

Mè Loan trocknete unsere feuchten, matten Körper mit einem harten Handtuch ab, rieb uns eine ihrer Mentholsalben auf die Brust und schickte uns sofort ins Bett. Auf diese Weise behandelte und heilte sie jeden von uns.

Verschlechterte sich der Zustand einmal doch und drohte sich die Erkältung in eine Angina, Ohrenentzündung oder Ähnliches zu verwandeln, rief mein Vater einen Arzt, nicht ohne zuvor die Heizung so weit aufgedreht zu haben, dass es tatsächlich einmal warm wurde im Haus. Was folgte, lief immer nach dem gleichen Muster ab. Nach der Untersuchung verließ der Arzt unser Haus mit den Worten: »Bei Ihnen ist es aber warm!«

Bald darauf kehrte mein Vater aus der Apotheke zurück, in einer Hand die Papiertüte mit der Medizin, in der anderen die Rechnung, und ließ seinen Unmut an allen aus, die gerade in seiner Nähe waren. Laut klagte er über das viele Geld, das er wieder unseretwegen hatte ausgeben müssen, was unsere Familie in den Ruin trieb.

Während Mè Loan ihrem kranken Kind die Arznei verabreichte, stand mein Vater am Bettende, ohne jede Geste, ohne ein Wort der Zuwendung. Mit einer Stimme, die nicht genau erkennen ließ, ob er sich sorgte oder ob es sich um eine Warnung handelte, sagte er: »Die Heizung läuft jetzt auf Hochtouren, also werde gesund!« Dann zog er sich allein ins Wohnzimmer zurück, um fernzusehen.

Vom Krankenbett aus hörte ich manchmal seine tiefen Seufzer. In solchen Momenten wünschte ich mir nur, ihm in Zukunft keine Sorgen mehr zu bereiten. Die Gedanken über die verursachten Ausgaben quälten mich sehr. Jede neue Rechnung war der Beweis dafür, dass meine Eltern eines Tages verarmen würden. Und das nur wegen uns Kindern, vielleicht sogar nur wegen mir.

Im Sommer machten wir unsere Besuche im öffentlichen Schwimmbad nicht allein vom Wetter abhängig, sondern auch davon, wie schmutzig wir waren. Hier konnten wir uns endlich ausgiebig waschen. Zu Hause fand die kostspielige Badeprozedur – so bezeichnete sie mein Vater – nur statt, wenn der Schmutz auf unserer Haut nicht mehr zu übersehen war. Inzwischen besaßen wir zwar eine Badewanne, doch mein Vater hatte die Theorie entwickelt, dass es die Abwehrkräfte schädige, wenn man sich zu oft wusch. Bei den stets schmutzigen Zigeunern sei angeblich nachgewiesen worden, dass sie dadurch bessere Widerstandskräfte entwickelten.

Weil es meinen Geschwistern im Freibad oft lästig war, auf mich aufzupassen, blieb ich während der heißen Tage immer wieder bei Mè Loan zu Hause. War es zu schwül, um im Garten zu arbeiten, zogen wir uns auf eine Decke in den Schatten unserer Haselnussbäume zurück. Manchmal machten wir uns gegenseitig »Tam Kuat«, eine Gliedermassage, doch meine Mutter nutzte die Zeit auch dazu, um sich von mir die ersten grauen Haare mit der Pinzette auszupfen zu lassen.

Den Kopf in meinem Schoß, erzählte sie mir stundenlang Geschichten aus ihrer Heimat, oftmals immer wieder dieselben. Da sie für die Franzosen einfach zu unglaublich klangen und ihr deswegen nur Spott einbrachten, war ich genau die richtige Zuhörerin für sie.

Sie begann ihre Erzählungen gerne so: »Dort, wo ich herkomme, lächeln alle Menschen. Die Kinder beschenken die alten Leute mit Blumen. Die Erwachsenen arbeiten in den smaragdgrünen Reisfeldern und singen dabei.«

Auf diese Weise erfuhr ich viel über das Land. In Vietnam wuchsen meterlange Honigmelonen, und im dichten Dschungel lebten riesige Schlangen, die über unvorsichtige Menschen herfielen und sie auffraßen. Mè Loans Vater, mein Opa, konnte sogar mit Tieren sprechen. Und ich erfuhr, dass die Kinder schon sehr früh arbeiten mussten, wie sie selbst damals.

Weil ich ständig nachfragte, vertraute mir Mè Loan viele Geschichten an, auch schmerzhafte Erinnerungen. Zum Beispiel die Geschichte der Narbe auf ihrem Bauch. Das Dorf, in dem sie lebte, war von japanischen Truppen, die 1940 in Indochina einmarschiert waren, überfallen worden. Viele Mädchen und Frauen wurden verschleppt und vergewaltigt. Als Mè Loan sich weigerte mitzukommen, schlug ein Soldat mit seinem Bajonett einfach zu. Mutter stellte sich tot und überlebte auf diese Weise.

Oder die Geschichte ihres rechten Ohrläppchens, das einst ein Ohrring geschmückt hatte. Kämpfer der Vietminh, Ho Chi Minhs Widerstandsbewegung, hatten den Ring einfach abgerissen, um ihn zu Geld zu machen. Und nicht zu vergessen den schlecht gewachsenen Zehennagel, den man ihr in der Folterkammer eines zwielichtigen Polizeipostens mit der Zange herausgerissen hatte, weil man sie der Kollaboration mit den Vietminh verdächtigte und weil sie keinen Ausweis bei sich trug.

Diese Wunden waren verheilt. Mè Loan machte es offenbar nichts aus, mir das alles zu erzählen. Kamen wir jedoch auf Loan zu sprechen, ihr erstes Kind, merkte ich, wie sich ihr Blick trübte. Ich umarmte sie dann fest und sagte: »Nicht traurig sein, Mama, du hast mich!«

Hatte ich ihren gesamten Kopf gründlich abgesucht, beendete sie ihre Erzählungen mit den Worten: »Aber jetzt herrscht dort Krieg ...« Sie stand auf und schaltete das Tonband mit vietnamesischen Liedern ein. Wenn sie mitzusingen begann und mir anschließend die Lieder übersetzte, traf mich ihre Wehmut ganz direkt. Ich schämte mich, bedauert zu haben, nicht mit den anderen schwimmen gegangen zu sein, und nahm mir vor, sooft ich konnte, für meine Mutter da zu sein. Und sei es auch nur für einen kurzen Moment des Zuhörens.

»Oma Nummer fünf«

Namen haben stets eine Bedeutung. Als Symbol der elterlichen Wünsche begleiten sie einen ein Leben lang. Namen gibt es unendlich viele, doch in Vietnam wird noch bis heute in vielen Familien der Nachwuchs der Reihe nach durchnummeriert. Auf diese Weise verlieren die Eltern, die häufig arm und ohne Bildung in ländlichen Gebieten leben, nicht den Überblick über ihre gewöhnlich zahlreichen Kinder. Dementsprechend lauten manche Vornamen »Nummer eins« oder »Nummer zwei«. Ich hatte von dieser Sitte noch nichts gehört, als ich eines Tages »Ba Nam« kennenlernte, eine alte Frau aus Nordvietnam. »Ba« bedeutet »Frau« oder »Oma«, »Nam« heißt »Nummer fünf«. »Oma Nummer fünf« nannte sie allerdings niemand, denn Großeltern dürfen in Vietnam nicht mit ihrem Rufnamen angesprochen werden, aus Respekt vor ihrem Alter. So nannten sie alle auf ihren

Wunsch »Ba Hien«, »Oma Hien« oder »Frau Sanftmut«, nach dem Vornamen ihrer einzigen Tochter.

In ihrer Jugend arbeitete Oma Hien als Mädchen für alles bei einer Vietnamesin, die einen sehr wohlhabenden Franzosen großbürgerlicher Abstammung geheiratet hatte. Sie wurde von ihrem Freund schwanger, der sie sitzen ließ, und brachte eine Tochter zur Welt, die mit ihr im Haus ihrer Herrschaft lebte. Mitte der fünfziger Jahre verließen die Franzosen nach der Niederlage ihrer Armee das Land, so auch dieses Paar. Da es üblich war, Bedienstete als Angehörige der Familie, ja geradezu als Inventar zu betrachten, wurden die beiden mit nach Frankreich genommen. Seitdem lebte Oma Hien mit ihrer Tochter in der Touraine, dankbar und in der ewigen Schuld dieser bourgeoisen Familie. Auf dem privaten Landsitz verrichtete sie seitdem ihre Arbeit gegen Kost und Logis und für einen lächerlichen Lohn. Neben ihr arbeiteten noch weitere Bedienstete auf dem Anwesen, Oma Hien war hauptsächlich für die Wäsche und die Küche zuständig. Die Schlossherrschaft hatte ihr eine kleine Mansarde zum Schlafen zugewiesen, einen Raum, der eher als Abstellkammer zu bezeichnen war.

Als Mè Loan Oma Hien zum ersten Mal sah, erinnerte sie sie in ihrem ganzen Wesen an ihre eigene Mutter. Nur der langsame, leicht gebückte Gang der fast zahnlosen Frau ließ auf ihr Alter, sie war Mitte sechzig, schließen. Sie trug immer eine schwarze Tracht und passende Pantoffeln dazu. Das lange weiße Haar hatte sie sich mit einem Band aus schwarzem Stoff um den Kopf gelegt. Einzig ein schlichter Armreif aus Gold zierte ihr schmales

Handgelenk. Oma Hien sah klein und zerbrechlich aus, doch die Güte, die sie ausstrahlte, unterstrich die trotz der fehlenden Zähne noch immer erkennbare Schönheit ihres Gesichts.

Meine Mutter nahm sich ihrer an, und wir besuchten sie ab und zu sonntags, denn nur an diesem Tag durfte das Personal Besuch empfangen. Jahrelang gingen wir zu ihr. Ich liebte diesen Ort sehr, und noch mehr Oma Hien. Sobald sie unser Auto erkannte, öffnete sie die verglaste Küchentür, die direkt zum Innenhof führte. Sie grüßte uns mit Freudentränen, schnupperte kurz an unseren Schläfen und führte uns in die geräumige, etwas sterile Küche mit dem glänzenden, gewachsten Steinboden. Dann kletterte sie auf einen Stuhl, um aus dem hohen Wandregal eine Bonbonniere aus Keramik herunterzuholen. Sie öffnete den Deckel und ermutigte uns Kinder, eine Handvoll Pfefferminzbonbons daraus zu entnehmen. Als Nächstes setzte sie einen Wasserkessel auf, um eine große Kanne Jasmintee vorzubereiten. Sobald wir etwas getrunken hatten, ließen wir die Erwachsenen für sich und liefen nach draußen.

Die Parkanlage des Anwesens war beeindruckend weit und schön. Meine Geschwister spielten um die Gewächshäuser herum Verstecken, und ich verbrachte die meiste Zeit auf einer Schaukel, deren lange Ketten am Ast einer herrlichen Zeder befestigt waren. Ich schaukelte stundenlang hin und her, umgeben vom Duft der Blumen, die um mich herum einen bunten Teppich bildeten. An diesem paradiesischen Ort, im Schatten der hohen Bäume, fühlte ich mich vollkommen geborgen.

Beim Abschied drückte Oma Hien uns jeweils eine Münze in die Hand, die uns Mè Loan beim ersten Besuch nicht annehmen lassen wollte, die wir aber schließlich doch einstecken durften. Wenn wir losfuhren, winkte sie uns nach, bis wir ganz aus ihrem Blickfeld verschwunden waren. Wir Kinder liebten Oma Hien sehr, und wenn wir darüber sprachen, fügte Mè Loan manchmal hinzu: »Und könnt ihr euch auch vorstellen, dass meine Mutter noch viel lieber und sanfter war als sie?« Als Ersatz hatte ich nun »Oma Nummer fünf« bekommen, meine Oma Hien.

Ein guter Einfall

Mè Loan hatte wieder einmal hervorragend gekocht. Jean- Pierre schwärmte und meinte: »Mama, du könntest ein Restaurant aufmachen, so gut schmeckt es bei dir!«

Alle lachten, auch meine Mutter, die jedoch nachdenklich wurde.

»Wieso eigentlich nicht?«, sagte sie nach einer Weile und blickte zu meinem Vater. »Das könnte ich bestimmt, wie früher in Vietnam!«

So wurde nach einigen Überlegungen Ende 1969 der Bau eines Restaurants für vietnamesische Spezialitäten beschlossen. Zum ersten Mal herrschte zu Hause eine positive Aufregung. Obwohl das Projekt bedeutete, dass wir drastisch sparen und wir Kinder noch mehr arbeiten mussten, waren wir alle davon begeistert. Vielleicht war mit dem Restaurant ja das Ende unserer Geldsorgen verbunden?

Alles entstand nach unseren eigenen Ideen und aus eigener Kraft, vom Entwurf bis zur Ausführung. Mè Loan bereitete unter Vaters Regie den Bauplatz vor, nur der Geflügelstall musste dem neuen Gebäude weichen. Die Jungen halfen bei den Erdarbeiten, Hélène und ich standen meiner Mutter im Haus zur Seite. Wir kochten, putzten, machten die Wäsche und bügelten. Wenn mein Bruder Marcel vorbeikam, packte er ebenfalls mit an.

Etliche Kubikmeter Flüssigbeton – Reste von Baustellen, die ein befreundeter Maurer uns abends gegen einen Obolus lieferte – gossen wir zu Trittplatten. Die Formen dafür hatten meine Geschwister zusammengebaut. Wenn alles getrocknet war, bestand meine Aufgabe darin, die Nägel herauszuziehen und die Bretter abzuschlagen. Da sie bestimmt noch woanders gebraucht werden konnten, durften sie dabei nicht beschädigt werden. Unter den neugierigen Blicken der Dorfbewohner, die endlich ein neues Gesprächsthema hatten, nahm das Projekt langsam Gestalt an.

Mein Vater dankte uns nie für unsere Hilfe, er erteilte nur Befehle und kritisierte uns, wenn wir etwas nicht richtig machten. Trotzdem blieb er mein Vorbild, seit er mir im Sommer das Schwimmen beigebracht hatte. Ich glaubte, wenn mein Einsatz nicht gewürdigt werde, sei ich selbst daran schuld: Zuneigung will verdient sein. Ich musste mich also noch mehr anstrengen und durfte ihn keinesfalls enttäuschen. Dann würde es mir gelingen, seine Vaterliebe zu wecken.

Mè Loan dagegen belohnte uns ab und zu mit Kleinigkeiten. Als die Osterferien begannen und wir aus der

Schule kamen, entdeckte jeder von uns auf seinem Bett ein großes Schokoladenhuhn, verpackt in glitzerndes Goldpapier. Es war das erste Mal im Leben, dass wir so ein kostbares Geschenk bekamen. Selbst dass mein Vater unter Mutters empörtem Blick verlangte, von jedem von uns ein gutes Stück abzubekommen, konnte unsere Freude nicht trüben. »Wenn ihr alles esst, wird euch sowieso schlecht werden. Wir haben kein Geld für den Doktor. Und in einer Familie muss man teilen!«

Eines Tages verkündeten mir meine Geschwister ganz nebenbei, dass ich Geburtstag hätte. Mè Loan holte sechs Pfefferminzbonbons, für jedes Lebensjahr eins, aus ihrer Handtasche und schenkte sie mir mit einem dicken Kuss. Von meinem Vater hatte es nicht einmal ein nettes Wort gegeben.

Ich war selig über das Geschenk. Ab da betete ich noch mehr dafür, mein schweigsamer Vater möge sich eines Tages ändern und mir etwas Liebes sagen. Angst vor Bestrafung und die Sorge, meinen Eltern zur Last zu fallen, wurden mir mehrmals fast zum Verhängnis. Einmal hatte ich wochenlang starke Bauchschmerzen, doch ich schwieg eisern. Bei einer Notoperation entfernten mir die Ärzte meinen entzündeten Blinddarm, gerade noch rechtzeitig, wie es hieß. Als mich mein Vater Wochen später aus dem Krankenhaus abholte und vorsichtig und liebevoll auf seinen Armen zum Auto trug, fühlte ich mich glücklich wie eine dieser Prinzessinnen im Märchen, die von ihrem Traumprinzen getragen werden.

Ein anderes Mal spielte ich spätabends mit dem Nachbarjungen Joel vor dem Haus. Es war eine große Ausnahme, dass er sich überhaupt auf unserem Grundstück aufhalten durfte. An der Hausseite stapelten sich Berge von Hohlblöcken. Unter Joels bewundernden Blicken kletterte ich auf einen dieser Stapel, doch als ich fast oben war, verlor ich das Gleichgewicht. Ich versuchte mich mit den Händen festzuhalten und rückwärts abzuspringen. Ich landete zwar wie eine Katze auf den Füßen, doch ein Zementblock kam mir hinterher und fiel mir mit voller Wucht auf meinen Fuß. Vor Schmerz stockte mir der Atem, ich glaubte, ohnmächtig zu werden.

Nach Luft schnappend, setzte ich mich auf. Wir konnten dabei zusehen, wie mein Fuß gewaltig anschwoll.

»Mannomann! Ich hole deine Eltern«, stammelte Joel mit aufgerissenen Augen.

»Nein, bloß nicht. Geh nicht!«, rief ich.

»Aber jemand muss dir doch helfen«, erwiderte er und wollte losgehen.

Ich versuchte aufzustehen, um ihn aufzuhalten, und schrie vor Schmerz: »Bitte bleib hier. Gleich geht es mir besser! Bitte ...«

Meine verzweifelte Stimme und mein panischer Blick stimmten ihn um. Zusammen saßen wir fast noch eine Stunde auf dem Boden, schweigend, bis es dunkel wurde. Schließlich stand ich mühsam auf und schickte ihn weg. Zögernd ging Joel nach Hause.

Als ich schon im Bett lag, kam Mè Loan plötzlich ins Zimmer und machte Licht. Sie schob meine Decke zur Seite.

»Zeige mir bitte deinen Fuß«, sagte sie besorgt.

Beim Anblick meines Elefantenfußes – er war inzwischen bis zur Wade hinauf schwarz verfärbt – schrie sie vor Schreck auf. »Himmel! So etwas darfst du nicht verheimlichen!«

Sie massierte sofort Tigerbalsam ein, eine asiatische, vielseitig anwendbare Salbe, die für Quetschungen bestens geeignet war, und verband meinen Fuß.

»Woher wusstest du das?«, fragte ich sie schwach.

»Joel hat alles seinem Vater erzählt. Er ist vorhin zu uns gekommen und hat mich gebeten, nach dir zu sehen. Dein Papa weiß nichts davon ...«

In unserem Dorf war auf die stille Post Verlass. Als wir unser Restaurant eröffneten, Anfang September 1970, standen schon die ersten Gäste vor der Tür. Der Arzt der Gemeinde erschien in Begleitung seiner Frau und zweier befreundeter Ehepaare, um zum ersten Mal in seinem Leben vietnamesisch zu speisen. Das Gebäude, das sie betraten, hatte ein leicht gewölbtes Flachdach, das an eine Pagode erinnern sollte, und bot zweiunddreißig Personen Raum.

Die Gäste schienen angenehm überrascht von der urigen Atmosphäre. Selbst das Mobiliar war ganz anders als das, was sie gewohnt waren. Sie nahmen Platz an einer langen Tafel, einer dicken, ungehobelten Rohholzplatte, die auf Balkenresten fixiert war. Bis auf die Polsterstühle und die bunten Kunststofflampen war das meiste von uns selbst ausgedacht und angefertigt worden. Die breiten Fensterfronten setzten sich aus Glasrechtecken eines ehemaligen Gewächshauses zusammen. Und Jean-Pierre hatte seine künstlerische Ader entdeckt und als Wandbild einen dekorativen Buddha geschnitzt und bemalt. Es dauerte nicht lange, bis wir durch Mundpropaganda einen guten Ruf hatten. Routiniert führte meine Mutter das Geschäft, die Erfahrung aus ihren jungen Jahren in Vietnam machte sich bezahlt. Meist in landestypische Tracht gekleidet, hieß Mè Loan strahlend jeden Gast persönlich willkommen, erläuterte kurz den Inhalt der Speisekarte und gab eventuell eine Empfehlung – etwa als Vorspeise eine Schwalbennestsuppe für eine faltenfreie Haut oder eine Haifischflossensuppe für eine gute Verdauung –, bevor sie sich in die Küche zurückzog. Dort teilte sie sich mit Hélène die Arbeit. Meine Brüder nahmen die Bestellungen auf, bedienten und kassierten.

Hatten wir noch keine Kundschaft, konnten wir im Haus auf das Ertönen der beiden Metallklingeln warten, die mein Vater in Wohn- und Elternschlafzimmer angebracht hatte. Das Läuten ließ uns jedes Mal fast zu Tode erschrecken, so schrill war es. Waren die Klingeln bis 22 Uhr stumm geblieben, konnten wir hoffen, bald ins Bett zu kommen. Falls aber doch noch ein paar hungrige Gäste erschienen, ging das Geschäft vor. Wir mussten uns wieder anziehen und arbeiten gehen.

Bis ein zweiter Telefonanschluss im Restaurant installiert wurde, bestand meine Aufgabe darin, die telefonischen Tischreservierungen entgegenzunehmen und das Haus zu hüten. War ich allein, konnte ich nebenher fernsehen. Ab 22 Uhr liefen oft Filme mit dem Carré blanc, Filme für Erwachsene. Ein weißes Rechteck unten rechts am Bildschirm wies auf Szenen mit nackter Haut hin. Sie konnten allerdings nicht mehr zu meiner Aufklärung beitragen. Dafür hatten schon Pornohefte gesorgt, die mein Vater immer wieder herumliegen ließ. Mein anfängliches Interesse hatte sich angesichts der obszönen Bilder schnell in Unglauben und Angst verwandelt. Die übergroßen Darstellungen der männlichen und der weiblichen Geschlechtsorgane fand ich nur abstoßend.

Mehr zu schaffen machten mir die Horrorfilme, die bis Mitternacht liefen. Frankenstein, Dracula und andere düstere Gestalten nisteten sich in meine Kinderphantasie ein und raubten mir den Schlaf. Ziemlich schreckhaft geworden, trieb mich meine Angst irgendwann zu den anderen ins Restaurant.

Bald begriff ich, dass Geldverdienen gar nicht so einfach war. Ich hatte zwar schnell den Dreh heraus, im richtigen Moment zu lächeln und so manchmal eine Münze mehr zu bekommen, doch damit war es nicht getan. In der Küche herrschte oft Hochbetrieb, jede Bewegung musste sitzen. Fehler kamen einen teuer zu stehen. In der Hektik bekam Hélène einmal den heißen Ölrest einer Bratpfanne auf ihren Rücken geschüttet. Sofort klebte die Nylonbluse an ihrer Haut. Anstatt sie zum Arzt zu bringen, besprach mein Vater tagelang die Verbrennung, wie er es von seiner Großmutter gelernt hatte, die in jungen Jahren auf diese Weise Brandverletzungen geheilt hatte. Jedenfalls trug meine Schwester keine Narben davon.

Meine Mithilfe im Restaurant hatte zu Vaters Ablösung geführt. Er hatte hauptsächlich die Rechnungen ausgestellt, um den Überblick über unsere Finanzen zu behalten und jeden Betrug auszuschließen. Mè Loan war aber schnell klar geworden, dass er für die Arbeit in der

Gastronomie nicht geschaffen war. Immer wieder eilte er Luft holend demonstrativ nach draußen, um seine Übelkeit angesichts der Bratgerüche zu zeigen. Oft ließ er die ihm zur Aufsicht überlassenen Speisen anbrennen. Wenn er den Gästen einmal heiße Gerichte auf einem Tablett servieren sollte, kleckerte er regelmäßig oder brachte sie sogar in die Küche zurück, weil er das Geschirr nicht anfassen konnte.

Viel schlimmer war allerdings, wie er die Kundschaft vergraulte. Als ich im Saal kurz auf dem Schoß eines älteren Gasts saß, der mich dazu aufgefordert hatte, weil er mich in meiner asiatischen Tracht so süß fand, zog mich mein Vater gleich herunter und sagte schroff: »Kleine Mädchen sitzen nicht auf Männerschößen!« Als ich ihn nach dem Grund fragte, antwortete er, direkt neben dem Mann stehend: »Das kannst du noch nicht verstehen.«

Wenn meine Mutter sich seiner Meinung nach zu freundlich einem Kunden widmete und lachte, konnte er seine Eifersucht nicht verbergen. Er platzte dann in den Saal hinein: »Ihr seid zu laut. Wir werden bestimmt Ärger wegen Ruhestörung bekommen.« Das drückte natürlich die Stimmung. In so einem Fall gab Mè Loan ganz bewusst großzügig eine Runde aus, was er ihr, geizig wie er war, prompt und lange vorwarf. Er wollte sich am liebsten als Chef sehen und sich bei einem Drink mit den Gästen unterhalten, doch auch da brachte sein Mangel an Fingerspitzengefühl jedes Gespräch zum Stocken.

Irgendwann hatte Mutters Geduld ein Ende. Um in Ruhe arbeiten zu können, beauftragte sie ihn mit der als besonders wichtig dargestellten Aufgabe, die Buchhaltung zu führen. Einigermaßen zufrieden zog er sich ins Haus zurück, allerdings nicht ohne vorher die asiatische Hintergrundmusik im Lokal abzuschaffen, als verdiente Strafe für die »undankbaren Gäste«.

Erlöst von seinen Einmischungen arbeitete Mè Loan nun ungestört mit uns Kindern weiter. Wie sehr sie dabei in ihrem Element war, konnte man daran ablesen, dass die Kundschaft mittlerweile von weit her kam, manchmal sogar aus Paris, um im »Vietnam-Restaurant« besonders gut zu speisen.

Die Einnahmen durch das Restaurant veränderten bei uns zu Hause vieles. Mittwochs, an unserem Ruhetag, gingen wir gelegentlich alle zusammen essen. Es war ein großartiges Gefühl, als Familie auszugehen und einmal selbst bedient zu werden.

Der erste Kuss

Gelegentlich schickte mich Mè Loan zusammen mit Hélène ins Schwimmbad. Hélène traf sich dort mit ihren Freunden, die keine anderen waren als die Zigeunerkinder unserer Gemeinde. Die vierzehn Geschwister lebten mit ihren Eltern in einem alten Wohnwagen auf einem abgelegenen Platz neben den Bahnschienen, den man ihnen zugewiesen hatte. Keiner aus dem Ort wollte gern an sie erinnert werden. Ich wurde der ganzen Schar vorgestellt. Dabei geschah etwas, das ich mit meinen sechs Jahren nicht zuordnen konnte. Vor mir stand August, ein kräftiger Junge mit einem langen, blonden Schopf. Er war einen Kopf größer als ich. Mein Herz schlug wie verrückt, und ich spürte meine Knie butterweich werden. August wurde rot, genauso wie ich, und alle lachten.

Als die Großen sich entfernt hatten, sprach er mich an: »Wollen wir Freunde sein?« Mit einem schüchternen Lächeln nickte ich, und er nahm meine Hand. So spazierten wir unter den wohlwollenden Blicken der anderen den ganzen Tag umher, irgendwie glücklich, uns gefunden zu haben.

»Deine Schwester geht mit meinem Bruder. Später werden sie bestimmt heiraten, und wir dann auch. Du und ich könnten eine Familie haben«, sagte er.

»O ja!«, antwortete ich begeistert.

»Dein Bruder Marcel ist oft bei uns. Der kann sich vielleicht mit den Fäusten Respekt verschaffen! Genau wie meine Brüder. Alle in der Gemeinde haben Angst vor uns. Sollen sie ruhig!«

Ich fasste großes Vertrauen zu ihm: Seine Familie musste sich ebenfalls als Außenseiter durchs Leben schlagen, damit gehörten sie praktisch zu unserer Welt.

»Wir beschützen jeden, der zu uns gehört«, fuhr er fort, »und von jetzt an auch dich. Du wirst sehen: Keiner wird es wagen, dir etwas anzutun!«

Ein unglaubliches Gefühl durchfuhr mich, als er das sagte. Ich strahlte ihn an, als sei er unbesiegbar.

Beim Abschied am Abend flüsterte mir August ins Ohr: »Isabelle, ich liebe dich ... Versprichst du mir, dass du mich nie vergessen wirst?«

Selig flüsterte ich zurück: »Ja, ich verspreche es! Ich liebe dich auch, August.«

Er lächelte mich an und gab mir plötzlich einen Kuss auf den Mund – mein erster Kuss. Die Augen geöffnet, völlig überrascht und ohne zu wissen, was ich tun sollte, lachte ich verschämt. Hand in Hand gingen wir weiter, er mit geschwollener Brust, ich von einem Moment auf den anderen älter und reifer geworden. Ich schmunzelte, als mir klar wurde, dass die Haarlänge wohl nichts mit dem »kleinen Unterschied« zwischen Jungen und Mädchen zu tun hatte. So hatte ich es mir bis dahin vorgestellt.

Mit mir auf dem Gepäckträger radelte Hélène nach Hause. Ich blieb die ganze Zeit still. Ich wollte die neue Erfahrung für mich behalten.

Meine Beschützer

An der Bushaltestelle war ich gern mit Nathalie zusammen, einem Mädchen, dessen Eltern bei einem Autounfall ums Leben gekommen waren. Seitdem lebte sie bei ihrer Oma im Dorf. Eines Morgens, als wir gerade miteinander spielten, trat die alte Frau mit hochrotem Kopf auf mich zu und beschimpfte mich vor allen: »Ich verbiete dir, in Zukunft mit meiner Enkelin zu sprechen! Lass sie in Ruhe, sie spielt nicht mit der Tochter einer Gelben. Wage es ja nicht, noch einmal in ihre Nähe zu kommen. Wehe, du gehorchst nicht!«

Totenstille. Alle Kinder richteten ihre ängstlichen Blicke nach unten, die Erwachsenen lächelten verlegen. Nathalie stand wie gelähmt da, schneeweiß im Gesicht.

Ich nickte, zu eingeschüchtert, um ein Wort herauszubekommen. Die zornige Frau verschwand wieder.

Als der Bus kam, setzte sich Nathalie weit weg von mir und weinte. Völlig aufgewühlt dachte ich, wie ungerecht das war. Ich hatte doch nichts getan!

Noch am selben Morgen platzte eine fremde Lehrerin in unser Klassenzimmer, um ihre Kollegin zu bitten, auf ihre Klasse nebenan aufzupassen. »Nathalie muss dringend heimgefahren werden«, erklärte sie. »Ihre Oma liegt im Krankenhaus. Die Arme ist vom Stuhl gefallen, als sie die Gardinen abhängen wollte, und hat sich mehrere Knochen gebrochen.« War das die himmlische Gerechtigkeit, an die ich glaubte?

Ein dramatischer Vorfall ließ mich endgültig an meine Verbundenheit mit dem Himmel glauben. Wie an jedem Morgen verließ ich, während meine Eltern noch schliefen, vorzeitig das Haus in der Hoffnung, vielleicht schon jemanden an der Bushaltestelle zu treffen. Aber dieses Mal war ich viel zu früh, alle Fensterläden im Ort waren noch geschlossen. Wie immer stellte ich meinen Ranzen neben dem Telefonmast aus Beton ab und wartete darauf, dass sich endlich etwas rührte. Gelangweilt beobachtete ich die wenigen Autos, die in großen Abständen an der Kreuzung vorbeifuhren.

Irgendwann erschien ein blauer Wagen am Horizont, und plötzlich, ohne dass ich es erklären konnte, witterte ich Gefahr. Ich beobachtete das Fahrzeug, das in meine Richtung fuhr und sich, wie mir vorkam, in Zeitlupe auf mich zubewegte. Irgendetwas stimmte nicht. Ich konnte das Auto und seine drei Insassen nicht aus den Augen lassen. Als es direkt vor mir scharf bremste, ging alles Schlag auf Schlag. Die hinteren Türen sprangen auf, und zwei Männer stürzten sich auf mich. Ich hörte, wie der Fahrer befahl: »Schnappt sie euch!«

Reflexartig flüchtete ich zwischen den Betonmast und die Hausmauer, sodass meine verdutzten Angreifer kurz anhielten. Ich sah, wie der Erste von ihnen, durch eine Armschlinge zusätzlich behindert, über meinen Ranzen stolperte, als er versuchte, mich zu fassen. Hals über Kopf, den zweiten Verfolger hinter mir, rannte ich so schnell ich konnte Richtung Ortskern. Jemand brüllte: »Schnell! Mach schon!«

Ich spürte, wie mich die Kraft verließ, während die Panik wuchs. Wie von fremder Hand gestoppt, blieb ich schließlich stehen. Ich drehte mich um. Der Mann kam immer näher. Kalter Schweiß lief mir den Rücken herunter, meine Finger wurden eiskalt und mein Herzschlag trommelte in meinen Ohren. Es trennten uns nur noch ein paar Schritte. Er streckte seine Hand schon nach mir aus, als wir beide den Anführer schreien hörten: »Komm zurück, wir schaffen es nicht!« Bevor der Mann umkehrte, las ich in seinen Augen die Enttäuschung, versagt zu haben.

Am ganzen Leib zitternd, ging ich die Straße hinunter. In einem der Häuser öffnete eine Frau gerade ihre Fensterläden. Ich fing an zu weinen.

»Was ist denn?«, rief sie mir zu.

»Drei Männer ... Sie wollten mich mitnehmen ...«, antwortete ich, ganz verstört.

»O mein Gott!«, sagte sie und holte mich sofort zu sich ins Haus.

Unter den neugierigen Blicken der Dorfbewohner begleitete sie mich nach Hause. Meine Eltern alarmierten umgehend die örtliche Polizei, die allerdings gleich für den nächsten Schock sorgte. Ein Beamter sagte: »Was, es geht um Ihre Kleine? Wir dachten, es handle sich um die älteste Tochter! Wer soll denn etwas von einer Achtjährigen wollen? Hätten wir das gewusst, wären wir nicht gekommen.« Empört erwähnten meine Eltern die aktuellen Entführungsfälle, die das Land beschäftigten, sowie die jüngsten Schlagzeilen über einen zerschlagenen Mädchenhändlerring. »Ja, ja«, gab sein Kollege zu, »das war aber in Marseille ...«

Auf unnachgiebiges Drängen meiner Eltern und besonders meiner Mutter, die einen Vergleich zu der in solchen Fällen sehr harten vietnamesischen Justiz zog, wurde meine Schilderung der Vorgänge in einem Protokoll festgehalten, der Fall bekam ein Aktenzeichen, und es wurde Anzeige gegen Unbekannt erstattet. Wir wussten natürlich, dass dies alles nichts bringen würde.

Daher machten sich meine Eltern auf eigene Faust auf die Suche nach den Tätern. Fast täglich durchkämmten sie mit mir nach der Schule die benachbarten Ortschaften, jedes Wohnviertel, ob arm oder reich, in der Annahme, dass vielleicht jemand aus der Umgebung meine Entführung geplant hatte. Und tatsächlich wurde unsere Hartnäckigkeit nach einigen Wochen belohnt.

Auf dem Parkplatz einer Bar erblickte ich das Auto mit der besonderen blauen Lackierung, die mir damals aufgefallen war. Wir notierten uns zuerst das Kennzeichen und gingen dann in das Lokal. An der Theke saß ein Mann mit dunklem Teint, den ich sofort als den Mann mit der Armbinde erkannte. Als dieser mich sah, zuckte er zusammen. Verängstigt, durch die Anwesenheit meiner Eltern aber auch beruhigt, deutete ich wortlos auf ihn.

Ohne zu zögern ging Mè Loan direkt auf ihn zu. Sie packte den verdutzten Mann am Kragen und sagte: »Wenn du es in Zukunft noch einmal wagst, ein einziges Haar meines Kindes zu berühren, schneide ich dich in Stücke! Kapiert?«

Der Mann wurde ganz bleich. Er nickte.

»Richte es deinen Kumpels aus!«, fuhr meine Mutter fort und blickte ihn drohend an, bevor sie ihn losließ. Dann verließen wir das Lokal.

Wir verständigten die Polizei. Obwohl der Mann, ein Portugiese, wegen anderer Delikte bereits einschlägig bekannt war, wurde nichts weiter unternommen. Die Akte wurde geschlossen. Es war ja nichts passiert ...

Mir war eigentlich egal, ob man jemanden bestrafte. Aber nun war ich mir ganz sicher: Mein Glück, davongekommen zu sein, hatte ich einzig meinen himmlischen Beschützern zu verdanken. Sie passten auf mich auf. Und nur das zählte.

Neugierde

Mein Bruder Marcel hatte seine Ausbildung geschmissen. Nun arbeitete er mal hier, mal dort, und jede Menge

Gerüchte waren über ihn in Umlauf. Umso wichtiger waren seine Besuche für mich, die er meistens dazu nutzte, um sich von uns Kindern Geld für Zigaretten zu borgen.

Eines Tages, als er wieder einmal bei uns war, hörte ich, wie er gerade versuchte, mit meinem Vater ein paar Worte zu wechseln. »Papa, glaube mir«, sagte er, »dieses Mal habe ich mich wirklich geändert!« Doch mein Vater schenkte ihm keine Beachtung und ging wortlos an ihm vorbei hinaus. Mein Bruder wandte sich mir zu. Ich sah, wie enttäuscht er war, aber bald legte sich ein Lächeln über sein Gesicht. Er holte etwas aus seiner inneren Jackentasche. »Die ist für dich, Bengelstück!«, sagte er mit funkelnden Augen.

Voller Stolz überreichte er mir eine schmale Schachtel mit einer Puppe darin. Es war die erste Puppe meines Lebens. Ich fiel ihm um den Hals und stieß einen kleinen Freudenschrei aus. Kurz darauf war er schon wieder fort.

Beim Abendessen kommentierte Vater das Geschenk hämisch: »Die hat er sicher geklaut!« Und wenn, dachte ich. Wenigstens hatte Marcel mich nicht vergessen. Ihm bedeutete ich etwas. Ich hielt die Puppe die ganze Nacht über fest.

Seit kurzem bellte neben Jicqui im Zwinger eine schwarze Schäferhündin. Mè Loan hatte Diane völlig verwahrlost in einem Hinterhof entdeckt, an einer kurzen Kette, einen Eimer Wasser und ein verschimmeltes Stück Brot neben sich. Meine Mutter brauchte nicht lange, um den Besitzer davon zu überzeugen, dass sie das abgemagerte Tier mitnehmen wolle. Nun empfing mich doppeltes Hundegebell, wenn ich aus der Schule kam.

Da ich außer den beiden Hunden niemanden hatte, mit dem ich mich austauschen konnte, verbrachte ich viel Zeit mit Büchern. Ein Bus der Stadtbibliothek kam regelmäßig zu unserer Schule, und ich lieh mir ganze Stapel von Sagen, Märchen und Legenden aus, darunter auch klassische Werke, für die ich eigentlich noch zu jung war, die mir meine Lehrerin jedoch empfohlen hatte. Les Misérables, Tristan und Isolde, Artus und Graf Roland mit seinem Schwert Durendal faszinierten mich ganz besonders.

Meinem Vater gehörte eine prächtige von Hand illustrierte Enzyklopädie »Das ganze Universum«, die er Monat für Monat für teures Geld bezogen hatte. Weil die Bände so kostbar waren, waren sie im Wohnzimmer weggeschlossen, sie durften nur in seinem Beisein aus dem Schrank geholt werden. Nachdem die Bände jahrelang unberührt herumgestanden hatten, ließ er den Schrank schließlich offen, sodass ich auch in den Büchern lesen konnte. Meine Lieblingsthemen waren der menschliche Körper, das Weltall sowie die griechische Mythologie. Bestimmt hat die ausgiebige Lektüre der Enzyklopädie stark dazu beigetragen, dass ich jedes Jahr aufs Neue Preise für meine guten Leistungen in der Schule bekam.

Die Preisverleihung fand jeweils in einem ehemaligen Steinbruch am Rand der Gemeinde statt, der zu einem Fußballstadion umgebaut worden war. Es war das Ereignis des Jahres, obwohl die Einwohner in erster Linie der anschließenden Kirmes entgegenfieberten.

Mitten auf dem Spielfeld saßen einige Honoratioren auf einem Podest, unter anderem der Bürgermeister und die

Gemeinderäte. Zunächst führten die Schulklassen kleine Tänze vor, dann wurden vor der vollbesetzten Tribüne die Namen der Preisträger aufgerufen und die Preise mit einem Handschlag und zwei Küssen auf die Wangen übergeben.

In diesem Augenblick wurde ich jedes Mal furchtbar traurig. Was hätte ich darum gegeben, wenn einmal, ein einziges Mal nur, meine Mutter mich als strahlende Preisträgerin auf diesem Podest hätte sehen können! Sie wäre so stolz auf mich gewesen. Aber sie war nie dabei. Mein Vater war ja für die schulischen Angelegenheiten zuständig ...

Von ihm hörte ich bald darauf den Befehl: »So, jetzt ab nach Hause!« Wie gern wäre ich noch eine Weile bei den fröhlichen Menschen hier geblieben. Es gab so viel zu sehen, bei Tombolas konnte man allerlei Dinge gewinnen, oder ich wäre einfach mit meinem Preis in der Hand noch ein wenig herumgelaufen. Daheim warteten nur meine Bücher auf mich. Aber auf sie freute ich mich ja auch.

Marcel war immer für eine Überraschung gut. Eines Tages erschien er bei uns zu Hause mit einer jungen Frau im Arm und verkündete: »Jeannine und ich möchten heiraten. Wir bekommen nämlich bald ein Baby.« Für das Standesamt benötigte mein Bruder allerdings die schriftliche Erlaubnis der Eltern, da er mit achtzehn Jahren noch nicht volljährig war.

Meine Mutter freute sich, gratulierte und umarmte beide fest. »Ich wünsche euch viel Glück! Haltet immer zusammen!«, sagte sie, während mein Vater das Mädchen musterte.

»Wissen Sie, junges Fräulein«, scherzte er, »dass schon zu Ritterszeiten Könige wie Väter bei einer Heirat Anspruch auf die erste Hochzeitsnacht hatten? Aber ihr zwei habt es wohl sehr eilig gehabt! Schade ...«

Jeannine riss die Augen auf und flüchtete in Marcels kräftige Arme. Vater lachte, doch das Lachen verging ihm, als mein Bruder ihn kalt ansah. »Dass das klar ist: Niemand rührt mein Weib an, sonst haue ich ihm eins in die Fresse!«

Bei der Hochzeit strahlte das Paar vor Glück. Natürlich freute ich mich für sie, aber ich war auch enttäuscht. Der Abstand zwischen Marcel und mir würde sich nun unweigerlich vergrößern. Ich hoffte, dass mein Bruder mich nicht ganz vergessen würde, empfand den Tag für mich jedoch fast als Trauertag.

Unsere nächsten Nachbarn – mein Vater bezeichnete sie als Wolllüstlinge, weil sie gern Wein tranken und oft laut lachend vom Sonntagsball der Gemeinde zurückkehrten – hatten eine Tochter und vier Söhne in unserem Alter. Die beiden ältesten Jungen waren mit Daniel befreundet, manchmal spielten sie zusammen auf der Straße Fußball. Wenn Roland dabei war, schaute ich ihnen besonders gern zu. Roland war vier Jahre älter als ich und trug nicht nur den Namen meines Lieblingshelden: Mit seiner sportlichen Figur und schulterlangen dunkelblonden Haaren sah er für mich auch wie ein Held aus.

Sooft es ging, setzte ich mich an den Straßenrand und wartete auf Bälle, die mir vor die Füße rollten und die ich ihm zuwerfen konnte. Daniel fuhr mich jedes Mal an: »Geh weg! Fußball ist nichts für dich«, und versuchte, mich zu vertreiben. Roland nahm mich meist in Schutz, was mir natürlich gefiel.

Wieder war es mein Vater, der permanent dafür sorgte, dass es Ärger gab. Er fühlte sich vom Lärm belästigt, pfiff uns ins Haus zurück und schimpfte mit den Nachbarskindern. Wenn sie weiterspielten, kochte er vor Wut. Sobald der Ball auf unser Grundstück flog, kassierte er ihn ein.

Als der jüngste Nachbarssohn sich eines Tages den Arm brach, woran Daniel nicht ganz unschuldig war, entbrannte ein heftiger Streit zwischen unseren Familien, der viele Jahre anhielt. Mè Loans Vorschlag, der guten Nachbarschaft wegen bei einem Glas Wein mit den Leuten Frieden zu schließen, lehnte mein Vater kategorisch ab: »Kommt nicht in Frage«, sagte er, »sonst werden diese Säufer immer bei uns hocken.«

Während Rolands Mutter weiterhin freundlich blieb und sich gelegentlich mit Mè Loan sogar unterhielt, pöbelte sein Vater im Alkoholrausch meine Mutter an und schrie seinen Hass auf uns über den Zaun. Als ein Hundefutterskandal in einem Chinarestaurant die Gemüter bewegte, stand der Mann nachts auf und stellte ganze Haufen leerer Katzen- und Hundefutterdosen gut sichtbar neben unsere Mülltonnen. Mein Vater goss auf seine Weise weiter Öl ins Feuer, als er die konfiszierten Bälle vor aller Augen zerschnitt.

Seit unsere Väter miteinander auf Kriegsfuß standen, hatten Roland und ich uns einander weiter angenähert.

Wir winkten uns heimlich zu und suchten nach Momenten, um uns durch Handzeichen draußen am Zaun zu verabreden. Dann, eines Tages, bat mich der Junge um einen Kuss. Da ich von Hélène erfahren hatte, dass man Jungs zuerst ordentlich zappeln lassen musste – ich hatte keine Ahnung, warum –, verweigerte ich ihm diesen Wunsch.

»Ich weiß, warum du dich zierst«, sagte Roland. »Du hast bloß keine Ahnung von einem echten Zungenkuss!«

Damit hatte er bei mir voll ins Schwarze getroffen. Mit seinen zwölf Jahren kannte er sich offenbar besser mit dem Thema aus.

Ich ließ mir jedoch nichts anmerken. »Das werden wir sehen«, bluffte ich, »aber nicht heute ...«

Roland stieß einen Seufzer aus, und wir gingen beide nach Hause.

Nun befand ich mich in einer Zwickmühle. Was sollte ich tun? Ich schlief unruhig, und am nächsten Tag grübelte ich noch immer. Wen konnte ich bloß fragen? Meine Brüder würden mich auslachen, sie kamen nicht in Frage, und meine Schwester war nicht zu Hause. Ich wollte Roland für mich gewinnen, so musste der erste Zungenkuss perfekt sein. Ich brauchte eine erfahrene Person, am besten männlichen Geschlechts, die mir erklären konnte, wie ein solcher Kuss einem Mann den Kopf so richtig verdrehte.

Als Einziger fiel mir mein Vater ein, er kannte sich zweifellos mit solchen Sachen aus. Hatte er nicht dauernd Affären? Und war er nicht in letzter Zeit besonders freundlich zu mir gewesen? Erst kürzlich hatte er mir eine

Schildkröte geschenkt, die ich Vainqueur, Sieger, taufte, und mich mit einer Schallplatte von »Sylvester und Tweety« überrascht. Seitdem sang ich im Restaurant unseren Gästen Lieder daraus vor, meistens älteren Frauen und Männern. Manchmal konnten sie gar nicht genug davon bekommen und belohnten mich mit reichlich Trinkgeld. Mein Papa war also die perfekte Lösung!

Wild entschlossen ging ich mit meinem Anliegen zu ihm. Ich fand ihn draußen bei der Arbeit.

»Was willst du wissen?«, fragte er mich völlig verblüfft und legte sein Werkzeug auf den Boden.

»Zeigst du mir, wie die Erwachsenen sich küssen?«, wiederholte ich meine Frage. »So richtig, mit der Zunge …«

Er schüttelte den Kopf. »Das kann ich nicht«, sagte er, »ich bin dein Vater! Bist du nicht noch ein bisschen zu jung für so etwas?«

Ich ließ nicht locker. »Man schließt die Augen und macht etwas mit der Zunge. Ich will nur wissen: Was genau?«

Mein Vater schien nachzudenken. »Also gut«, gab er nach, »es ist so: Mann und Frau pressen ihre Lippen aufeinander und bewegen kurz ihre Zungen.«

Verwundert und enttäuscht zugleich, da ich annahm, dass er mir etwas verschwieg, fragte ich: »Ist das alles? Mehr nicht?«

Als würde er langsam die Geduld verlieren, schaute er sich nervös um. »Also komm, gehen wir hinein, es darf uns niemand sehen oder hören! Ich erkläre es dir noch einmal.«

Ich folgte ihm ins Schlafzimmer. Anstatt mir die Sache theoretisch zu erläutern, führte er mich nun in die Praxis ein. Auf der Bettkante nahm er mich resolut auf seinen Schoß und gab mir einen Zungenkuss. Überrascht bemühte ich mich, meine Zunge zu bewegen, bis er irgendwann damit aufhörte.

War ich vielleicht vom Küssen enttäuscht! Abgesehen von dem Eindruck, im Speichel fast zu ertrinken, hatte ich nichts gespürt: kein Wohlgefühl, keinen Zauber. Ich musste nur schwer nach Luft schnappen. Ich wischte mir sofort den Mund ab, der mir immer noch feucht und klebrig vorkam.

»Das hast du gut gemacht!«, lobte mich mein Vater. »Nun kannst du wie eine Große küssen. Aber jetzt muss ich zurück zur Arbeit ...«

Vaters Anerkennung machte mich glücklich wie schon lange nicht mehr. Er stand auf und ließ mich alleine.

Am Abend, bei meinem nächsten Rendezvous, überzeugte ich Roland mit meinem neu erworbenen Wissen. Der Junge strahlte mich an. Der Sieg gehörte ganz klar mir!

DAS IST NUR EIN BÖSER TRAUM!

Die Abfahrt meines Vaters ins Krankenhaus erlebten nur Mè Loan, Daniel und ich mit. Vor einigen Monaten war Jean-Pierre, genau wie Hélène schon zwei Jahre zuvor, für immer nach Deutschland gezogen. Meine Schwester hatte ihm dort auf Vaters Drängen hin Arbeit besorgt. »Bin ich froh!«, hatte sich Vater gefreut. »Endlich wieder ein Maul weniger zu stopfen! Soll der jetzt seinen Unfug treiben, wo er will.«

Bis dahin waren ihm alle Mittel recht gewesen, Jean-Pierre aus dem Haus zu ekeln. Nach der bestandenen Schreinerprüfung war mein Bruder wochenweise in kleinen Betrieben in unserer Gegend eingesprungen und hatte gehofft, übernommen zu werden. Vater hatte für diese Bemühungen nur Spott übrig gehabt. Verzweifelt hatte sich Jean-Pierre daraufhin vorzeitig zum Wehrdienst ins Ausland gemeldet, einzig um meinem Vater zu entkommen. Nach nur einem Monat Dienst war er wegen gesundheitlicher Probleme entlassen worden, Vater hatte ihn daraufhin endgültig als Versager abgestempelt.

Warum sich meine Geschwister ausgerechnet in Deutschland ihre Zukunft aufbauten, hatte eine lange Vorgeschichte. Nachdem mein Vater, seit es uns finanziell besser ging, die Schweiz, Österreich, Luxemburg und Holland bereist hatte, hatte er Deutschland erkundet, ein Land, für das er sich nach seiner Rückkehr voll des

Lobes zeigte. Begeistert pries er die deutsche Sauberkeit sowie die florierende Wirtschaft, und vollends geriet er ins Schwärmen, wenn er auf die Autobahnen zu sprechen kam. Doch das Wichtigste waren die beruflichen Perspektiven, die er für uns in dem Nachbarland zu sehen glaubte. In Deutschland sei es kinderleicht, zukunftsträchtige Arbeitsstellen zu finden. »Hier in Frankreich haben wir nur Bedarf an Kassiererinnen und Gemüseverkäufern!«

Mè Loan brauchte nicht lange, um herauszufinden, was – oder besser wer – hinter diesem plötzlichen Interesse an Deutschland und an unserer Zukunft steckte, das eine erneute Reise dringend erforderlich machte. Vater hatte in einem deutschen Gasthof zufällig einen Franzosen namens Jean-Claude kennengelernt, der dort als Koch arbeitete. Der Koch hatte sich gefreut, endlich wieder einmal mit einem Landsmann ein paar Worte wechseln zu können. Dabei hatte mein Vater auch eine Frau kennengelernt, mit der er eine Affäre begonnen hatte. Sie wollte er nun unbedingt wiedersehen.

Hélène, sechzehn Jahre alt, wusste damals nicht genau, was sie werden wollte, sie schwankte zwischen einer Ausbildung zur Friseurin oder zur Krankenschwester. Die Schule machte ihr auf alle Fälle keinen Spaß. Das weckte Vaters Unternehmungsgeist, und prompt rief er Jean-Claude an. »Wir brauchen für die Älteste dringend einen Job«, sagte er, »egal was. Hier wird das Mädchen ansonsten noch auf dem Strich landen!«

Nur wenige Tage darauf rief der Mann zurück und teilte mit, dass die Handelskette, bei der er inzwischen beschäftigt war, noch Personal suche. Hélène müsse sich allerdings so bald wie möglich persönlich vorstellen. Ohne Rücksprache sagte mein Vater sofort zu. Hélène schmiss kurzerhand die Schule, und die Reise nach Deutschland wurde organisiert. Zweifel, wie sie sich, ohne ein Wort Deutsch zu können, verständigen sollte, wurden ignoriert. Hélènes traumhafte Zukunft hatte begonnen: Bald darauf verkaufte sie in einer winzigen Metallbude auf Rädern, umgeben vom Gestank einer alten Fritteuse, den ganzen Tag Pommes frites. In einem fremden Land, ganz auf sich allein gestellt. Irgendwann konnte sie, so hatte man ihr erklärt, auf eine bessere Anstellung hoffen. Als Kassiererin. Das war vor zwei Jahren gewesen.

Ich war allein zu Hause und haderte mit meinem Los, dass ich Mè Loan bei der Arbeit im Restaurant helfen musste. Kurz vor Mittag durfte ich endlich gehen, meine Mutter kam ohne mich zurecht. Zurück im Haus war ich auf dem Weg in mein Zimmer, als mich mein Vater erschreckte. Er sprang mir, ganz erhitzt im Gesicht, aus dem Badezimmer entgegen, rannte direkt ins Schlafzimmer und knallte die Tür hinter sich zu. Offensichtlich hatte ich ihn bei irgendetwas überrascht. Mit pochendem Herzen schloss ich meine Tür, legte mich aufs Bett und schlug ein Buch auf.

Auf einmal hörte ich ihn rufen: »Komm her! Ich will dir etwas zeigen.« In der Annahme, Schelte zu bekommen, weil ich ihn eben erschreckt hatte, stand ich sofort auf.

»Kommst du?«, rief er noch einmal, seine Stimme kam jetzt aus dem Badezimmer. Ich ging zu ihm, unsicher, was denn los sei.

Mein Vater stand am Waschbecken. Seine Augen hatten einen eigenartigen Ausdruck, den ich nicht von ihm kannte, und auf seinen Lippen zeigte sich so etwas wie ein Lächeln.

»Weil du dich für solche Sachen interessierst«, sagte er, »musst du auch wissen, wie ein Mann aussieht.«

Bevor ich etwas sagen konnte, öffnete er seinen Reißverschluss und holte sein Glied heraus.

Ich will nicht, dachte ich schockiert, aber kein Wort kam mir über die Lippen.

»Siehst du das hier?«, fragte er mich, auf die Spitze seines Glieds deutend. »Es ist beschnitten, damit es sauber bleibt, aber auch weil Frauen beim Sex Spaß haben wollen. Sie mögen nämlich dicke und große Schwänze.«

Ich stand wie angewurzelt und schwieg.

»Du kannst es anfassen«, ermutigte er mich.

Ich schüttelte den Kopf.

»Komm schon, hab keine Angst. Jetzt fass es an!«, befahl er, deutlich strenger im Ton. Verängstigt drückte ich einen Finger darauf und sah, wie sein Penis anschwoll.

»Schau dir an, was jetzt passiert«, fuhr er fort und begann zu masturbieren. Bilder aus den Pornoheften fielen mir ein und ließen mich starr vor Angst werden. Mein Vater griff plötzlich nach meiner Hand. Er packte sie fest und zwang sie dazu, mit seiner zusammen weiterzumachen, während er unsinniges Zeug redete.

Auf einmal wurde er hektisch. Er holte ein Stofftaschentuch aus seiner Hosentasche und ejakulierte, laut »Liebling!« schreiend, hinein. Dann ließ er meine schmerzende Hand wieder los.

Ich blieb stehen, völlig verwirrt über das, was gerade geschehen war. Ich wusste nicht, was ich tun sollte.

»Hinaus mit dir!«, brüllte er mich plötzlich an.

Aus meiner Starre gerissen, rannte ich in mein Zimmer zurück, am ganzen Leib zitternd. Der Geruch seines Glieds verfolgte mich, angeekelt wischte ich mir pausenlos die Hände ab. Was ist geschehen, fragte ich mich. Warum hat Papa das jetzt mit mir gemacht? Ich konnte keinen klaren Gedanken fassen.

Früh am Abend rief mich mein Vater zu sich in die Küche, Mè Loan war im Restaurant mit Kundschaft beschäftigt. Als sei nichts gewesen, bat er mich, uns Spiegeleier zu braten, da er schon Hunger hatte. Spiegeleier braten überließ man meist mir, weil mir, so hieß es in der Familie, das Aufschlagen der Eier besonders gut gelang.

Wir saßen mit Daniel zusammen am Tisch. Als ich wie immer mein Ei zerschnitt und das Eigelb auslief, schlug Vater plötzlich mit der Faust auf den Tisch. Mein Herz machte einen Satz, vor Schreck fiel mir das Besteck aus der Hand. »Spiegeleier schneidet man nicht mit dem Messer!«, brüllte er mich aus heiterem Himmel an. »Steck dir lieber die Finger in den Arsch!«

Daniel senkte seine großen, verängstigten Augen. Ich unterdrückte meine Tränen und den Kloß im Hals, ich spürte, dass sein Zorn etwas mit dem Vorfall vom Mittag zu tun hatte. Die Erinnerung daran machte mich wütend und konfus. Warum hatte er mich Liebling genannt, und jetzt schimpfte er so mit mir?

Wir aßen still weiter. Mit Daniel ging ich danach zu meiner Mutter ins Restaurant arbeiten.

Zu aufgewühlt, um mit jemandem darüber zu sprechen, behielt ich alles für mich. Ich brauchte Zeit, um die Ereignisse zu begreifen. Doch diese Zeit blieb mir nicht. Zwei Tage später, Vater und ich waren allein im Haus, bestellte er mich erneut ins Badezimmer.

Nein, bitte nicht, dachte ich. Wieder brachte ich kein Wort heraus, aus Angst, angebrüllt zu werden oder mir Prügel einzuhandeln.

Er befahl mir, auf die Knie zu gehen, um »etwas Neues« auszuprobieren. Dieses Mal sollte die Prozedur anders verlaufen. »Was ich kürzlich getan habe«, sagte er, »darf ein Mann normalerweise nicht tun.«

Das habe ich doch gleich gewusst, atmete ich innerlich auf. Aber warum musste ich mich dann hinknien?

»Gott ist böse, wenn er sieht, wie die Menschensamen im Taschentuch verschwendet werden.«

Ich spürte, wie das Blut aus meinen Adern wich, als ich sah, wie er schon wieder seinen Reißverschluss öffnete.

Als es vorüber war, stieß er mich von sich. Das ist nur ein böser Traum, redete ich mir ein. Ich habe das nicht erlebt, gleich wache ich auf!

Vater zog seinen Reißverschluss wieder zu und sagte in selbstzufriedenem Ton: »Das nennt man übrigens ›einen blasen‹.«

Dass ich mich niemandem anvertrauen konnte, war besonders schlimm. Dafür hatten Vaters einschüchternde Mahnungen gesorgt. »Sag keinem etwas, sonst wird man mich ins Gefängnis stecken, deinetwegen! Und kein Wort zu deiner Mutter. Wenn sie herausfindet, was du getan hast, wird sie sehr böse auf dich sein. Sie würde es dir niemals verzeihen!«

Ich musste allein mit der Situation zurechtkommen.

Der Albtraum war noch nicht zu Ende. Keine Woche später holte mich mein Vater ein weiteres Mal zu sich. Mir lief kalter Schweiß den Rücken herunter.

Wir standen im Flur, er voller Angst und ich darauf hoffend, von irgendjemandem erwischt zu werden. Er drückte mich nach vorne, stellte sich hinter mich und zog mir die Hose nach unten.

Ich war vollständig gelähmt und merkte, dass das Schlimmste in Wirklichkeit erst jetzt begann. Ich biss die Zähne zusammen und schloss die Augen. Die Schmerzen waren zu groß, um weinen zu können.

Als er fertig war, sagte er: »So ist es ganz praktisch! In Zukunft werden wir viel Spaß haben, ohne dass du schwanger wirst. Deswegen machen das viele so!«

Plötzlich sah er mich wie angewidert an. »Geh dich jetzt im Bidet waschen!«

Er ging summend ins Wohnzimmer und schaltete den Fernseher ein. Mich ließ er verstört zurück. Ich war noch nie so verletzt und gedemütigt worden. Dafür hasste ich ihn, wie ich ihn zuvor noch nie gehasst hatte.

Tausend hilflose Fragen

Ja, Papa, der Kuss, den ich von dir gezeigt haben wollte, war lange her, drei Jahre schon, einhundertsechsundfünfzig Wochen, in denen ich froh war, wenn eine Woche ohne Übergriff verging oder du mich für einen Tag übersehen hast. Jahre, in denen ich für jede einzelne Stunde ohne Angst, ohne Schmerz, ohne Demütigung dankbar war. Jahre, in denen ich Gott bat, dich zu bestrafen.

In dieser langen Zeit stellte ich mir tausend Fragen, eine hilfloser als die andere, immer wieder auf der Suche nach einem Grund, den ich einfach nicht fand. Hatte ich etwas falsch gemacht? War mein Vater böse auf mich und wollte mich bestrafen? Oder wollte er mir auf diese Weise zeigen, dass er mich liebhatte? Wurde mein Gebet von einst vom Himmel falsch verstanden, als ich mir gewünscht hatte, mein Vater möge mir »etwas Liebes« sagen? Er hatte mich schließlich Liebling genannt ... Konnte das alles vielleicht sogar normal sein?

Oft bat ich meine Beschützer, die ich mir im Himmel vorstellte, sie sollten mich aus den Fängen dieses menschlichen Teufels befreien, der mein Dasein nun seit so langer Zeit schon zur Hölle machte.

Meine Fragen, meine Rufe, sie verhallten drei Jahre lang im Nichts. Kein Schutzengel stieg vom Himmel herab, kein Held kam angaloppiert, um mich zu retten. Es war niemand da. Mein Vater lebte seine perversen Phantasien mit seiner Dienerin, seiner leibeigenen Hure, zu der er mich gemacht hatte, weiter aus. Bis er an Krebs erkrankte. Für mich war das die Gerechtigkeit Gottes und die Antwort auf meine Gebete.

Das Dilemma, in dem ich steckte, war unlösbar. Einerseits wollte ich nicht auffallen, weder zu Hause, weil ich Mutters Zurückweisung fürchtete, noch in der Schule, aus Angst, dort endgültig ausgesondert zu werden. Andererseits wünschte ich mir sehnlich, mich jemandem anvertrauen zu können, der meinem Leid endlich ein Ende setzen würde. Insgeheim zweifelte ich aber daran, ob ich das Martyrium, das ich erlebte, jemals würde in Worte fassen können. Ich hatte ständig das Gefühl, auf meinem gesamten Körper sichtbare Spuren des Missbrauchs zu tragen, ich dachte, es sei nur eine Frage der Zeit, bis mich jemand darauf ansprechen würde. Jemand, der in der Lage wäre, mich auch ohne Worte zu verstehen.

So wartete ich auf einen etwas eindringlicheren Blick eines Außenstehenden oder auf die banale Frage: Wie geht es dir? Ich wartete vergeblich. Alle Menschen um mich herum waren viel zu sehr mit sich selbst beschäftigt, um etwas zu merken, und je länger ich dieses schreckliche Geheimnis für mich behielt, umso mehr schwand die Hoffnung auf Rettung. So zeigte ich weiterhin Tag für Tag das Gesicht eines glücklichen Kindes, obwohl ich mich immer einsamer und von der ganzen Welt verlassen fühlte.

Um nicht unterzugehen, hielt ich mich an allem Schönen fest, das ich bekommen hatte: die sechs Bonbons zum Geburtstag, meine erste Puppe, Mè Loans warme Hand, die mich streichelte, wenn sie mich singend in den Schlaf wiegte. Siehst du, nicht alle Menschen sind schlecht, sagte ich mir immer wieder. Außerdem bist du eine Eurasierin, das hältst du aus!

Wenn mir mein Zuhause keinen Schutz mehr bot, hatte ich immerhin die Schule, um ein wenig aufgefangen zu werden. War ich mal besonders deprimiert, ließ ich mir nichts anmerken. Es gelang mir meist problemlos, alle zu täuschen, bis auf ein Mal, als Vaters Gewalt besonders schlimm gewesen war.

Während der ersten Erzählrunde nach den Weihnachtsferien zum Thema Geschenke setzten mir die glänzenden Augen meiner Schulkameradinnen zu, ich hatte keine Kraft mehr. Als ich an die Reihe kam, sagte ich leise die Wahrheit. Es klang fast wie eine Beichte. »Ich habe nichts bekommen.«

Alle verstummten, einige lachten ungläubig. »Warst du nicht lieb genug?«, fragte mich jemand.

Ich schwieg und dachte: Doch, aber ich bin müde. Zu müde, um euch heute zu belügen, damit eure Träume von Liebe und Zuneigung nicht platzen, damit eure heile Welt nicht zerbricht, wie meine längst zerbrochen ist. Ihr habt keine Ahnung von dem, was ich durchmache, von der Hölle, die mich jedes Mal zu Hause erwartet. Euch kümmern nur die Geschenke. Ich habe alles richtig satt, also lasst mich in Ruhe!

»Hast du wirklich nichts bekommen?«, wiederholte meine Lehrerin unter dem Gekicher einiger Mädchen die Frage, verdutzt, aber auch amüsiert, als hätte ich Spaß gemacht.

»Nein«, antwortete ich so ernst wie möglich, damit es alle endlich begriffen. »Bei uns zu Hause gibt es kein Weihnachten und auch keine Bescherung.«

Es herrschte Totenstille. Dann folgte eine Welle der Bestürzung, die aufgebrachten Kinder richteten lauter Fragen an mich und an die Lehrerin. Ich merkte, dass es meiner Lehrerin sehr naheging, als ihr die Bedeutung meiner Worte klar wurde. Ich sah, wie ihr Tränen in den Augen standen, und ich überlegte einen Moment lang, ob ich mich ihr nach der Stunde vielleicht anvertrauen sollte.

Sie fasste sich jedoch bald wieder und sagte: »Ruhe, Kinder! Bitte Ruhe! Ja, es gibt auf der großen Welt verschiedene Länder und verschiedene Sitten. Das müssen wir respektieren. Aber jetzt Schluss mit dem Thema! Heute lernen wir ...«

Ihre Anspielung auf die fremde Kultur meiner Mutter als Erklärung fand ich kränkend. Ich ließ meine Absicht, mich zu offenbaren, fallen. Ich war verärgert über mich selbst, weil ich einen Moment lang Hoffnung geschöpft hatte. Ich war maßlos enttäuscht.

Nach der Mittagspause stand ich alleine auf dem Schulhof. Nadège, ein Mädchen aus meiner Klasse, mit dem ich selten spielte, kam auf mich zu. Sie wohnte ganz in der Nähe und kam gerade von zu Hause.

»Liebe Isa«, sagte sie mit einem strahlenden Lächeln, »nachträglich wünsche ich dir Frohe Weihnachten! Nimm, das ist für dich!« Dann gab sie mir ein Säckchen aus weißem Tüll, liebevoll zugebunden mit einer rot-goldenen Schleife. »Es ist nur eine Kleinigkeit«, fügte sie schnell hinzu.

Überrascht machte ich das Päckchen auf und fand fünf Pralinen. »Warum?«, fragte ich.

»Das von heute Morgen ließ mir keine Ruhe. Ich habe es meiner Mama erzählt. Sie sagt, es ist ungerecht, wenn manche Kinder so viel geschenkt bekommen und andere überhaupt nichts. Deswegen sollst du auch ein Weihnachten haben!«

Gerührt nahm ich das Geschenk an. Nadège war selbst so bewegt, dass sie anfing zu weinen.

Vielleicht, dachte ich, ist diese Geste ein Zeichen, das mich daran erinnern soll, dass ich doch nicht alleine bin. Das machte mir Mut. Von da an versuchte ich mir anzugewöhnen, stets mit einem glücklichen Gedanken einzuschlafen.

Josette wischte sich die Tränen vom Gesicht. »Wir müssen leise reden«, sagte sie, »nicht, dass die Kleine uns hört! Armes Kind, das ist nichts für sie.« Jean, ihr Mann, nickte und lief weiter an Mè Loans Seite. Ich vergrößerte sofort den Abstand und tat so, als hätte ich nichts gehört, während ich vor ihnen auf der öden Allee des städtischen Krankenhauses von Tours zum Parkplatz zurückhüpfte. Der Weg war glücklicherweise weit genug, um meine Angst zurückzudrängen. Ich brauchte nicht mehr zu erfahren. Was ich dem Gespräch Mè Loans mit dem Arzt entnommen hatte, reichte: Die Krankheit meines Vaters sei schon fortgeschritten, und die Aussichten seien daher schlecht. Es sei nur eine Frage der Zeit.

Wir hatten meinen Vater an diesem Tag bewusst nur für kurze Zeit besucht, um ihn nicht allzu sehr anzustrengen. Josette und Jean, Stammkunden in unserem Restaurant, hatten spontan vorgeschlagen, mit uns ins Krankenhaus zu fahren. Offensichtlich waren wir gerade im richtigen Moment gekommen, um Vater von seinen trüben Gedanken abzulenken. Am Morgen war sein Bettnachbar, ein junger Mann, dessen mächtiger Schnurrbart mich stark beeindruckt hatte, an Krebs gestorben. Umso größer war Vaters Freude über unseren Besuch gewesen.

Als Überraschung hatte ich ihm mein Halbjahreszeugnis mitgebracht, doch er war zu geschwächt, um es zu lesen. »Macht nichts, Papa!«, sagte ich und lächelte ihn an. »Nur, dass du es weißt: Darin stehen lauter Einser!« Sein Augenzwinkern sagte mir, dass er sich freute, zumindest glaubte ich das. Aus einer Infusionsflasche floss dieses Mal rote Flüssigkeit statt blauer in seine dunklen, verdickten Adern. Tropfenweise bekämpfte sie den Krebs in seinem Körper. Als er noch müder wurde, wurde es Zeit für uns zu gehen. Meine Mutter ließ seine Hand los, packte ihre Sachen und ging mit mir nach draußen. »Das wird schon«, hörte ich die Leute noch hinter uns sagen. »Bestimmt lassen sie dich bald nach Hause.« Ich wusste, dass sie logen.

Auf der Rückfahrt dachte ich darüber nach, was mich so traurig machte. Vaters Hilflosigkeit schmerzte, doch am meisten bedauerte ich, nicht gesagt zu haben, was ich ihm, bevor er ins Krankenhaus kam, noch hatte sagen wollen. An einem Morgen im März, zwei Tage nach seinem vierzigsten Geburtstag, hatte er mit unserem Arzt das Haus verlassen. Er hatte erneut Blut im Urin gehabt und Blut gespuckt. Seitdem dämmerte er im Krankenhaus vor sich hin, halb gelähmt, allein mit seinen Schmerzen, während ich meine Sätze für ihn weiter in mir trug. »Es tut mir leid, Papa, ich habe es nicht so gewollt. Vergiss bitte, was geschehen ist! Ich bin dir nicht böse. Du darfst nicht sterben, Papa, ich liebe dich doch!«

Ich bin dir nicht böse – das stimmte nicht. Ich war auf eine ohnmächtige Art wütend und mehr als böse, doch in meiner Hilflosigkeit war ich auch voller Liebe für ihn. Ich war nicht einmal elf, drei Jahre waren vergangen, seit ich Roland meinen ersten echten Kuss geschenkt hatte. Drei Jahre, die ich am liebsten aus meinem Gedächtnis gelöscht hätte. Drei Jahre, in denen ich meinen Vater gehasst habe.

Und trotzdem musste ich Gott jetzt bitten, sich meines Vaters zu erbarmen. Er war mein Vater. Die Vorstellung, ihn zu verlieren, ängstigte mich zutiefst. Was sollte aus mir und der ganzen Familie bloß werden? Was würde meine Mutter ohne ihn tun? Würde sich irgendwann doch noch das Jugendamt einschalten und uns trennen?

Meine Kindheit war spätestens jetzt vorbei. Aber war sie nicht seit dem ersten Tag vorbei gewesen, als das Unvorstellbare begonnen hatte?

Obwohl mich die Tage und Wochen ohne Vaters ständige Nachstellungen erlösten, war meine anfängliche Freude über seine Abwesenheit schnell vergangen. Nicht nur, weil er mir doch fehlte.

Ich merkte auch, wie sehr die Situation Mè Loan mitnahm. Da die Fahrpläne der Bahn nicht in ihren Tagesablauf passten und sie keinen Führerschein besaß, legte meine Mutter die fünfzehn Kilometer zum Krankenhaus Tag für Tag zu Fuß zurück, meist noch beladen mit frischen Lebensmitteln. Auf der Station hatte sie durchgesetzt, selbst für ihren Mann kochen zu dürfen.

Manchmal nahm sie mich auf meine Bitte hin mit, meist mittwochs oder samstags. Unterwegs half mir die

Aussicht, meinen Vater wiederzusehen, die schmerzenden Seitenstiche zu vergessen. Ich freute mich, dass ich meiner Mutter ein wenig nützlich sein konnte, indem ich ihr beim Tragen half oder ihr einfach Gesellschaft leistete. Zu jener Zeit gab es kaum jemanden, der uns beistand, und wenn, dann waren es Fremde wie Josette und Jean.

Bis auf Mè Loans Freundin Ngoc, die selbst zu Hause um das Leben ihres schwerkranken Mannes kämpfte, wurden wir schlagartig von allen gemieden. Vaters Verwandtschaft, die er in der Annahme, bald sterben zu müssen, benachrichtigt hatte, erkundigte sich kein einziges Mal bei uns über seinen Zustand.

Eines Morgens trafen wir jedoch Paulette, als Mutter und ich früher als geplant im Krankenhaus eintrafen. Sie verließ gerade Vaters Zimmer. Ohne uns zu grüßen oder mich auch nur eines Blickes zu würdigen, schrie sie Mè Loan sofort hysterisch an: »Sie sind schuld! Sie haben meinen Sohn vergiftet!«

Meine Mutter konterte trocken: »Und Sie sind eine Hexe!« Dann schubste sie mich ins Zimmer hinein.

Es tat mir weh, diesen Hass, der meiner Mutter galt, direkt miterlebt zu haben, noch dazu von meiner eigenen Oma. Wie sehr schämte ich mich, mit ihr verwandt zu sein. Doch noch mehr schämte ich mich dafür, nicht in der Lage zu sein, Mè Loan in Schutz nehmen zu können.

Nachmittags machte sich Mè Loan wieder auf den Weg nach Hause, den Daumen beim Gehen hochgestreckt, in der Hoffnung, von jemandem mitgenommen zu werden. Das war nicht ungefährlich. Einmal bog ein Autofahrer, der angeboten hatte, sie mitzunehmen, plötzlich auf einen Feldweg ab, um ihr an die Wäsche zu gehen. Mit Zureden konnte sie ihn davon abhalten. Der Mann lenkte ein, ließ sie aber mitten in den Feldern aussteigen. Nach diesem Erlebnis gab meine Mutter das Trampen auf und beschloss, immer mit dem Taxi heimzufahren.

Von Geistern und Heilern

Täglich Punkt 19 Uhr standen die ersten Gäste vor der Tür unseres Restaurants. Daniel und ich mussten sie empfangen. Mein Bruder nahm die Bestellungen auf und mixte die Cocktails, während ich die Vorspeisen zubereitete. Verspätete sich Mè Loan, lauschten wir beide angespannt auf jedes Geräusch von der Straße. Erst wenn unsere Mutter in der Tür erschien, atmeten wir erleichtert auf.

Bepackt wie sie war – sie nutzte die Taxifahrten zugleich für den nötigen Einkauf –, verschwand Mè Loan nie in der Küche, ohne zuvor die Gäste mit einem freundlichen »Bonsoir, Messieurs Dames!« zu begrüßen, herzlich wie immer, als sei die Welt völlig in Ordnung.

Mutter klagte niemals, selbst dann nicht, als neue finanzielle Sorgen sie bedrückten. Die Taxifahrten waren dabei das geringste Übel. Kein Jahr, nachdem mein Vater seinen Arbeitsplatz freiwillig aufgegeben hatte, um, wie er sagte, am Erfolg der Selbständigkeit mehr Anteil zu haben, war er an Krebs erkrankt. Nun trudelten saftige Arztrechnungen ins Haus, gefolgt von unerwarteten Steuernachforderungen. Zudem wurde viel Geld für angebliche Heiler ausgegeben, die Mè Loan auf Vaters Bitten aus den entferntesten Gegenden Frankreichs kommen ließ.

Ich stellte mich meist dazu und beobachtete das Geschehen. Nach einem verbindlichen Gruß legte der Heiler einige Minuten seine Hände – oder auch rohe Kartoffelhälften – auf Vaters Oberkörper, anschließend verabschiedete er sich mit einem erneuten kräftigen Händedruck und kassierte mindestens fünfhundert Francs in bar. Nach und nach musste dafür Mutters ganzer Schmuck, den sie mit ihrem Geld aus dem Restaurant erworben hatte, verkauft werden.

Zwischen den Behandlungsblöcken wurde mein Vater immer wieder nach Hause geschickt. Die meiste Zeit schlief er. Wir versuchten, die Tage so normal wie möglich zu verbringen. Während Mè Loan alles Nötige für das Restaurant vorbereitete, leistete ich ihr dabei Gesellschaft.

Eines Nachmittags im Juli betrat ein Mann das Restaurant. Er sah ziemlich verschwitzt aus und verlangte etwas zu trinken. Mè Loan wies ihn ab.

»Es tut mir leid, mein Herr«, sagte sie, »aber wir sind ein Restaurant und keine Bar. Wir dürfen leider keine Getränke allein ausschenken.«

Sichtlich enttäuscht wischte sich der Fremde die Stirn ab, entschuldigte sich und wollte wieder gehen. Aber meine Mutter hatte Mitleid bekommen und bat ihn nun doch, Platz zu nehmen.

Schnell holte sie einen Grenadinesaft sowie eine Karaffe Wasser und Erdnüsse.

Der dankbare Mann trank aus und fragte sie plötzlich: »Warum schauen Sie denn so traurig drein?«

Etwas perplex, weil sich selten jemand nach ihr erkundigte, schilderte ihm Mè Loan, was sie gerade durchmachte.

»Wieso gehen Sie nicht nach Lourdes mit Ihrem Mann?«, fragte unser Besucher erstaunt.

Da ihr Lourdes kein Begriff war, erzählte der Gast, der sich als Georges vorstellte, seine Geschichte. Vor langer Zeit hatte er einen Autounfall schwer verletzt überlebt. Auf dem Operationstisch hatte sein Herz sogar zweimal stillgestanden. Als »menschliches Wrack« mit geringen Überlebenschancen hatte man ihn auf Veranlassung einer Schwester zu diesem Wallfahrtsort in den Pyrenäen gebracht. Das war nun Jahre her, und seitdem führte er als gesunder Mensch wieder ein völlig normales Leben.

»Angenommen, es stimmt, was Sie sagen«, entgegnete meine Mutter, »wir können nicht nach Lourdes. Ich kann nicht Auto fahren.« Doch dieser Georges antwortete, als wäre es die selbstverständlichste Sache der Welt: »Ich bringe Ihren Mann hin, wenn Sie möchten. Ich habe gerade ein paar Tage frei.«

Und so geschah es. Am nächsten Tag trug der Fremde meinen Vater aus dem Haus, setzte ihn vorsichtig in unser Auto und fuhr mit ihm die sechshundert Kilometer nach Lourdes.

In der Nacht vor seiner Rückkehr bekam Mè Loan seltsamen Besuch. Sie schlief fest, als sie plötzlich spürte, dass jemand neben ihr im Bett lag. Sie knipste die Nachttischlampe an und sprang erschrocken zur Seite. Neben ihr lag ein fremder, halb nackter Mann mit langem Haar und Bart, der sie anstarrte. Eine Art Stoffwindel bedeckte seinen Unterleib, auf dem Kopf trug er eine Krone aus grünblättrigen Zweigen.

»Was machen Sie hier?«, fragte meine Mutter mit pochendem Herzen.

Der Mann schwieg.

»Gehen Sie sofort aus meinem Zimmer! Aus dem Haus!«, herrschte sie ihn an.

Es kam keine Antwort. Stattdessen streckte der Fremde ihr seine Hand entgegen, und als er sie öffnete, erblickte Mè Loan darin Gras. Sie hörte ihn noch in einem Befehlston sagen: »Iss!«, bevor er vor ihren Augen aus dem Zimmer verschwand.

Ungläubig über das Erlebnis und die Dreistigkeit dieses Geistes, machte meine Mutter zitternd, aber ohne mich zu wecken, sämtliche Lichter im Haus an, setzte sich in die Küche und rauchte die ganze Nacht lang, um sich zu beruhigen.

Am nächsten Tag kamen Vater und der Mann zurück. Mein Vater ging langsam, aber ganz ohne Hilfe, den Weg zum Haus. Hinter ihm lief Georges, der zwei große Kanister Wunderwasser schleppte. Mè Loan hatte ihr nächtliches Erlebnis schon fast verdrängt, doch dann zuckte sie zusammen, als mein Vater, während er berichtete, plötzlich frisches Gras aus einer Tasche holte und sie aufforderte, es zu essen – so wie es ursprünglich die Gottesmutter in Lourdes vorgeschrieben hatte …

Georges ging, wie er kam, ohne auch nur eine Münze für seine Hilfe annehmen zu wollen. Nach seiner Rückkehr aus Lourdes schlief mein Vater weiterhin sehr viel, doch man sah ihm an, dass er sich von Tag zu Tag besser fühlte. Bald war er kräftig genug, um mit meiner Mutter die gesamte Situation zu besprechen.

Bei dem Gespräch ging es vor allem um mich. »Kommt unsere jetzige Lage ans Licht«, behauptete mein Vater, »wird uns das Jugendamt garantiert das Sorgerecht für die Kleine entziehen. Das können wir nur vermeiden, wenn wir sie für eine Weile von der Bildfläche verschwinden lassen, nach Deutschland zum Beispiel!« Mè Loan nickte verängstigt.

»Hättest du Lust, ein paar Wochen bei deiner Schwester zu verbringen?«, fragte mich meine Mutter. Ich bejahte sofort. Meine Eltern riefen Hélène an und erzählten ihr von der Idee, und sie willigte spontan ein, mich für den Rest der Sommerferien bei sich aufzunehmen. Ich konnte mein Glück über diesen unerwarteten Urlaub gar nicht fassen. Ich freute mich riesig darauf, meine Schwester wiederzusehen.

Noch am selben Abend fuhren wir los.

Glück auf Bewährung

Meine Mutter weckte mich: »Schatz, wach auf, wir sind gleich da.«

Es war zehn Uhr morgens, als ich zum ersten Mal in meinem Leben eine fremde Landschaft erblickte. Uns umgab dunkler Wald, der Schwarzwald, wie ich erfuhr, aber bald ließen wir die dichten Bäume hinter uns. Links auf einem Hügel, umgeben von Grün, stand ein einsames, einladendes Haus, eine Art Chalet. Ein Wort unter dem Giebel weckte meine Aufmerksamkeit: »Heimatblick«, entzifferte ich.

»Weißt du, was das bedeutet?«, fragte ich meinen Vater. Er schüttelte den Kopf. Ich würde gerne hineingehen, spürte ich, und ließ das Haus nicht mehr aus den Augen, bis es aus meinem Blickfeld verschwand.

Wir waren in Furtwangen angekommen. Gleich hinter dem Ortsschild befand sich der Supermarkt, den wir als Treffpunkt mit meiner Schwester ausgemacht hatten. Hier arbeitete Hélène als Kassiererin.

Endlich hatten meine Schwester und ich uns wieder. Wir brachten meine Tasche sowie die Vorräte, die Mè Loan für sie und Jean-Pierre vorbereitet hatte, in Hélènes Wohnung, eine karg möblierte, nur knapp vierzehn Quadratmeter große Dachmansarde mit Waschbecken. Die Dusche und die Toilette befanden sich am Ende eines dunklen Flurs.

Da wir uns in der Wohnung nur gegenseitig auf den Füßen standen, gingen wir in die Cafeteria des Supermarkts, um etwas zu essen. Hélène brachte uns die Spezialität des Hauses: ein halbes Brathähnchen mit Pommes frites und Salat. Kaum hatte ich meine Portion verschlungen, verlangte ich noch einmal das Gleiche. Alle waren erstaunt, doch meine Mutter freute sich sichtlich über meinen Appetit. »Das liegt bestimmt am Luftwechsel«, erklärte mein Vater.

Er hatte nicht ganz unrecht, doch den wahren Grund für meinen Hunger konnte ich niemandem verraten. Seit ich von meinem Vater gequält wurde, hatten sich meine Essgewohnheiten radikal verschlechtert. Mè Loan verfolgte das mit Sorge, oft wich sie nicht von meiner Seite und ermunterte mich, wenigstens die Hälfte der Speisen auf dem Teller zu essen. Das war alles, was ich an einem Tag aß. Auch unser Hausarzt, der mich einmal auf Mutters Drängen hin untersuchte, forderte mich besorgt auf, mehr zu essen, da er an mir kein einziges überflüssiges Gramm finden konnte.

Der Grund für meine Magerkeit war, dass ich nicht auf die Toilette wollte. Ich hatte durch die Übergriffe meines Vaters solche Schmerzen, dass ich vor einem Toilettengang regelrecht Horror hatte. Absichtlich hielt ich daher alles zurück, manchmal wochenlang. Doch irgendwann musste ich wieder durch die Hölle gehen und die reißenden Schmerzen ertragen. Ein Teufelskreis.

An diesem ersten Tag in Deutschland konnte ich endlich ruhig werden und mich entspannen, ich wusste, dass mir sechs geradezu paradiesische Wochen vergönnt waren, ohne Nachstellungen durch meinen Vater und ohne Gefahr von irgendeinem Amt. Zum ersten Mal seit langer Zeit war ich in Sicherheit und brauchte keine Angst zu haben.

Meine Eltern übernachteten in einem Gasthof und verabschiedeten sich früh am nächsten Morgen von uns. Mè Loan gab meiner Schwester Geld, damit ihr durch mich keine Kosten entstünden. Sie solle gut für mich sorgen, bat meine Mutter Hélène. »Wir holen dich Ende August wieder ab«, sagte sie zu mir. »Das Klima wird dir sicher guttun!« Nach einer festen Umarmung und einem langen

Schnuppern an meiner Schläfe stieg Mè Loan zu meinem Vater ins Auto. Weg waren sie, und mit ihnen meine Sorgen.

Hélène lief einige Male mit mir durch den Ort, damit ich mich auch alleine zurechtfand, einmal begleitete sie mich ins Freibad und erklärte mir alles. Ich genoss jede Sekunde meiner neuen Freiheit.

Meine Schwester widmete sich mir liebevoll, fast mütterlich, allerdings hatte sie nur sehr wenig Zeit. Meistens verbrachten wir ihre Mittagspause zusammen, die für sie erst nach einem Zug an der Zigarette so richtig anfing, und aßen eine Kleinigkeit. Nach Feierabend machten wir manchmal noch kleine Besorgungen, dann schauten wir uns die ersten Abendnachrichten an. Danach verließ sie die Wohnung wieder, um bis spät in der Nacht in einer Pizzeria zu arbeiten. An den Wochenenden ging sie stundenweise in einer kleinen Pension im Ort putzen. Nur so kam sie über die Runden.

Gelegentlich traf ich mich mit Jean-Pierre, der in der Nähe lebte. Obwohl die Beziehung zwischen meinen Geschwistern ziemlich oberflächlich war, wollten die beiden meinen Aufenthalt so angenehm wie möglich gestalten, und so verbrachte ich ab und zu ein Wochenende bei ihm. Ich war glücklich wie schon lange nicht mehr.

Als ich eines Morgens vom Spielplatz kam und vor dem Supermarkt meine Eltern im Gespräch mit Hélène sah, wurde mir klar, dass die unbeschwerte Zeit wieder zu Ende war. Sie hatten sich nicht angekündigt und waren eine Woche früher als geplant gekommen.

Mein Vater begrüßte mich mit zwei kalten Küssen auf die Wangen. Mè Loan nahm mich fest in ihre Arme und drückte mich. Mir fiel auf, dass ich beide nicht vermisst hatte.

Auf dem Weg zur Wohnung fragte mich mein Vater: »Hat es dir hier gut gefallen?« Ohne zu zögern bejahte ich. »Würdest du gern noch länger bei deiner Schwester bleiben?«, fuhr er fort.

Überrascht sah ich zu Hélène hinüber, die ebenfalls hellhörig wurde.

»Ja, sicher!«, antwortete ich aus ganzem Herzen. Konnte es sein, dass er vielleicht eine Verlängerung meiner Ferien in Betracht zog?

Nun wandte er sich an meine Schwester: »Wie sieht es mit dir aus? Könntest du dir vorstellen, die Kleine für eine Weile zu behalten?«

»Natürlich kann sie bei mir bleiben, wenn sie möchte. Wir hatten viel Spaß zusammen, nicht wahr?« Sie zwinkerte mir zu.

Die Blicke meiner Eltern trafen sich.

»Bis wann gehen die Schulferien in diesem Jahr?«, fragte Hélène.

»Deine Mutter und ich hatten uns eigentlich gedacht, dass deine Schwester länger hierbleiben könnte, vielleicht ein halbes Jahr. Aber nur, wenn ihr beide das wollt«, antwortete mein Vater.

Die bloße Vorstellung, noch länger bei Hélène bleiben zu können, ließ mich vor Freude in die Luft springen. Hélène lachte mich an und nickte.

»Aber was ist mit der Schule?«, fragte ich, als mir langsam klar wurde, was der Entschluss bedeutete.

»Das erledige ich alles zu Hause. Du sollst hier in die Schule gehen. Wir können uns gleich erkundigen«, antwortete mein Vater entschieden, aber es klang auch erleichtert.

Es ging alles so schnell, dass ich es gar nicht richtig begreifen konnte. Ich spürte, dass ich glücklich war, aber da war auch ein komisches Gefühl, das ich nicht loswurde. Mein Vater entlud das Auto, wo auf dem Boden neben Einkaufsnetzen voller Vorräte bereits eine Tasche mit meiner restlichen Wäsche von zu Hause lag. War alles längst beschlossen gewesen? Ich empfand diese Vorstellung als unangenehm und versuchte, sie schnell zu unterdrücken.

Eine monatliche finanzielle Unterstützung für meine Schwester wurde vereinbart, einmal im Monat sollte sich Hélène bei meinen Eltern telefonisch melden und berichten. Mein Vater versprach, uns gelegentlich zu schreiben.

Noch am gleichen Tag meldete mich meine Schwester in der Hauptschule an. Da ich kein Wort Deutsch konnte, kam nur diese Schule in Frage. Bereits am Tag darauf fuhren meine Eltern wieder nach Hause.

Hélène stand an meiner Seite, als ich ihnen nachwinkte. Als das Auto aus meinem Blickfeld verschwand, fing ich plötzlich an zu weinen. Ich war mir nicht sicher, ob ich meinen Vater jemals lebend wiedersehen würde; mehr noch machte mir aber der hartnäckige Verdacht zu schaffen, dass meine Eltern mich von vornherein hatten loshaben wollen. Ich war kein Wunschkind, das hatte ich immer gewusst, doch dieses Mal wurde ich ganz und gar mutlos. Ich kämpfte nicht einmal gegen diesen Gedanken an, wie ich es bis dahin immer getan hatte.

Ich wollte die letzten sonnigen Stunden der Sommerferien im Schwimmbad verbringen. Auf dem Weg dorthin kam mir eine dunkle Katze entgegen. Als ich vorbeigehen wollte, machte sie plötzlich einen Buckel und fauchte mich wild an. Sie hatte offensichtlich etwas gegen mich. Ich erkannte noch, dass sie trächtig war, bevor ich schnell die Straßenseite wechselte und verängstigt wegrannte. Um ihr nicht erneut zu begegnen, nahm ich am Abend einen anderen Weg nach Hause.

Am nächsten Tag ging ich wieder die alte Strecke zum Freibad und erblickte an gleicher Stelle auf dem Gehsteig ein totes Tier. Ich näherte mich vorsichtig und betrachtete den Kadaver: Es war die aggressive Katze vom Vortag. Bedrückt setzte ich meinen Weg fort und ging schwimmen. Ich hätte den Vorfall sicherlich ganz vergessen, hätte mir nicht einige Jahre später Mè Loan von einem überaus seltsamen Erlebnis erzählt.

Einige Wochen, nachdem meine Eltern mich bei Hélène abgesetzt hatten, schickten die Ärzte meinen Vater endgültig nach Hause, Begründung: Man könne von medizinischer Seite nichts mehr für ihn tun. In ihrer Verzweiflung schrieb Mè Loan mehrere Briefe an den Schamanen, der ihr viele Jahre zuvor bei der Ausreise aus Vietnam geholfen hatte. Erneut bat sie Herrn Phan um Hilfe. Sie hoffte, dass wenigstens ein Brief ankommen würde, schließlich war der Vietnamkrieg vorbei, offiziell herrschte Frieden.

Nur acht Tage später erhielt sie Antwort. Herr Phan war zu einem hochgestellten tibetanischen Priestermeister gegangen und hatte ihre Bitte weitergereicht. Seine Botschaft lautete: »Wir haben für die Genesung Ihres Mannes alles, was in unserer Macht steht, in Gang gesetzt. Wenn sich ein Tier, egal welcher Art, innerhalb von acht Tagen zu Ihrem Haus schleicht und dort eines natürlichen Todes stirbt, so wird Ihr Mann leben. Nehmen Sie dann das Geschöpf, und verbrennen Sie es vollständig. Sollte in diesem Zeitraum kein Tier erscheinen und sterben, wird Ihr Mann nicht überleben.«

Mè Loan hatte sich alles genau eingeprägt. Die Uhr tickte. Man kann sich vorstellen, was meine Mutter durchmachte, während mein Vater vor sich hin dämmernd auf den Tod wartete.

Sechs Tage nach Empfang des Briefs hörte Mè Loan ein eigenartiges Geschrei, das von draußen kam. Sie eilte hinaus und entdeckte vor ihrem Schlafzimmerfenster eine Katze, die offensichtlich kurz vor der Niederkunft stand. Kaum hatte die Katze meine Mutter bemerkt, machte sie einen Buckel und fauchte sie an, bevor sie plötzlich umfiel und vor Mè Loans Augen starb. Ungläubig über ihr Glück, doch sehr erleichtert, folgte meine Mutter den Anweisungen des Priesters. Mein Vater wurde gesund und lebte weiter.

Als Mè Loan mir das erzählte, fühlte ich mich geehrt, ein Zeichen aus geheimnisvoller Ferne erhalten zu haben, auch wenn ich es damals nicht hatte zuordnen können. Doch das war nicht das einzige Seltsame, was ich nach meiner Ankunft in Deutschland erlebte. Ich sonnte mich einmal auf der Wiese des Freibads, als ein Junge sich neben mich setzte. Er lächelte mich an und suchte offenbar das Gespräch. Er hatte ein freundliches Gesicht, dunkle Augen und lockiges, braunes Haar. Eigentlich war ich froh, Gesellschaft zu haben. Offenbar machte es ihm nichts aus, dass wir uns nur mit Handzeichen unterhalten konnten. Also verständigten wir uns eben auf diese Weise.

Er hieß Horst, und er wollte mit mir schwimmen. Später am Nachmittag, als es für mich Zeit wurde, heimzugehen, bestand er darauf, mich zu begleiten. Mir blieb nichts anderes übrig, als ihn mit zu Hélène zu nehmen.

Meine Schwester empfing uns erstaunt mit den Worten: »Kaum hier, und schon bringst du mir einen hübschen Jungen heim ...«

Horst stellte sich vor, dann stand er steif vor Hélène und redete wie ein Wasserfall, während sie nickte.

Als sie anfing zu übersetzen, wurde er rot wie ein Krebs.

»Er verbringt wie jedes Jahr seine Ferien hier und wohnt bei einer Tante, die am Ortsausgang ihr Haus hat. Der Junge hat sich offenbar bis über beide Ohren in dich verliebt, und jetzt fleht er mich an, dich mit ihm zu seiner Tante gehen zu lassen. Die Frau spricht Französisch.«

Ich fühlte mich geschmeichelt. »Und?«, fragte ich gespannt. »Darf ich gehen?«

Meine Schwester zögerte und löcherte Horst, der dreizehn Jahre alt war, mit Fragen. Bevor sie mich schließlich gehen ließ, schrieb sie sich noch seinen Namen und den seiner Tante sowie Adresse und Telefonnummer auf.

Horst hüpfte vor Freude in die Luft, bedankte sich immer wieder bei Hélène und versprach hoch und heilig, mich spätestens in drei Stunden zurückzubringen. Ich war mindestens so glücklich wie der Junge.

Diesmal kam mir der Weg durch den Ort ewig lang vor. Als wir den großen Sportplatz hinter uns gelassen hatten und nur noch vereinzelte Häuser zu sehen waren, bekam ich kurz Zweifel und überlegte, ob ich nicht doch lieber umkehren sollte. Horst sah mir das wohl an und sprach beruhigend auf mich ein. Er gab mir zu verstehen, dass wir einen steilen Fußweg hochgehen mussten, da seine Tante oben auf dem Hügel wohnte. Ich fasste wieder Vertrauen und folgte ihm.

Außer Atem erreichten wir das Ende des Wegs, der auf eine geteerte Straße am Waldrand stieß. Ich konnte kaum glauben, was ich jetzt sah: das Haus, das mich schon vom ersten Moment an verzaubert hatte. Es gehörte Horsts Tante. Wir standen vor dem »Heimatblick«.

Tharsilla war eine energische Frau, deren strenge Gesichtszüge ihre Güte nicht gleich verrieten, und eine Dame von Welt. Horst war nicht wirklich mit ihr verwandt, er war der Sohn von Tharsillas bester Freundin. Nachdem er mich vorgestellt hatte, unterhielt sich die Frau in perfektem Französisch mit mir. Sie schien sich sehr darüber zu freuen, diese Sprache wieder einmal benutzen zu können.

Wir tranken etwas, und ich erfuhr, dass sie ihre Sprachkenntnisse verfeinert hatte, als sie in einer Botschaft gearbeitet hatte. Gleich darauf bot mir Tharsilla an, sie mit dem Vornamen anzusprechen.

Bevor ich von mir erzählte, wozu Tharsilla mich aufforderte, erkundigte ich mich, warum das Haus den Namen »Heimatblick« trug. Das ließ mir einfach keine Ruhe.

»Hier, vom Hügel aus«, erklärte sie, »schaut man auf die Heimat. Aus Liebe zum eigenen Land wurde dem Haus dieser Name gegeben.«

Dann nahm sie meine Hand und führte mich zum Treppenaufgang. Die Wände schmückten eindrucksvolle Ölgemälde der Vorfahren ihres Mannes. Zurück im Wohnzimmer beantwortete ich ihre Fragen, ich freute mich, endlich wieder Französisch sprechen zu können.

Während ich erzählte, merkte ich, wie ihre Augen immer größer wurden. Tharsilla konnte kaum fassen, dass ich in meinem Alter im Ausland lebte, ohne die Sprache zu können, nur mit einer gerade mal selbst erwachsenen Schwester zusammen. Als sie noch mehr über meine Eltern und unsere Lebensverhältnisse in Frankreich erfahren wollte, wurde ich vorsichtig. Ich wollte nichts Falsches sagen und mich und meine Familie dadurch in Schwierigkeiten bringen. Vielleicht würde mich sonst irgendein Amt hier in Deutschland abholen und einsperren.

Horst zeigte mir anschließend sein Zimmer und den großen Garten. Die rücksichtsvolle, fast schüchterne Art des Jungen, mit mir umzugehen, gefiel mir. Roland kam mir kurz wieder in den Sinn. Ob er mich so vermisste wie ich ihn manchmal?

Beim Abschied übersetzte mir Tharsilla Horsts Bitte, mich am nächsten Morgen im Schwimmbad zu treffen. Unter der Voraussetzung, dass meine Schwester es mir erlauben würde, sagte ich zu, und wir verabredeten uns. Verschwitzt, aber pünktlich, kamen wir im Supermarkt an und holten uns gleich Hélènes Einverständnis für den nächsten Tag.

Da die Sommerferien zu Ende gingen, musste der Junge bald wieder nach Hause zurück. Im »Heimatblick« nahmen wir traurig Abschied voneinander, und Tharsilla lud mich ein, sie und ihren Mann jederzeit zu besuchen. Ich hätte ihre Einladung gern angenommen, traute mich aber nicht, alleine hinzugehen.

Mit der Schule begann für mich eine unangenehme Zeit. Da ich wie in Frankreich auch in Deutschland gern zur Schule ging, hatte ich mir etwas ganz anderes vorgestellt. Vom ersten Tag an wurde ich im Klassenzimmer ganz nach hinten in die Ecke gesetzt. Als sich herausstellte, dass ich überhaupt nichts verstand – außer »ja«, »nein« und »Schwester« konnte ich nur »Scheiße« und »Liebling« sagen, Wörter, die mir Kinder auf dem Spielplatz beigebracht hatten –, wurde ich sowohl von meinem Lehrer als auch von den Mitschülern im Unterricht einfach ignoriert.

Nicht jedoch in den Pausen, in denen ich stets alleine war. Auf dem Schulhof zeigten die Kinder ständig mit dem Finger auf mich wie auf ein Tier im Zoo. Sie umkreisten mich immer wieder mit den Worten: »Das ist sie, die Ausländerin! Du Französin!«, bevor sie laut lachend davonliefen.

Die ersten Wochen erschienen mir wie eine Ewigkeit. Jeden Tag kam ich völlig niedergeschlagen nach Hause. Hélène tröstete mich, indem sie abends versuchte, mir weitere Wörter beizubringen und meine Aussprache zu verbessern. »Deutsche Wörter«, sagte sie, »müssen sich wie Hammerschläge anhören!« Inzwischen konnte ich das Lied »Der Kuckuck und der Esel« einigermaßen mitsingen, aber was nutzte mir das? Was sollte ich mit einem Kuckuck und einem Esel anfangen, wenn sich keine einzige Freundschaft ergab? Langsam verwandelte sich meine anfängliche Abneigung gegen die anderen Schüler geradezu in Hass. Oft dachte ich: In Frankreich würde ich euch mit meinen Leistungen alle fertigmachen!

Bevor ich mich jedoch gänzlich verrannte, kam unerwartete Rettung. Eines Tages stand Tharsilla im Supermarkt vor mir und meiner Schwester. Sie begrüßte mich herzlich und meinte: »Ich habe auf deinen Besuch gewartet und würde mich immer noch sehr freuen, wenn du kämst!«

Dann stellte sie sich Hélène mit den Worten vor: »Mein Mann und ich sind nicht nur hier einigermaßen bekannt. Über Beziehungen haben wir uns inzwischen ein wenig über euch erkundigt.«

Das war untertrieben, Tharsilla schien bestens über uns informiert zu sein. Sie erwähnte alle meine Brüder und unseren strengen, kranken Vater. Mè Loans Tüchtigkeit und Tapferkeit waren ihr ebenso wenig entgangen wie meine Schulleistungen. Hélène und ich standen wie angewurzelt da.

In einem Ton, der keinen Widerspruch zuließ, jedoch mit wohlwollendem Blick fuhr die Frau fort: »Ihr beide braucht Unterstützung, und dafür kann ich sorgen. Lasst mich euch helfen!« Wir nickten nur. Wir konnten nicht wissen, dass sich damit unser Leben für immer verändert hatte.

Als Erstes meldete mich Tharsilla von meiner Schule ab und suchte den Rektor der nächstliegenden Realschule auf. In einem persönlichen Gespräch mit ihm stellte sie mich als ihr Pflegekind vor, das sie unter ihre Fittiche genommen habe.

»Hier wird man dich richtig fördern«, sagte sie auf dem Heimweg zu mir. »Ich möchte dich aber bitten, mit Hélène ab jetzt kein Französisch mehr zu sprechen. In einem halben Jahr wirst du dich mit mir auf Deutsch unterhalten können. Ich weiß, dass du das schaffst!«

Von da an besuchte ich eine Klasse, die auf dem gleichen Stand war wie meine alte in Frankreich, als Fremdsprache kam Englisch hinzu. Auf einmal war es ganz einfach, Teil der Klassengemeinschaft zu werden, und bald entstanden erste Freundschaften. Tharsilla veranlasste zudem, dass ich an eine deutsche Familie Anschluss fand, die zwei Kinder in meinem Alter hatte. Zwei Mal pro Woche ging ich direkt nach dem Unterricht zu ihnen. In diesem Haus wurde ich in die deutschen Sitten und die christlichen Gepflogenheiten eingeführt. Vor jeder Mahlzeit wurde ein Dankgebet gesprochen, was mich in der Anfangszeit stets in Verlegenheit brachte, da ich meine

Gebete immer selbst erfunden und lieber für mich behalten hatte. Nachmittags wurden meine Hausaufgaben streng kontrolliert und verbessert, eine Mühe, die sich in der Schule bezahlt machte.

In der Zwischenzeit rätselten Vaters Ärzte noch immer über seine unerwartete Genesung. Sie hatten ihn ein halbes Jahr später erneut untersucht und überraschenderweise keine Spuren der Krankheit mehr nachweisen können. Für sie handelte es sich um einen typischen Fall von Selbstheilung. Vater sprach von einem Wunder, Mè Loan von dem eindeutigen Beweis himmlischer Kraft.

Bald darauf nutzte mein Vater diese gute Entwicklung, um Hélène am Telefon zu verkünden, dass sich Jean-Pierre für seinen jüngeren Bruder erfolgreich um eine Arbeitsstelle in Furtwangen bemüht habe. »Wir müssen über Daniels Zukunft reden«, kündigte er an.

So standen sie alle an einem Wochenende plötzlich vor unserer Tür. Von Mè Loan hatte ich mir gewünscht, dass sie mir ein Kissen brachte, das ihren Duft an sich trug, damit ich besser einschlafen konnte. Daniel stand stumm und wie versteinert da, in der Hand eine Tasche, vollgestopft mit seinen Sachen.

Während ich Tee zubereitete, erzählte Hélène von unserer Bekanntschaft mit Tharsilla und von den Wohltaten, die wir ihr zu verdanken hatten. Mein Vater unterbrach sie: »Daniel wird hier arbeiten. Jean-Pierre kann ihn leider nicht aufnehmen, weil er mit seiner Freundin zusammenwohnt. Deswegen muss der Junge bei dir untergebracht werden. Nur als Übergangslösung, versteht sich, bis er auf eigenen Füßen steht.«

In diesem Augenblick klopfte jemand an der Tür. Es war Tharsilla, sie erkundigte sich mehrmals in der Woche nach uns. Wir stellten ihr unsere Familie vor. Mè Loan zeigte sich voller Respekt und Dankbarkeit gegenüber der Frau, während mein Vater gleich die schwierige Lage auf dem französischen Arbeitsmarkt erwähnte, weswegen Daniel unbedingt sein Glück in Deutschland versuchen solle.

Tharsilla war etwas irritiert, von uns nicht früher von dem Plan erfahren zu haben, auch musste es ihr so vorkommen, als sei alles bereits von langer Hand geplant. Dennoch sicherte sie uns ihre Unterstützung zu, bevor sie ging.

Hélène blieb nichts anderes übrig, als unseren Bruder auch noch aufzunehmen. Meine Eltern fuhren zurück nach Frankreich und ließen uns nun zu dritt unter der Dachmansarde leben.

Daniel trat eine Stelle als Malergehilfe an. Nachts schlief er auf dem Boden, und tagsüber vermieden wir es einfach, uns in der Wohnung aufzuhalten. Nur so konnten wir diesen Zustand ertragen. Als Tharsilla herausfand, wie wir hausten, handelte sie sofort. Auf ihre Initiative hin stellte uns das Sozialamt im Eilverfahren eine Dreizimmerwohnung zur Verfügung, die unsere Gönnerin innerhalb einer Woche mit Möbeln von großzügigen Freunden und Bekannten komplett einrichtete.

Um meine Integration zusätzlich zu fördern, besuchte ich auf Tharsillas Rat hin regelmäßig die Gottesdienste der katholischen Kirche. So würde ich mich außerdem gut auf die Erstkommunion vorbereiten können.

Ich freute mich darauf, in absehbarer Zeit endlich den Gottessegen zu empfangen, allerdings war mir nicht klar, was das aufwendige Spektakel hinter den dicken Kirchenmauern wirklich bedeutete. Das ständige Aufstehen, Hinknien, Sitzen, Aufsagen und Schweigen fand ich ziemlich lästig. Die haben hier vielleicht eine komische Art, mit Gott zu sprechen, dachte ich. Mir war Mamas Art viel lieber. Nur die Gesangseinlagen gefielen mir, insbesondere die laut gesungenen Hosiannas.

Am meisten freute ich mich über die nach nichts schmeckende Oblate, die der Pfarrer verteilte, für mich eine Belohnung meiner Anwesenheit, die zudem das baldige Ende der Messe ankündigte. Als ich bei den Stunden zur Kommunionsvorbereitung von der symbolischen Bedeutung der Hostie erfuhr, war ich tief beschämt. Natürlich verschwieg ich, dass ich schon seit Monaten unwürdigerweise an der Kommunion teilgenommen hatte ...

Bis ins letzte Detail organisierte Tharsilla alles Notwendige für den Weißen Sonntag, von meiner Ausstattung bis hin zu den Fotoaufnahmen im Studio und dem Festmenü, wobei sie darauf bestand, alle Kosten zu übernehmen. Anschließend überredete sie meine Eltern, zu diesem festlichen Anlass anzureisen. Hélène war das zuvor nicht gelungen, was mich sehr enttäuscht hatte. Der Gedanke, dass ich es meinen Eltern einfach nicht wert war, tat mir außerordentlich weh. »Zeige mir bitte, dass sie mich lieben!«, wandte ich mich an Gott und wischte meine Tränen ab. »Mach, dass sie kommen!«

Mein Gebet wurde erhört. Am Tag meiner Kommunion, im Beisein fast der ganzen Familie, war ich das glücklichste Kind auf der Welt.

Nach einem üppigen Mittagessen lud uns Tharsilla alle zu sich nach Hause zum Kaffee ein. Als wir dort einen Augenblick allein waren, schenkte sie mir das erste echte Schmuckstück meines Lebens, eine Goldkette mit einem goldenen Kreuz, das mit gefassten feuerroten Rubinen besetzt war. Sie legte sie mir gleich um. Stolz zeigte ich den Schmuck allen Anwesenden, natürlich auch meinem Vater, der etwas abseits auf einem Sofa saß. Leise, damit niemand ihn hören konnte, flüsterte er bissig: »Schön. Aber nicht, dass sie noch von dir verlangt, du sollst sie ›Mama‹ nennen!« Ich schwieg und ging zurück zu den anderen. Die Antwort, die mir auf der Zunge lag, hätte ihn bestimmt geschmerzt.

Für mich war Tharsilla nicht nur eine Frau der Wohltaten. Ohne aufzuhören, Mè Loan weiterhin liebzuhaben, hatte ich sie als meine deutsche Ersatzmutter in der neuen Heimat lieben gelernt. Auch weil ich genau spürte, dass ihre Fürsorge bedingungslos und frei von jedem Hintergedanken war. Es machte mich traurig, dass sich Vater nicht mit mir freuen konnte, doch einmal im Leben wollte ich mich bewusst von den vielen guten Wünschen und der Aufmerksamkeit so vieler Menschen zu meiner Kommunion überwältigen lassen. Dieser Tag sollte sich in mein Gedächtnis einbrennen. Schließlich hatte ich Gottes Segen bekommen, und diese Freude durfte nichts und niemand trüben.

Dass Hélène mit dem wenigen Geld, das ihr zur Verfügung stand, auskam, war eine wahre Meisterleistung. Bei seinem letzten Besuch hatte mein Vater darauf bestanden, meine Unterhaltskosten für ein Quartal mit einem schäbigen, abgenutzten Wollteppich – vermutlich eine Trophäe von der Mülldeponie – zu begleichen. Trotz verzweifelter Proteste musste Hélène darauf eingehen. Das hatte zur Folge, dass sie mehrere Wochen lang immer wieder dasselbe billige Essen auf den Tisch bringen musste, und ich bekam zum ersten Mal das Gefühl, ihr doch zur Last zu fallen.

Obwohl meine Schwester von Anfang an versucht hatte, Daniels Aufenthalt angenehm zu gestalten, fühlte sich mein Bruder nach einigen Monaten in Deutschland nicht mehr wohl. Er ging ein vor Heimweh, er vermisste einfach seine Freunde. Tharsilla, die gemerkt hatte, dass sich meine Geschwister nicht trauten, bot an, meinen Vater zu verständigen.

»Ach was«, lautete Vaters Reaktion am Telefon. »Der Junge soll sich nur nicht anstellen und durchhalten!«

Erst als Tharsilla seine Argumente energisch widerlegte und einen härteren Ton anschlug, akzeptierte er schließlich Daniels Rückkehr nach Frankreich.

So stand Vater erneut vor unserer Tür, dieses Mal allein und ausgesprochen schlecht gelaunt. Daniel begrüßte er mit den Worten: »So ist das also, deine Freunde fehlen dir. Wegen diesen kleinen französischen Scheißern schmeißt du deine Zukunft hin? Wie du willst! Morgen früh ist Abfahrt!«

Hélène und mir drückte er harte Küsse auf die Wangen. Die ganze Zeit mussten wir seine angewiderte Miene, die mehr sagte als alle Worte, ertragen, bis er sich endlich für ein paar Stunden hinlegte.

Zum Abschied von Daniel, aber auch um Vater ihre guten Kochkünste zu demonstrieren, hatte meine Schwester tiefer in die Tasche gegriffen und bereitete uns nun zum Abendessen panierte Schnitzel zu. Während wir Geschwister uns über das ungewohnte Essen freuten, warf mein Vater plötzlich das Besteck auf den Teller.

»Was ist das hier für ein Essen? Das Fleisch ist hart wie eine Schuhsohle! Warum kriege ich kein Filet wie bei deiner Mutter?«, empörte er sich.

Hélène fing an zu weinen.

Kopfschüttelnd aß er schließlich seinen Teller leer. Gegen vier Uhr morgens rüttelte er uns dann alle wach: »Steht auf, ich will jetzt fahren!«

Als er bei Nacht und Nebel mit Daniel unsere Wohnung verließ, atmeten Hélène und ich auf.

Die schlimmste Nacht

Meine Schwester war zur Chefkassiererin befördert worden. Aus diesem Anlass schenkte sie mir einen großen Teddybär, um ihre Freude mit jemandem zu teilen. Seit neuestem besuchte sie auf Tharsillas Empfehlung hin Abendkurse zur Weiterbildung als Sekretärin und Fremdsprachenkorrespondentin, anstatt abends in der verrauchten Pizzeria zu arbeiten.

»Sprachkenntnisse sollte man nutzen und nicht verschenken«, hatte unsere Gönnerin mehrmals wiederholt. Ohne aufzuhören, uns mit Rat und guten Taten beizustehen, vergrößerte sie inzwischen bewusst die Abstände zwischen ihren Besuchen, um auf die Privatsphäre meiner Schwester Rücksicht zu nehmen. Hélène hatte nämlich inzwischen einen Verehrer, ein Informatikstudent namens Gerd. Nachdem Tharsillas Meinung zu ihm äußerst positiv ausgefallen war, ließ sich meine Schwester endgültig auf die Beziehung ein. Es dauerte allerdings eine Weile, bis ich ihre neue Flamme zu Gesicht bekam, denn zu meinem »Schutz« vermied sie konsequent, männliche Freunde zu uns einzuladen. Deshalb musste auch Gerd sie jedes Mal ein paar Häuser weiter an der Kreuzung abholen und später dort wieder absetzen.

Als Hélène eines Tages den Entschluss fasste, ihrem Freund meine Existenz, für die sie sich etwas genierte, wie sie es vorsichtig formulierte, zu offenbaren, wusste ich, dass es ihr ernst war. Gerd eroberte ihr Herz noch mehr, als er völlig gelassen reagierte, als er von mir erfuhr, und uns beide gleich zu einem gemeinsamen Einkaufsbummel nach Freiburg einlud.

Die nette, höfliche Art des jungen Mannes gefiel mir. Für meine Schwester konnte ich mir keinen besseren Partner vorstellen, und das sagte ich ihr auch. Ab da ließ sie ihn gelegentlich bei uns übernachten. Doch weil die beiden sich in seiner Studentenbude wohler fühlten und die Nächte miteinander verbringen wollten, nahmen sie mich immer öfter in seine Wohnung mit. Irgendwann wurde es zur Routine, dass ich dort in einer winzigen

Abstellkammer, zwischen Kartons, Bügelbrett und Campingstühlen, auf einem alten aufgeklappten Liegestuhl übernachtete. Weil ich Hélène in meiner Nähe haben und ihrer Liebe nicht im Weg stehen wollte, nahm ich dieses unbequeme Nachtlager ohne zu klagen in Kauf. Mit der Zeit gewöhnte ich mich daran, von den absichtlich unterdrückten Liebeslauten von nebenan in den Schlaf gewiegt zu werden, und nicht einmal meine schmerzenden Glieder am Morgen machten mir anfangs etwas aus.

Ich besuchte Tharsilla weiterhin im »Heimatblick«. Manchmal trafen wir uns im Ort in einem ihrer Stammlokale, um eine Kleinigkeit zu essen. Sie wäre wohl ganz zufrieden über die Entwicklung der Dinge gewesen, hätte die Schulleitung sie nicht über das überraschende Stagnieren meiner Leistungen informiert. Da mein Verhalten sich im Wesentlichen nicht verändert hatte, rätselte man, was an dieser Entwicklung schuld war. Auf Tharsillas Veranlassung wurde ein Gehörspezialist in die Schule bestellt.

Seit Hélène ihre Zeit vor allem mit Gerd verbrachte, fühlte ich mich doch zunehmend allein. Manchmal nahm ich den beiden ihr Zusammensein sogar übel und wünschte dann, ich wäre niemals hiergeblieben. Unterdessen verwöhnte mich Tharsilla nach wie vor mit ihrer Aufmerksamkeit, mit Taschengeld und neuen Kleidungsstücken. Sie behandelte mich, als wäre ich ihre Tochter. Allerdings war das für mich auch zu einem Problem geworden, denn ich wusste immer weniger, wo mein Zuhause war. Bei Hélène, wo ich langsam das Gefühl hatte, im Weg zu stehen? Bei Tharsilla, wo ich willkommen war? Oder gehörte ich zu meiner Mutter, wie es mir meine innere Stimme immer wieder sagte?

Besonders schwer fiel es mir, niemandem anvertrauen zu können, wie sehr ich Mè Loan vermisste. Tharsilla hätte ich wahrscheinlich verletzt, und Hélène hätte mich vielleicht heimgeschickt. Was war mir von meiner Mutter geblieben? Ein immer noch nach ihr duftendes Kissen, und einmal im Monat ihre Stimme, wenn wir sie von einer Telefonzelle aus anriefen. Sonst nichts. Ich hatte weder ein Bild, das ich ansehen konnte, noch einen Brief von daheim, nicht einmal ein Wort, um mich an ihrer Liebe festzuhalten. Es waren nur Erinnerungen da, die sich langsam verflüchtigten, und genau das war das Furchtbare. Dabei konnte mir jedoch niemand helfen, nicht einmal Tharsilla.

Damit mich die Erwachsenen in Ruhe ließen, ließ ich mir also schnell etwas einfallen und täuschte dem Spezialisten ein Hördefizit vor. Es war leicht. Nachdem ich eine Reihe verschiedener Töne über Kopfhörer zugespielt bekommen hatte, die ich jedes Mal mit Handzeichen meldete, wählte ich einen spitzen Ton aus, den ich absichtlich überhörte. Ein gefundenes Fressen für den Mann der Wissenschaft! Nachdem er seinen Bericht erstellt hatte, wurde ich im Klassenzimmer umgehend nach vorne gesetzt. So bekam ich meine Chance auf einen Neuanfang und Zeit, um mich wieder zu fangen. Von nun an nahm ich mir allerdings noch fester vor, im Unterricht gut aufzupassen.

Bald darauf holte mich Tharsilla ab: Bei ihr zu Hause warte eine große Überraschung auf mich. Ich konnte mir nicht vorstellen, was das sein konnte. Als wir das Wohnzimmer betraten, wollte ich nach einem Paket Ausschau halten, da entdeckte ich jemanden in einem Sessel, der mich lächelnd ansah. Horst war wieder da! Er verbrachte ein langes Wochenende hier und wollte mich für die nächsten Ferien zu sich nach Hause einladen. Seine Tante hätte schon alles organisiert, erzählte er. Wie gewohnt schaute er Tharsilla auffordernd an, damit sie übersetzte. Es machte mir eine diebische Freude, zu sehen, wie überrascht er war, dass ich ihm selbst auf Deutsch antworten konnte. Natürlich sagte ich zu.

Bald darauf verbrachten Horst und ich acht Tage bei ihm zu Hause. Seine Eltern kümmerten sich liebevoll um mich. Meistens gingen wir beide im Hallenbad schwimmen oder spazieren. Wie schön war diese Woche!

Am Ende der Ferien begleitete mich Horst zurück nach Furtwangen. Im Wohnzimmer von Tharsilla, als die Erwachsenen uns alleine ließen, kam er auf mich zu.

»Ich möchte dich etwas fragen ...«, sagte er leicht verlegen.

O nein, durchfuhr es mich, bitte sag nicht, dass du mit mir schlafen willst. Verunsichert rührte ich mich nicht vom Platz.

»Würdest du mir einen Kuss geben?«, fuhr er fort.

Erleichtert und amüsiert zugleich, dass mein Verehrer in diesen Sachen offensichtlich unerfahrener war als ich, näherte ich mich und erfüllte seinen Wunsch.

Bevor Horst überglücklich errötete, schaffte er es gerade noch, Danke zu sagen. Er ahnte nicht, dass ich diejenige war, die ihm von ganzem Herzen dankte für ein wundervolles Geschenk.

Ich wünschte, ich hätte den Brief nicht aufgemacht. Aber weil so selten Post von zu Hause kam, riss ich das kleine Kuvert voller Neugierde und Freude auf, ohne auf Hélènes Rückkehr von der Arbeit zu warten. Es war ein heißer Tag im August. Der Inhalt des Briefes war schlimm. Jicqui war während der großen Hitzewelle, die gerade in Frankreich herrschte, gestorben. Nach Vaters Worten war unser Hund stolze siebzehn Jahre alt geworden. Das mochte zwar tröstlich sein, doch ich war nur traurig, auch weil ich Jicqui seit meiner Ankunft in Deutschland nicht mehr gesehen und mich nicht einmal richtig von ihm verabschiedet hatte. Über Dianes Schicksal verlor mein Vater kein Wort.

Er schilderte, wie meine Mutter und Daniel – mein Vater war offenbar verreist gewesen, als es passierte – stundenlang bis in die Nacht gearbeitet hatten, um für den Hund eine Grube im Garten auszuheben. Die Nachbarn waren misstrauisch geworden, da sie nur die dumpfen Schläge des Pickels und das Klirren der Schaufel auf dem völlig vertrockneten Boden hören konnten. Die Aktion war schließlich glimpflich ausgegangen. Es folgten ein Gruß und seine Unterschrift, darunter Mè Loans einziger Satz auf Vietnamesisch: »Yeu nhieu lam« – ich liebe euch. Drei kleine, wohltuende Worte, die Mut machten, mich die Trauer aber nicht vergessen lassen konnten.

Eines Tages fragten mich Hélène und Gerd, ob ich für ein paar Tage alleine zu Hause bleiben könnte. Die beiden wollten ein romantisches Wochenende in Paris verbringen. Allerdings durfte niemand, nicht einmal Tharsilla, etwas von der Reise erfahren, weil Hélène für mich ja allein die Verantwortung trug.

Es war das erste Mal, dass meine Schwester ein ganzes Wochenende für sich beanspruchte, weshalb ich ihr die Tage sofort gönnte und mein Einverständnis gab. Damit zeigte sie ja auch, dass sie mir vertraute. Im Alltag, das wusste sie genau, kam ich längst zurecht. Außerdem gab es Nachbarn, im Falle eines Falles. Freitag früh fuhr das Pärchen glücklich los, während ich mich auf ein ruhiges Wochenende einrichtete.

Mich wunderte, wie schnell die Zeit verflog. Samstag früh, nach dem Frühstück, rührte ich die Backmischung für einen Schokoladenkuchen zusammen, um damit die Turteltäubchen bei ihrer Rückkehr am Sonntagnachmittag zu überraschen. Nachdem ich den Kuchen in den Backofen geschoben hatte, putzte ich die Küche wieder blitzblank. Als Nächstes wollte ich die gesamte Wohnung abstauben, zuvor gönnte ich mir eine Pause. Ich schaltete den Fernseher im Wohnzimmer an, doch kaum hatte ich es mir mit Gummibärchen auf dem Sofa gemütlich gemacht, klingelte es.

Wie Hélène es mir für einen solchen Fall erklärt hatte, ging ich auf Fußspitzen vorsichtig zum Fenster, um hinter der dichten Gardine diskret nachzusehen, wer da läutete. Sollte es der Postbote oder sonst ein Fremder sein, brauchte ich nicht aufzuschließen, hatten wir vereinbart. Außer Autodächern war nichts zu sehen.

Ich mache einfach nicht auf, dachte ich und wollte mich gerade wieder hinsetzen, als es direkt an unserer Wohnungstür klopfte. Mit pochendem Herzen und ohne einen Laut von mir zu geben, kroch ich leise durch den Flur, um nachzusehen, ob ich jemanden durch die Milchglasscheibe erkennen konnte. Ich sah nur die verschwommenen Konturen zweier Personen. Eine davon entpuppte sich bald als unsere Nachbarin, die nun rief: »Hélène, bitte aufstehen! Ihr habt lieben Besuch!« Dann wandte sich die Frau an den Besucher: »Ja, ja, fest klopfen! Es ist jemand zu Hause. Ich habe vorhin Geräusche gehört …«

Von ihren Worten beruhigt löste ich den Türriegel. Mir stockte der Atem. Mein Körper erstarrte, wie von eisiger Kälte erfasst: Vor mir stand mein Vater. Allein!

»Wie schön!«, rief die Frau noch, ihre Zeitung unterm Arm, als sie mich erblickte. »Dein Papa ist extra aus Frankreich gekommen, um euch zu sehen!« Dann verschwand sie mit einem breiten Lächeln in ihrer Wohnung.

Vermutlich stand mir die Fassungslosigkeit so ins Gesicht geschrieben, dass mein Vater schon vor dem Gruß fragte: »Ist deine Schwester nicht da?«

Wie meine Antwort jetzt auch gelautet hätte, der Ärger war vorprogrammiert, das wusste ich. »Sie ist vorhin mit ihrem Freund weggefahren«, log ich und ließ ihn eintreten.

»Und wann kommt sie wieder?«, fuhr er fort.

»Die zwei sind nur bis morgen unterwegs«, antwortete ich so beiläufig wie möglich, als könnte diese Aussage den Schaden begrenzen.

»Sie lässt dich alleine hier? Das nennt sie, sich um dich kümmern?« Er schien verärgert. »Deine Mutter hat sich Sorgen um euch gemacht. Wie ich sehe, zu Recht. Dem Mädchen werde ich wohl ein paar Takte erzählen müssen! Lass die Tür offen, ich lade nur schnell meine Sachen aus.«

Um mein Zittern loszuwerden, setzte ich eilig Wasser für einen Tee auf und holte den duftenden Kuchen aus dem Backofen. Ich wollte nicht weiterdenken.

Mein Vater, fand ich, hatte eine neue, befremdliche Art, sich zu benehmen, die mich sehr überraschte. Wahrscheinlich ist es auf unsere lange Trennung zurückzuführen, dachte ich und versuchte, mich auf diese Weise zu beruhigen. Du nimmst ihn nur anders wahr. Schließlich lag sein letzter Besuch schon fünf Monate zurück.

Doch je mehr der Tag voranschritt, umso unerklärlicher wurde mir sein Verhalten. Seine zunächst harmlose Willkür verwandelte sich in eine seltsame Besessenheit, die mir regelrecht Angst machte. Als er etwas Herzhaftes zu essen verlangte, bot ich ihm wie üblich Weißbrot mit Wurst an, doch das war ihm offenbar nicht recht.

»In diesem Brot hier stecken zu viele Konservierungsstoffe. Pures Gift! Mein Arzt hat mir die Rote Liste gezeigt: Langsam werden wir alle von der Industrie umgebracht. Fast wäre ich ja schon deswegen verreckt! Du und deine Schwester solltet ab jetzt nur Schwarzbrot essen, klar? Die Deutschen sind doch bekannt für ihr Schwarzbrot.«

Ich nickte nur. Statt dem Brot wandte er sich dem Kuchen zu und verdrückte gleich zwei dicke Stücke davon. Ich verriet ihm nicht, dass es eine Backmischung war.

Als Nächstes bestand mein Vater darauf, meine Schulhefte zu begutachten. Ich musste ihm erklären, dass man das kleine »r« in Deutschland anders schrieb als in Frankreich. Er blätterte konzentriert weiter, als suche er nach etwas Bestimmtem. Dann verlangte er plötzlich Papier, Stifte und Reißnägel, um etwas zu zeichnen. Ich sah ihm irritiert dabei zu.

Anscheinend mit sich selbst zufrieden, stand er schließlich auf und heftete das Ergebnis an den Türrahmen des Wohnzimmers.

»Hier ist ein Atommodell dargestellt«, sagte er und legte mit zahlreichen Erläuterungen über die Zusammensetzung und den Aufbau des Atoms los, der mit einem Planetensystem vergleichbar sei.

»Aber das müssen wir doch gar nicht lernen ...«, wunderte ich mich und goss damit bloß Öl ins Feuer.

»Gerade deswegen bringe ich es dir bei!«, schrie er mich an. »Das hier lernst du jetzt auswendig, sonst verdummst du mir noch! Damit wirst du einen Vorteil gegenüber den anderen Schülern haben, also hämmere es dir in dein Hirn.«

Er nahm auf dem Sofa Platz und ließ mich im Stehen seine schriftlichen Erläuterungen pausenlos wiederholen, bis ich sie endlich alle auswendig konnte. Leider war es damit nicht getan.

»Jetzt trägst du mir das Ganze auf Deutsch vor«, forderte er. Als ich versuchte, ihm zu erklären, dass mir die meisten Begriffe gar nicht geläufig waren, wurde er richtig wütend. »Du bist lange genug in Deutschland! Übersetze!« Erregt stand er auf und drehte sich im Kreis. Daraufhin hielt ich ihm einen Vortrag, der nur so vor wissenschaftlichen Begriffen strotzte – was offensichtlich seinen Erwartungen entsprach, denn er hörte mir nickend zu –, und dessen Worte ich, in meiner Not, zum größten Teil erfand. Mensch, Hélène, dachte ich, während meine Verzweiflung wuchs, warum bist du nur weggefahren? Komm zurück!

Am Nachmittag holte er ein kleines rotes Buch aus seinem Gepäck: »Der Marabout Yogaführer – Alle Aspekte einer Lebensart. Die ganze Praxis in zweihundertfünfzig Bildern«.

»Zu Hause übe ich täglich, um gesund zu bleiben«, gab er stolz an. »In diesem Führer befindet sich eine wichtige Übung, der sogenannte Suryanamaskar, der Sonnengruß, das ist eine Zusammenfassung der zwölf wichtigsten Übungen des Hatha-Yogas. Du solltest sie morgens dem Osten, mittags dem Süden und abends dem Sonnenuntergang zugewandt ausführen, wie es im Buch empfohlen wird.«

Ich verstand kein Wort.

»Du hast wirklich Glück«, fuhr er fort, »ich bringe sie dir heute bei!«

Ich musste die folgenden Stunden mit Verrenkungen jeder Art verbringen und eine Bewegungssequenz streng nach Vorschrift ausführen. Widerwillig prägte ich mir die vier Atmungsarten Puraka, Kumbhaka, Rechaka und wieder Kumbhaka ein, ständig unter Vaters prüfendem Blick.

»Du sollst positiv atmen! So steht es hier«, korrigierte er mich zum wiederholten Male. Ich spürte meinen bereits fast vergessenen Hass auf ihn zurückkehren, doch zu meinem Zorn, ihm bei diesem Unsinn gehorchen zu müssen, mischten sich die Angst und die Ungewissheit vor dem, was am Abend noch folgen mochte.

Irgendwann ließ er mich eine Pause machen. Ich kochte ihm, was er sich zu essen gewünscht hatte. Während wir aßen, erzählte er von den seltsamen Visionen, die angeblich seine wundersame Heilung begleitet hätten.

»Ich bin seitdem unantastbar. Jeder, der mir Böses will oder tut, wird von Gott bestraft.«

Fassungslos musste ich mir weiter anhören, dass er auserwählt sei, um höhere Aufgaben zu erledigen. Nun warte er darauf, dass sie ihm erteilt würden.

Kaum waren wir mit dem Essen fertig, bestand mein Vater darauf, mir die Karten zu legen, um zu erfahren, was mich in Zukunft erwartete. Eilig holte er einen mitgebrachten Satz Spielkarten und fing begeistert auf dem Wohnzimmerboden mit der Prozedur an.

»Später wirst du von einer vermögenden Person, die dich so gut wie adoptiert hat, Großes erben«, verkündete er geheimnisvoll.

Ich wusste genau, an wen er dachte, während er das »wahrsagte«. Ich zwang mich, diesem Wunschdenken keinen Glauben zu schenken, wobei ich weiterhin sorgfältig darauf achtete, ihm nicht zu widersprechen.

Gelassen schob er schließlich die Karten zur Seite und schwieg einige Minuten lang so nachdenklich, dass ich mir fast schon Sorgen machte. Ich ahnte, dass auf diese Ruhe etwas folgen würde, das aus den tiefsten Abgründen seines Kopfes kam.

Wie hasste ich es, recht zu haben! Auf einmal kam mein Vater auf griechische Mythologie zu sprechen und erwähnte eine Seherin namens Kassandra. Ich stellte mich dumm und verschwieg, dass ich früher einiges über sie gelesen hatte. Die schöne Kassandra, Priesterin der Schlangenmutter und Priesterin des Apollon, der ihr einst die Gabe der Weissagung geschenkt hatte und dessen Liebe sie verschmähte, wurde von diesem dazu verdammt, stets die Wahrheit zu prophezeien, ohne jemals Gehör zu finden.

Wie ich es vermutet hatte, wich Vaters Interpretation deutlich von dieser Version ab.

»Kassandra wurde damals von himmlischen Wesen begehrt«, fing er an. »Damit du das weißt: Solche überlegenen Wesen mischen sich gerne mit Menschen, besonders wenn sie begabt sind. Natürlich wird jede Hingabe belohnt. Hätte sich Kassandra zum Geschlechtsverkehr bereit erklärt, wäre sie die mächtigste Wahrsagerin der Welt geworden! Doch die Frau war zu blöd, um die Großzügigkeit des Angebots zu erkennen, und sie weigerte sich. Deshalb wurde sie zu Recht bestraft. Niemand glaubte ihr, obwohl sie die Wahrheit sagte.«

Ich konnte mir nicht vorstellen, dass besagte höhere, wohlwollende Wesen uns Menschen bestraften, weil unsere aus freiem Willen getroffenen Entscheidungen ihren

Erwartungen nicht entsprachen. Doch ich erkannte umgehend, worauf mein Vater hinauswollte. Ein eigenartiges Lächeln zeichnete sich bald auf seinem Gesicht ab, und Begierde beherrschte seinen Blick.

Seit meiner Ankunft hier in Deutschland vor einem Jahr hatte ich, frei von väterlichen Übergriffen, Glück auf Bewährung erfahren dürfen. Immerhin. Nun war die Auszeit vorbei.

»Zieh dich aus! Ich will dich nackt sehen«, hörte ich ihn sagen.

Gelähmt gehorchte ich und folgte ihm in Hélènes Schlafzimmer. Dort, nachdem jeder Zentimeter meines Körpers immer wieder erkundet, gestreichelt und anschließend gequält worden war, sorgte der Unmensch bis zum Morgengrauen dafür, dass sich diese Nacht als die schlimmste Nacht meines Lebens in mein Gedächtnis eingrub. Hätte uns Kassandra zugesehen, dachte ich, hätte sie ihre Entscheidung nie und nimmer bereut! Schließlich setzte er meinem Leiden ein Ende, indem er verkündete: »Wo befindet sich hier der Osten? Der Suryanamaskar ruft ...«

Zurück in der Hölle

Der Alltag hatte uns wieder fest im Griff. Hélènes Beziehung funktionierte blendend, ich war in der Schule gar nicht mal so schlecht, und Tharsilla verwöhnte mich ununterbrochen. Einmal nahm sie mich sogar zu ihrem Schneider nach Karlsruhe mit, um mir einen Herbstmantel aus königsblauem Kord schneidern zu lassen. Und trotzdem fühlte ich mich miserabel wie schon lange nicht mehr, weil mein Anlauf, über das Geschehene mit jemandem zu sprechen, jedes Mal jämmerlich scheiterte. Ich wusste, je länger ich wartete, umso schwieriger würde es für einen Außenstehenden sein, einen Zusammenhang zwischen meinem Hilferuf und Vaters Anwesenheit zu erkennen. Doch ich schaffte es einfach nicht, über das Entsetzliche zu sprechen.

Drei Monate waren seit Vaters Besuch vergangen, als ich mich endlich traute. Tharsilla hatte sich mit meinem Religionslehrer, der zu ihrer entfernten Verwandtschaft gehörte, in einem Lokal verabredet, und wie üblich nahm sie mich mit. Nach dem Essen ließ sie mir bunte Stifte und Papier von der Bedienung bringen, da sie wusste, wie gern ich malte.

Als sie mein fertiges Bild betrachtete, verlor sie allerdings kurz die Fassung.

»Was ist heute mit dir los?«, fragte sie entsetzt. »Warum malst du das? Wer soll das sein?«

Zu sehen war ein weißer Mann mit einem erbärmlichen Ausdruck, die Arme gekreuzt, in Sträflingskleidung und hinter Gittern.

Ich schwieg und zuckte nur mit den Schultern, unfähig, ihr die Identität der dargestellten Person zu verraten. Sie, meine Ersatzmutter, sollte den Namen für mich aussprechen und mich endlich erlösen.

Tharsilla zeigte das Bild meinem Lehrer, der nach langer Betrachtung meinte: »Isabelle ist eben ein sehr sensibles Mädchen, das weiß ich aus dem Unterricht. Arme

Menschen in Not tun ihr sehr leid. Bestimmt will sie das damit ausdrücken.«

Ihre forschenden Blicke richteten sich wieder auf mich. »Ist es so?«, fragte sie, unverändert besorgt.

Ich nickte, lächelnd, und nahm das Blatt zurück. Ich zerknüllte es sofort. »Es ist aber nicht gelungen«, fügte ich hinzu. Sichtlich erleichtert lächelte Tharsilla mich an, und die beiden setzten ihre Unterhaltung fort.

Ich hatte versagt, was mich fürchterlich deprimierte. Von jetzt an begann die mir entgegengebrachte Liebe und Zuneigung meiner Mitmenschen an Bedeutung zu verlieren, bis mir alles nur noch sinnlos erschien. Ich bestrafte mich selbst.

Sie verstehen dich sowieso nicht, sagte ich mir. Wahrscheinlich bist du ihnen egal. Diese Vorstellung machte mich auf eine hilflose Art wütend. Dann nistete sich das Gefühl in mir ein, ersticken zu müssen. Eines Morgens schließlich, auf dem Weg zur Schule, drehte ich plötzlich um. Du wirst sehen, dachte ich boshaft, sie werden dich nicht einmal vermissen!

Mit dem Ranzen auf dem Rücken lief ich fest entschlossen los, ohne genau zu wissen, wohin. Hauptsache, jeder Schritt brachte mich weg von diesen Menschen, die nichts anderes waren als passive Beobachter. Ich eilte an den Schaufenstern vorbei und merkte bald, dass mir die Seitenstraßen keinerlei Schutz boten. Um nicht aufzufallen oder gar Tharsilla über den Weg zu laufen, suchte ich Zuflucht in einer einsamen Waldkapelle, die mir früher beim Spielen oberhalb des Ortes aufgefallen war. Ihre Türen waren niemals verschlossen, das wusste ich. Es war der perfekte Ort, um dieser dummen Welt zu entfliehen.

Das kleine Gebäude, in dem ein schlichtes Kreuz an den Erlöser erinnerte, strahlte eine besondere Ruhe aus. Diese Ruhe tat mir gut. Und sie tat mir weh. Sie erinnerte mich daran, dass mir einst himmlische Helfer zur Seite gestanden hatten und dass ich auch einmal glücklich gewesen war. Nun stand ich alleine da mit meiner Wut und meinem Kummer. Auf einmal gab es so vieles, was ich Gott vorzuwerfen hatte.

»Du bist gemein! Was nutzt mir dein Segen, wenn du mich im Stich lässt?«, brüllte ich außer mir. »Meine Schutzengel, wo seid ihr? Habt ihr mich verlassen? Warum helft ihr mir nicht? Ich fühle mich verloren ohne euch und so allein!« Ich hörte meine Stimme verhallen. Wieder und wieder klagte ich und weinte, vollkommen verzweifelt.

Als die Glocken der großen Kirche unten im Tal zwölf Uhr schlugen, machte ich mich schließlich auf den Heimweg, etwas erleichtert.

Auch in den folgenden Tagen schwänzte ich den Unterricht. Ich ging frühmorgens pünktlich mit meinen Schulsachen aus der Wohnung, doch dann suchte ich direkt die Kapelle auf. Hier hatte ich inzwischen zur Ruhe gefunden.

Am vierten Tag verließ ich mein Versteck schon um elf Uhr, um noch ein bisschen durch den Ort zu gehen. Vor der Kirche tauchte eine Gruppe von Schulkindern auf, die mir entgegenkamen. Zu spät erkannte ich, dass sich unter ihnen auch einige aus meiner Klasse befanden. Offenbar waren die letzten Unterrichtsstunden ausgefallen.

Überrascht, mich zu treffen, hielten sie an und erkundigten sich, warum ich nicht in den Unterricht gekommen war.

»Ich war krank, komme aber bald wieder. Ich muss noch zum Arzt«, redete ich mich heraus.

Während ich mich entfernte, fiel mir auf, wie mir ein Klassenkamerad irritiert hinterherblickte und dabei meinen Ranzen anstarrte. Es ärgerte mich, dass alles nun vermutlich bald auffliegen würde, doch ich schwänzte trotzdem weiter.

Am nächsten Mittag, nach meinem Aufenthalt in der Kapelle, ging ich direkt nach Hause. Vor unserem Haus entdeckte ich Tharsillas Auto, das hieß, dass Hélène offenbar ebenfalls zu Hause und nicht bei der Arbeit war. Jetzt ist es so weit. Da musst du jetzt durch, sagte ich mir.

Unbemerkt schlich ich mich bis zur Haustür und blieb leise im Flur stehen. Ich spitzte die Ohren.

Tharsillas kräftige Stimme war nicht zu überhören. Doch so konzentriert ich auch lauschte, bekam ich nur Bruchstücke von der Unterhaltung mit.

»Die Psychologen ... in diesem Alter normal ... um eine kleine Störung und haben ausdrücklich gebeten, nicht zu schimpfen oder überhaupt ein Wort darüber zu verlieren«, erklärte Tharsilla. »Das ist sehr wichtig! Die Kleine hat es nicht leicht ... Auf keinen Fall dürfen wir die Lage verschlimmern. Du verhältst dich also wie üblich ... als sei nichts geschehen. Hast du verstanden?«

Ich hörte, wie meine Schwester sich die Nase putzte, bevor sie bejahte.

»Gut. Ich werde mich um den Rest kümmern, sei unbesorgt. Das wird schon ...«

Ermutigt durch diese letzten Worte machte ich mich durch laute Schritte bemerkbar und trat ein.

Während ich meinen Ranzen in der Diele abstellte, sah ich die beiden Frauen im Wohnzimmer von der Couch aufspringen. Tharsilla kam mich begrüßen, herzlich wie immer, während Hélène mit einem kurzen, fröhlichen »Hallo!« sofort ins Bad verschwand, um ihre geröteten Augen vor mir zu verbergen.

»Mein liebes Kind«, begann Tharsilla sanft, »in der Schule haben sie dich vermisst. Deswegen bin ich hier, um dich zu bitten, nicht mehr zu fehlen. Keine Angst, niemand ist dir böse! Du hast ein bisschen Erholung gebraucht und bekommen, fertig. Das versteht jeder.«

Verwundert und zugleich erleichtert, keine Schelte zu bekommen, nickte ich.

»Machst du mir die Freude?«, fuhr sie fort. »Gehst du am Montag wieder hin?«

Meine Schwester kam aus dem Bad, sie versuchte zu lächeln, was ihr nur verkrampft gelang.

»Ja, am Montag gehe ich hin«, antwortete ich. »Versprochen!«

Tharsilla umarmte mich und verabschiedete sich dann. »Sehr schön!«

Die darauffolgenden Wochen kamen mir so angenehm vor wie noch nie. Hélène hatte sich ein paar Tage Urlaub genommen und blieb zu Hause. Sie war besonders liebevoll um mich bemüht, half mir bei den Hausaufgaben und verwöhnte mich zwischendurch mit Leckereien. Alles, ohne jemals das Thema Schuleschwänzen anzusprechen. In der Schule selbst, das spürte ich, war ich willkommen. Meine Lehrer gingen sorgsam und freundlich mit mir um. Schulfreundinnen luden mich zu sich ein. Voller neuem Mut, dankbar für diese zweite Chance, kam endlich mein alter Ehrgeiz im Unterricht wieder zurück. Dafür hätte ich die ganze Welt umarmen können!

Eines Tages traf ich meine Schwester in Tränen aufgelöst an. Klar, sagte ich mir, sie hat einiges mit dir durchgemacht. Die Sorgen, vielleicht das Gefühl, versagt zu haben, der Ärger und alles, das war bestimmt nicht lustig für sie! Das muss sie immer noch verdauen.

Aber warum musste sie weinen, sobald sie mich ansah? Hatte sie vielleicht Liebeskummer? Mit Gerd schien doch alles in Ordnung zu sein. Oder hatte sie Probleme am Arbeitsplatz, die sie mir verschwieg? Ihr Verhalten war mir ein Rätsel.

Einige Tage später klingelte es bei uns. Ich machte die Tür auf, und schlagartig wich mir das Blut aus den Adern: Mein Vater stand vor mir. Noch bevor er etwas sagen konnte, eilte Hélène herbei und sprach den Satz, den sie die ganze Zeit nicht über die Lippen gebracht hatte: »Papa ist gekommen, um dich nach Frankreich zurückzubringen.«

Völlig erstarrt ließ ich ihn eintreten.

Mich abholen? Nach Frankreich? Aber wieso? Warum gerade jetzt, wunderte ich mich. Ich konnte es einfach nicht glauben, ich war fassungslos.

Hélène wich meinem Blick aus.

Keine Angst, redete ich mir zu, schließlich ist Tharsilla noch da. Sie wird dich nicht im Stich lassen! Sie wird dir sagen, dass es nicht stimmt! Und wenn doch, wird sie es niemals zulassen, dass du wegmusst.

Unmittelbar darauf, als hätte sie meine Gedanken gehört, tauchte Tharsilla tatsächlich bei uns auf. Gleich nach der Begrüßung hörte ich jedoch, wie sie sich bei meinem Vater für das prompte Erscheinen bedankte. Plötzlich drehte sich alles um mich. Ich spürte, wie mir schlecht wurde. Hier geschah etwas, wovon ich nichts geahnt hatte.

Die Wahrheit erfuhr ich, als Tharsilla mich für ein paar Stunden zu sich nach Hause nahm, damit ich mich von ihr und ihrem Mann verabschieden konnte.

»Warum holt mich Papa ab?«, wollte ich wissen.

»Liebes«, erklärte sie, »nach langer Überlegung kam ich zu dem Schluss, dass es für dich das Beste ist, wenn du zu deinen Eltern zurückgehst. Ein Kind braucht seine Eltern. Also habe ich deinem Vater einen Brief geschickt.«

Panisch versuchte ich, meine Gedanken zu ordnen. Noch hast du eine Chance: Erzähle ihr alles!, schrie etwas in mir. Nur dann kannst du die Heimfahrt verhindern!

Ich riss mich zusammen und sagte leise: »Ich will nicht so gern zurück. Papa ist böse.«

Sie blickte mich erstaunt an.

»Böse?«, fragte sie.

»Ja, er erhebt manchmal die Hand gegen uns Kinder und so ...«

Ich hoffte, dass sie mich fragen würde, was mit dem »und so« gemeint war, doch sie sagte nur: »Gut, dass ich das weiß. Keine Sorge! Wenn er dich nachher abholt, werde ich ein Wörtchen mit ihm reden. Es wird dir nichts passieren. Wir bleiben in Kontakt. Du sagst mir sonst in deinen Briefen Bescheid, in Ordnung?«

Ich nickte.

Ihr Mann Guido wünschte mir alles Gute für meine Zukunft und versicherte mir, dass wir uns nicht zum letzten Mal sehen würden. Als ich zu weinen anfing, zog er sich schnell zurück. Tharsilla versprach erneut, mir zu schreiben, Horst würde das ganz sicher auch tun.

Ich beruhigte mich, irgendwie hoffte ich immer noch, dass sich alles zum Guten wenden würde.

Als mein Vater erschien, stellte ihn Tharsilla tatsächlich zur Rede. »Stimmt es, dass Sie Ihre Kinder schlagen?«, fragte sie und blickte ihn herausfordernd an.

Ich wünschte mir, dass er das heftig leugnen würde, was ihn als Lügner entlarvt hätte und damit zu einer Diskussion über noch ganz andere Dinge, vielleicht sogar über das entscheidende Thema geführt hätte. Mein Herz schlug schneller. Ich hatte mich wieder getäuscht.

»Ja, das stimmt«, konterte er, »aber nur wenn sie es verdienen!«

Ich merkte, wie er versuchte, ruhig zu bleiben.

»Isabelle wird Ihnen auch gleich sagen, wohin ich schlage, wenn ich die Strafen austeile.«

Er wandte sich mir zu, eine Drohung in den Augen, die nur ich lesen konnte. Ich hatte keine Wahl, ich musste stumm mit der Hand auf meinen Hintern deuten. Nicht

Tharsilla, ich würde sonst für die Wahrheit bitter büßen müssen, sobald Vater und ich alleine waren.

»Na, sehen Sie? Auf den Popo. Ich bestrafe nur mit Schlägen auf den Popo! Ich würde es nie wagen, ein Kind ins Gesicht zu schlagen oder ihm sonst irgendetwas anzutun«, beteuerte er ziemlich erregt.

»Ich bin etwas müde von der Reise«, fuhr er fort und sah mich an. »Hast du dich schon verabschiedet?«

Ich nickte. Meine letzte Hoffnung war gestorben, meine Kraft am Ende. Ich war am Boden zerstört.

Tharsilla und ich umarmten uns fest. Auf Deutsch flüsterte sie mir zu: »Wir schreiben uns! Ich vergesse dich nicht!«

Zögernd gab ich ihr einen Kuss und sagte: »Danke für alles ...«

Mein Vater und ich stiegen ins Auto und fuhren los. Tharsilla winkte mir zu. In der Kurve sah ich noch einmal zum »Heimatblick« zurück. Guido stand an einem Fenster, auch er winkte mir zu. Dann verschwanden beide aus meinem Blickfeld.

Ich fühlte mich elend. Von Hélène und Tharsilla war es Verrat gewesen, ohne Verrat zu sein, ein unverzeihlicher Fehler, den ich dennoch verzeihen musste, weil ich allein an allem die Schuld trug. Ich hatte die Wahrheit verschwiegen. Dafür musste ich nun büßen, ich musste mich meinem Schicksal stellen.

Dennoch beschäftigte mich während der Fahrt zu Hélène ständig diese eine Frage, die mich immer weiter in die Tiefe riss: »Warum, Tharsilla, warum nur hast du diesen Brief geschrieben?«

Mein Vater kündigte unsere Abreise für den übernächsten Tag an, einmal durfte ich noch in die Schule gehen.

Am nächsten Tag, mitten im Deutschunterricht, klopfte es an der Tür. Der Rektor kam herein und sagte leise etwas zu meinem Lehrer.

»Ja«, hörte ich ihn sagen, »ich begleite sie.« Der Rektor verließ das Zimmer.

Herr Stein, mein Deutschlehrer, wandte sich plötzlich an mich: »Isabelle, kannst du bitte mitkommen? Packe deinen Ranzen und nimm ihn mit.«

Die Klasse wurde unruhig. Ahnungslos folgte ich ihm.

Im Flur erfuhr ich, was los war. »Dein Vater möchte dich jetzt abholen«, sagte Herr Stein.

»Aber das geht nicht! Ich wollte mich doch noch von meinen Freunden verabschieden!« Verzweifelt blickte ich ihn an.

»Ich weiß auch nicht, warum du so abrupt nach Frankreich zurückmusst, gerade jetzt, wo es in der Schule endlich aufwärts geht ... Ich verstehe das nicht«, wunderte sich mein Lehrer.

Kurz glaubte ich, dass der pummelige Mann mit der gütigen Ausstrahlung noch eingreifen würde. Vielleicht hilft er dir doch zu bleiben, dachte ich.

Neben dem Auto wartete mein Vater. Er kam uns nicht entgegen, er nickte nur finster zur Begrüßung.

»Ist dieser Mann dein Papa?«, fragte mich Herr Stein förmlich.

Ich bejahte und blieb verkrampft stehen.

»Ist alles in Ordnung?«, fuhr er fort, sichtlich besorgt. Er spürte wohl dasselbe wie ich: eine Bedrohung, Angst, körperliche Qual.

Ich nickte.

Plötzlich umarmte er mich. »Mein Gott, was machen sie mit dir, Kind?«, sagte er mit Tränen in den Augen. »Es tut mir leid, Isabelle, so leid ... Alles Gute, und viel Kraft!« Er wischte sich die Tränen ab und ließ mich gehen.

Wie ich sah, war das Auto schon mit allen meinen Sachen beladen, mit dem Fahrrad, das Jean-Pierre mir zur Kommunion geschenkt hatte, und mit dem Teddybär von Hélène. Mein schöner Mantel, den mir Tharsilla hatte schneidern lassen, war einfach darüber geworfen worden.

»Glotz nicht so! Deine Schwester hat für dich gepackt«, sagte mein Vater. »Du kannst ihr gleich Auf Wiedersehen sagen. Dann ist Abfahrt!«

Am 12. Dezember 1976 begann meine lange Reise zurück nach Frankreich, meine Reise zurück in die Hölle.

IM VORZIMMER DES TODES

Während der ganzen Fahrt wechselte mein Vater kaum ein Wort mit mir, die Atmosphäre im Auto war zum Zerreißen gespannt. Trotzdem begann ich mich langsam auch zu freuen, bald wieder daheim zu sein.

Ich war entsetzlich müde, als wir gegen Mitternacht zu Hause ankamen. In der Küche brannte noch Licht, offensichtlich hatte meine Mutter auf uns gewartet. Und schon öffnete sie die Tür.

»Mein Schatz! Wie schön, dass du hier bist«, sagte sie glückstrahlend und umarmte mich fest.

Mè Loan wärmte das Essen auf, das sie für uns vorbereitet hatte. Während wir aßen, blieb sie still am Tisch stehen, ein Lächeln auf ihrem Gesicht, und sah mir die ganze Zeit zu. Anschließend schickten mich meine Eltern zu Bett.

Ich schlief sofort ein, eingehüllt in das regelmäßige dumpfe Gerumpel der schweren Güterzüge. Im Morgengrauen verkroch ich mich im Halbschlaf tief unter die Decke, um der Kälte zu entkommen, als das ohrenbetäubende Hupsignal eines Schnellzugs meinen Schlaf unterbrach und mich im Bett hochfahren ließ. Stimmt! Du bist ja daheim …

Irgendwo kündigte ein Hahn hartnäckig den neuen Tag an. Der Wagen eines Nachbarn sprang nach mühsamen Versuchen endlich an, und der Verkehr auf der Kreisstraße wurde langsam lauter. Nach und nach fanden all diese Geräusche wieder ihren gewohnten Platz in meiner Wahrnehmung. Durch die breiten Lamellen einer olivgrünen Jalousie, die ich nicht kannte, drang das Tageslicht ein. Ich zog die Jalousie leise hoch und sah mich um, auf der Suche nach den Sachen, die ich bei meiner Abreise nach Deutschland zurückgelassen hatte.

Die Tapete aus grünem Schaumstoff war ebenfalls neu. Ein unbekannter dunkler Kleiderschrank, dessen blinder Spiegel in einer völlig verrosteten Einfassung befestigt war, stand in der Ecke. Als ich die Türen öffnete, strömte mir ein modriger Geruch entgegen. Im Schrank lag ein Satz Bettwäsche, sonst nichts. Von meinen Sachen keine Spur. Toto, meine Puppe, die Sammelmappe mit meinen mir liebsten Zeichnungen, meine Bücher, meine Schulhefte von früher, alles war weg, einfach weg.

Ich betrachtete mein Zimmer, das eine kalte Leere ausstrahlte. Es war nicht mehr mein Zimmer. Es war ein Raum geworden, der mit fremden Möbelstücken gefüllt war, vier Wände ohne Platz für Erinnerungen. Einen Moment lang kam es mir vor, als hätte ich hier niemals gelebt.

Bald darauf vernahm ich die ersten Geräusche im Haus. Mè Loan verließ das Schlafzimmer und zog die Tür vorsichtig hinter sich zu. In Pantoffeln ging sie leise in die Küche. Nebenan klingelte der Wecker. Daniel stand auf und machte sich im Bad fertig. Ich beschloss, auch aufzustehen.

Ich erwischte meinen Bruder gerade noch in der Küche, bevor er sich auf den Weg zur Arbeit machte. Er begrüßte mich, als sei ich überhaupt nicht weg gewesen. Sein Gruß, in dem jede Freude darüber, mich wiederzusehen, fehlte, machte mir deutlich, dass es offenbar nichts mehr gab zwischen uns, das der Rede wert war. Es war nicht mehr wie früher. Er ging und ließ mich stehen, enttäuscht.

Mè Loan fand ich, eine Zigarette rauchend, draußen bei ihrer frühen Garteninspektion. Sie war guter Laune, das freute mich. Stolz zeigte sie mir einige neue Pflanzen, bevor wir uns ins Restaurant begaben. Meine Eltern hatten auf der Ostseite eine neue große Küche angebaut, sodass der Raum für die Gäste jetzt deutlich größer war. Es gab einen zusätzlichen Herd, die restliche Ausstattung war noch die alte. Mir fiel auf, dass das Geschirr nach wie vor von Hand gespült werden musste. Im Stillen hörte ich meinen Vater sagen: »Wofür brauchen wir eine Spülmaschine, wenn genügend Hände da sind?«

Auf dem Weg zurück ins Haus zeigte mir Mè Loan Jicquis Grab. In Erinnerung an ihn hatte sie einen Hibiskus gepflanzt und einen Kalkstein aufgestellt. Automatisch suchte mein Blick nach dem Hundezwinger, doch da war nichts.

»Wir haben Diane an eine Familie mit drei Hunden abgegeben«, erklärte mir meine Mutter. »Hier hat sie zu sehr getrauert. Dort geht es ihr bestimmt besser.«

Ich nickte. Daran war nichts mehr zu ändern. Wir gingen flüsternd hinein, um meinen Vater nicht zu wecken. Er pflegte neuerdings bis zur Mittagszeit zu schlafen, wie mir Mè Loan erzählte.

Während sie uns Tee zubereitete, betrat ich das Wohnzimmer und blieb verblüfft stehen: Bunte Glasmalereien verzierten die gesamten Fensterflächen, wodurch der nun verdunkelte Raum, einer Kirche nicht unähnlich, eine ungewöhnliche, fast unheimliche Stimmung erzeugte.

»Nach seiner Heilung wollte es Papa unbedingt so haben.« Meine Mutter stand mit dem Tee in der Hand hinter mir. Wir setzten uns an einen neuen, selbst gebauten Tisch.

»Aber warum hat er dann dieses Fenster hier ausgelassen?«, fragte ich und deutete auf eine leere Fläche.

Mè Loans Blick trübte sich etwas. »Ursprünglich war das auch bemalt«, antwortete sie. »Die Glasscheibe haben wir kürzlich ausgewechselt. Als Tharsilla deinen Vater mit einem Brief bat, dich zu holen, flog ein Stuhl durch die Scheibe ...«

Wie Giftpfeile drangen Mutters Worte in mich. Sie machten mich erst fassungslos, dann unendlich traurig. Für ihn bist du also nur eine Last, die er nicht endgültig abschieben konnte, stellte ich fest. Er liebt dich nicht, er hat dich auch nie geliebt.

Ich trank schnell einen Schluck Tee, um meinen Kloß im Hals loszuwerden.

Ich musste wieder in der Schule angemeldet werden. Da wir keinerlei Unterlagen von meiner Schulzeit in Deutschland besaßen, schlug der Rektor vor, mich eine Klasse wiederholen zu lassen. Mein Vater lehnte dies kategorisch ab. »Kommt nicht in Frage!«, sagte er. »Sehen Sie sich die Zeugnisse an! Es wird für unsere Tochter kein Problem sein, mitzukommen.« Verunsichert lenkte der

Mann ein. Es sei einen Versuch wert. Mich fragte niemand.

Während die Jungen am ersten Schultag bei meinem Anblick laut pfiffen, blieben die Mädchen ziemlich verhalten, bis die Lehrerin mich mit meinem Namen vorstellte. Plötzlich stöhnte ein Mädchen auf: »Scheiße, Leute, ich sag's euch: Die wird schwer zu schlagen sein!«

Ich erkannte in dem ziemlich dicken Mädchen Carine, eine frühere Mitschülerin. Ihr feindlicher Blick machte deutlich, dass der Konkurrenzkampf bereits begonnen hatte. Eigentlich war es mir gar nicht unrecht, immer noch so einen Ruf zu haben. Damit mischte sich allerdings schon bald die Angst, zu versagen.

Meine Noten waren desolat, nur im Sprachunterricht, im Sport und in Kunst konnte ich gut mithalten. Meine Zwischenzeugnisse enthielten alle die gleichen Bemerkungen: schwach, noch nicht adaptiert, hat noch nicht alle Hürden überwunden, Basis fehlt, Isabelle muss sich enorm bemühen ... Meine Lehrer versicherten mir, dass gar nicht viel fehle, um den Anschluss zu finden, und empfahlen mir Nachhilfeunterricht. Als ich meinen Vater darauf ansprach, erhielt ich eine Abfuhr. »Fremde kommen mir nicht ins Haus! Und irgendwo hinfahren werde ich dich auch nicht. Wir haben kein Geld, das wir zum Fenster rausschmeißen könnten. Also vergiss das Ganze und streng dich an!«

Ich war auf mich allein gestellt. Mein Stolz ließ jedoch keine Blamage vor der Klasse zu, also wiederholte ich zu Hause konsequent den gesamten Lehrstoff, studierte die Schulbücher und ließ kein noch so unwichtiges Thema aus. Wenn nötig, schlug ich in unserer Enzyklopädie nach. Ich musste es schaffen! Mehrere Male fing mich meine Mutter nachts ein, wenn ich wie in Trance im Haus umherirrte und dabei laut das Gelernte rekapitulierte.

Schließlich brauchte ich drei Monate, um den Rückstand aufzuholen, und noch einmal zwei, um – die Mathematik ausgenommen – wieder eine der Besten zu sein. Und das, obwohl mein Alltag seit meiner Rückkehr aus Deutschland wie gehabt darin bestand, nach der Schule im Restaurant zu helfen. Daniel sprang inzwischen nur noch gelegentlich ein, mit achtzehn hatte er durchgesetzt, dass er in seiner Freizeit tun konnte, was er wollte.

Während Mè Loan und ich oft bis spät in die Nacht im Restaurant arbeiteten, rührte mein Vater keinen Finger. »Ich darf nichts tun«, sagte er so bestimmt, dass kein Zweifel erlaubt war. »Wenn man mich nur einmal bei der Arbeit sieht, streicht uns der Staat jegliche Unterstützung. Dann wären wir pleite. Außerdem muss ich erst völlig gesund werden.«

An sich war es mir recht, nicht in seiner Nähe zu sein. Wenn er nicht schlief, sah er meistens stundenlang fern. Trübte sich seine Stimmung, zupfte er sich unter tiefem Seufzen ständig an den Augenbrauen. Sprach meine Mutter ihn darauf an, antwortete er bissig: »Menschen mit Hirn tun das. Ich bin halt ein Denker!«

Wenn er wieder einmal kein Licht ertrug, verdunkelte er die Fenster und schloss die Türen. Dort, allein in seinem finsteren Raum, verbrachte er die Zeit damit, über was auch immer nachzudenken. Wahrscheinlich wartete er auf seine angekündigte Erleuchtung und seinen himmlischen Auftrag.

Und irgendwann brachte die Dunkelheit auch wieder das Tier in ihm hervor, das sich eine neue Phantasie ausgedacht hatte und nun ein Opfer brauchte. So ließ mein Vater nur Wochen nach meiner Rückkehr seine alten, grausamen Gewohnheiten wieder aufleben, diesmal mit einer subtileren Form der Drohung.

»Wenn du nicht lieb bist, schicke ich dich ins Internat. Glaube mir, dort ist es nicht lustig!« Aus Angst, erneut aus meiner Umgebung gerissen zu werden und Mè Loan zu verlieren, fügte ich mich. Wieder hatte ich keine Wahl.

Für seine Art, mich zu schänden, hatte mein Vater ein neues Ritual eingeführt. Wie er musste auch ich mich bekreuzigen. »Gesegnet seien die Auserwählten«, sagte er und holte sein Glied heraus. »Bitte Gott um Verzeihung für das, was wir tun!«, befahl er mir dann mit leichter Ehrfurcht in der Stimme, bevor er verkündete: »Bald werde ich dich entjungfern, einfühlsam, ohne dich zu zwingen oder Gewalt anzuwenden. Du wirst danach verlangen, ja, du wirst darum betteln!« Dann verging er sich an mir.

Abgebrochene Brücken

Noch atemlos von der Rückfahrt aus der Schule stellte ich das Rad an der Hauswand ab, als mein Vater auftauchte. In der Hand schwenkte er einen Briefumschlag.

»Wer ist das?«, fragte er misstrauisch und drückte mir ein Blatt aus dem aufgerissenen Kuvert in die Hand.

Mein Herz machte einen Freudensprung, der Brief kam von Horst. Ich erklärte, wer der Junge sei, und begann zu lesen.

»Übersetze!«, befahl mir mein Vater.

Horst erzählte, wie sehr er mich vermisste und dass er sich auf ein Wiedersehen mit mir riesig freuen würde. Seine Zeilen wärmten mir das Herz, bis plötzlich Vaters Wut losbrach.

»So etwas dachte ich mir! Was stellt sich der kleine Herr vor?«, schrie er. »Will der vielleicht auch noch Ferien machen hier?«

Er riss mir den Brief aus den Händen, holte ein Feuerzeug aus seiner Hosentasche und verbrannte ihn kurzerhand, wobei er vor Genugtuung lachte. Dann ging er ins Haus zurück.

Ich betrachtete die Asche auf dem Boden, fassungslos und zutiefst verletzt. Warum, fragte ich mich, tat mein Vater alles, um von mir gehasst zu werden? Früher war dieser Hass nach einer Weile vergangen, das war jetzt anders. Jetzt wuchs er stetig weiter, denn dieser Vorfall blieb nicht der Einzige seiner Art.

Während mein Vater einmal Besorgungen in der Stadt machte, überreichte mir Mè Loan lächelnd einen Brief, bevor sie zur Arbeit ging. Zitternd vor Aufregung riss ich den bemalten Umschlag auf. Andrea, eine Klassenkameradin aus Deutschland, hatte über Hélène meine Adresse herausgefunden. Ihr Brief war liebevoll mit Zeichnungen geschmückt. Das Mädchen hatte ein Bild von sich beigelegt, auf dem sie lächelnd an einer Blume roch, und sie bombardierte mich mit Fragen: »Warum musstest du so schnell zurück nach Frankreich? Ist etwas passiert? Geht es dir gut? Schreibst du mir auch?«

Ich beschloss, umsichtig zu handeln, und ging zu meiner Mutter: »Darf ich meiner deutschen Freundin zurückschreiben?«

»Wieso nicht?«, antwortete sie. »Es ist schön, eine Brieffreundschaft zu pflegen. Außerdem vergisst du dann die Sprache nicht.«

Sofort schrieb ich Andrea ein paar Zeilen, wie sehr ich mich freuen würde, noch mehr Post von ihr zu erhalten. Ich rannte gleich zum Briefkasten im Dorf und warf übermütig den Brief ein.

Ein paar Tage später brachte mein Vater die Post aus dem Briefkasten, darunter ein neuer bunt bemalter Umschlag. Andrea hatte geantwortet! Er las den Namen des Absenders und fragte: »Wer ist Andrea?«

Ich zählte fest auf Mutters Unterstützung und antwortete: »Meine Brieffreundin aus Deutschland.«

Er riss die Augen auf und sagte empört: »Das fangen wir gar nicht erst an, Briefmarken sind teuer.«

Wie erwartet intervenierte Mè Loan. »Aber sie darf doch eine Freundin haben!«

Mein Vater brüllte uns an: »Und wer hilft uns? Echte Freunde gibt es nicht, fertig!« Vor unseren Augen zerriss er das Kuvert in kleine Fetzen. Kopfschüttelnd ging Mè Loan hinaus, während ich in mein Zimmer flüchtete.

Ich zitterte vor Wut und dachte in diesem Moment nur an eines: Ausreißen! Ich muss weg! Hätte ich nur gewusst, wohin. Hier auf dem Land wäre ich sicherlich nicht weit gekommen. Die Vorstellung, unter den Blicken der Nachbarn von Polizeibeamten nach Hause gebracht zu werden, hielt mich von weiteren Überlegungen ab. Es war zum Verzweifeln.

Als ich eines Tages unser Altpapier an der Feuerstelle verbrannte, entdeckte ich zufällig die Reste einer zerrissenen Postkarte, die an mich adressiert war. Es war eine Aufnahme vom »Heimatblick«. Offenbar hatte Tharsilla mir geschrieben.

Sofort beschwerte ich mich bei Mè Loan. Ich konnte es einfach nicht glauben, dass mir meine Post weggenommen und diese sogar vernichtet wurde. Sie war genauso entsetzt wie ich. Sie hatte davon nichts gewusst und versprach, mit Vater zu reden.

Kurz darauf, Mutter war gerade nicht da, platzte mein Vater ins Zimmer. »Ich habe wirklich die Schnauze voll, wegen euch Kindern mit eurer Mutter zu streiten! Durchsuchst du jetzt auch unseren Müll?«, ging er auf mich los. Aus Angst vor Schlägen stritt ich alles ab. »Diese Frau geht unser Leben nichts an, klar?« Ich nickte, ergeben.

Seit diesem Vorfall verbrannte er nun konsequent und in kurzen Zeitabständen alles Papier selber, wie er auch die Post nur noch selbst abholte. Die Briefmarken sowie den Ordner mit allen Adressen schloss er im Wohnzimmerschrank ein. Damit war mir der Weg zu den Menschen, denen ich etwas bedeutete und die mir etwas bedeuteten, endgültig versperrt. Und wie es kommen musste, verloren sie irgendwann die Lust, mir zu schreiben. Ohne jede Reaktion von mir mussten sie glauben, dass ich sie vergessen hatte und dass mein Wort, ihnen zu schreiben, eine leere Versprechung gewesen war.

Mit jedem Tag gab ich die Hoffnung, sie jemals wiederzusehen, ein bisschen mehr auf. Weil mir immer die Tränen kamen, wenn ich Andreas Bild ansah, warf ich es schließlich weg. Glückliche Erinnerungen hatten in diesem Haus, bei diesem Vater nichts zu suchen. Glück hatte in meinem Leben überhaupt nichts zu suchen, so schien es.

Ich war gerade dreizehn geworden. Mein Geburtstag war, wie immer, ein Tag ohne jede Aufmerksamkeit gewesen. Daniel war mit Freunden fort, und meine Eltern hatten sich früh auf den Weg nach Paris gemacht, um dort im chinesischen Viertel Besorgungen für das Restaurant zu machen. Sie wollten erst am späten Nachmittag zurück sein. Ich musste auf das Haus aufpassen.

Eigentlich hätte ich froh sein müssen, etwas Zeit für mich zu haben, doch so allein sehnte ich mich plötzlich nach den Menschen, die vielleicht an mich dachten. Die Erinnerung an sie ließ mich über vieles nachdenken. Warum konnte ich nicht wie alle anderen Mädchen heranwachsen? Während sie, wie ich in der Schule feststellte, ihren eigenen Körper mit Freude und gespannter Neugierde langsam entdeckten, wurde mein Körper seit langer Zeit schon und immer wieder geschändet, sodass ich ihn inzwischen selber hasste. Er weckte nur die Begierde eines Mannes, den ich ebenfalls hasste.

Hatte mir die Herkunft meiner Mutter das Leben nicht schon oft genug schwer gemacht? Verdiente ich es nicht, ein ganz normales Leben führen zu dürfen, ohne Angst oder Scham, ohne mich verstellen oder Geheimnisse haben zu müssen? Wieso war niemand da, wenn ich doch so viel zu geben hatte? Stattdessen lebte ich unter strenger Kontrolle, wie in einem Gefängnis, und fast jeder Tag bestand aus Angst, Arbeit und Quälerei. Wo war der Sinn? Waren die kleinen glücklichen Momente, die ich bisher erfahren hatte, schon alles gewesen? Wie konnte ich mich auf die Zukunft freuen, worauf sollte ich mich denn freuen? Nur Fragen, und nirgendwo eine Antwort.

Meine Einsamkeit riss mich weiter in die Tiefe. Mutlos und niedergeschlagen verließ ich das Haus. Ich holte mein Fahrrad und fuhr einfach los. Und während ich radelte, nahm langsam die mögliche Lösung meiner Probleme in mir Gestalt an. Sie klang verführerisch einfach: Bring dich um. Du hast dieses Leben doch satt.

Die Kreuzung der viel befahrenen Kreisstraße lag nur einige hundert Meter von unserem Haus entfernt hinter dem Bahnübergang. Dieser tauchte nun vor mir auf. Meine Hände waren kalt und feucht geworden, ich hatte Angst, dass es schrecklich wehtun würde, sobald mich ein Wagen erfasste. Der Lärm der Autos sagte mir, dass es viel Verkehr gab. Gleich darauf hatte ich die Geräusche jedoch verdrängt und hörte nichts mehr. Entschlossen überquerte ich den Bahnübergang, holte Schwung und ließ das Fahrrad geradeaus weiterlaufen. »Nimm mein verfluchtes Leben«, schrie ich innerlich Gott an. »Da hast du es! Ich fürchte mich nicht vor dem Tod!«

Es war jetzt nur noch eine Frage von Sekunden. Sekunden, in denen ich dachte, dass sich meine drei großen

Wünsche – ich wollte das Meer sehen, angeln gehen und einmal das Neujahrskonzert in Wien erleben – nie erfüllen würden. Sekunden, die meinem elenden Zustand endlich ein Ende setzen würden. Mit offenen Augen raste ich in die Kreuzung hinein. Gleich ist es vorbei.

Kein Geräusch. Kein Knall. Kein Schmerz. Nur hupende Fahrzeuge und lautes Geschimpfe der Fahrer. Die Kreuzung lag hinter mir, ich war noch am Leben. Ich bekam Gänsehaut und setzte mich auf den Boden. Ich kann es nicht glauben, ich darf nicht einmal sterben, dachte ich, noch verwirrter als zuvor. Voll verzweifelter Wut heulte ich auf: Warum? Warum tut ihr mir das alles an, und fing an zu weinen, restlos am Boden zerstört.

Um nicht länger neben der Straße zu sitzen, fuhr ich wieder nach Hause. Wie erwartet kamen meine Eltern bald zurück, das Auto voll mit Waren. Mein Vater lud aus und fuhr anschließend zum Tanken. Ich half Mè Loan, alles einzuräumen.

Wie immer hatte sie mir reife thailändische Mangos mitgebracht. Ich bedankte mich mit einem Kuss, schob die Früchte aber zur Seite, ohne Anstalten zu machen, eine davon zu essen.

Besorgt stellte sie ihre Tüte ab. »Was ist denn heute mit dir los?«, fragte sie mich.

»Ich will nicht mehr, dass du mich hier alleine lässt«, antwortete ich.

Von ihrem Gesicht konnte ich genau ablesen, was sie dachte. Waren wir heute vielleicht zu lange fort gewesen? Fürchtet sich meine Tochter, mich zu verlieren? In diesem Alter sind solche Ängste normal.

»Aber Schatz, ich bin doch wieder da«, tröstete sie mich. »Und Papa ist auch da.«

Ich antwortete leise: »Ich will ihn aber nicht haben.« Erstaunt fragte sie: »Aber wieso? Hat er dir etwas getan?« Was sollte ich darauf antworten? Es vergingen Sekunden, mein ganzes Schicksal hing von einem Ja oder einem Nein ab. Ein einziges Wort genügte, um von meinem Martyrium befreit zu werden.

In diesem Augenblick sah ich die schlimmen Bilder ihrer Lebensgeschichte blitzartig vor meinen Augen ablaufen. Sollte ich mit einem Ja Mè Loans Leben auf irreparable Weise zerstören, bloß weil mein eigenes Leid unerträglich war? Hatte meine Mutter nicht Ruhe und ein wenig Glück verdient? Ohne zu zögern hätte sie jeden umgebracht, der es gewagt hätte, uns Kinder anzufassen, das wusste ich.

Ich hätte ihr sagen wollen, dass sie heute eigentlich der glücklichste Mensch auf der Welt sei, weil ich noch lebte. Aber ich hätte mir nie verzeihen können, ihr Leben zu verdunkeln. »Nein«, antwortete ich, wissend, was das für mich bedeutete. Tapfer setzte ich ein Lächeln auf und half ihr beim Aufräumen.

Im Sommer unterzog sich Mè Loan einem operativen Eingriff und ließ sich einige Granatsplitter, Erinnerungsstücke aus dem Krieg, aus einem Auge entfernen. Anschließend überredete sie meinen Vater dazu, gemeinsam eine Woche an der Atlantikküste zu verbringen. Unser Ziel war eine kleine Pension nahe Saint-Jean-de-Mont.

Zum ersten Mal sah ich das Meer. Von einer Sanddüne aus atmete ich den warmen, salzigen Wind in vollen Zügen ein und blieb eine Weile stehen, überwältigt vom Anblick des Ozeans, der sich über den gesamten Horizont erstreckte. Einer meiner sehnlichsten Wünsche war in Erfüllung gegangen. Neue Hoffnung, neuer Mut erfüllten mich.

Während unseres Aufenthalts pöbelte ein Gast einmal beim Mittagstisch meine Mutter an und beschimpfte sie als »gelbe Plattnase«. Daraufhin griff Mè Loan nach dem Messer vom Fleischtablett und erwiderte unter den ungläubigen Blicken aller: »In Vietnam metzeln wir rasierte Schädel wie dich nieder! Wenn du ein Problem mit mir hast, kläre es jetzt. Ansonsten halt's Maul und lass uns in Ruhe essen.«

Ich war mächtig stolz auf sie. Doch bald empfand ich nur noch große Scham, denn keiner der Anwesenden hatte etwas unternommen, um meiner Mutter beizustehen. Nicht einmal mein Vater.

Nach unserer Rückkehr überraschte mich Paulette mit der Einladung, einige Tage bei ihr zu verbringen. Vermutlich wollte sie die Beziehung zu meinen Eltern entspannen. Seit Vaters Entlassung aus dem Krankenhaus hielt sie regelmäßig telefonischen Kontakt zu ihm, aber sie hatte weder meine Mutter gesehen noch uns zu Hause besucht. Mè Loan wollte es ihrer Schwiegermutter nicht verwehren, dass ein Enkelkind sie besuchte, und bald darauf setzte mich mein Vater bei ihr ab.

In diesen paar Tagen erfuhr ich, wie diese alte Frau lebte. Ein geregelter Tagesablauf half ihr offenbar, die Einsamkeit zu ertragen. Geweckt durch den Glockenschlag der angrenzenden Kirche stand meine Oma um sechs Uhr auf und holte ihre Tageszeitung herein. Mit Radiomusik im Hintergrund frühstückte sie in der Küche, bevor sie sich im Bad fertig machte. Punkt halb neun, umhüllt vom fein parfümierten Duft ihres seidenen Hausmantels, brachte sie mir auf einem Silbertablett das angerichtete Frühstück, das ich im Bett einzunehmen hatte. Währenddessen las sie nun ihre Zeitung. Meistens verbrachte sie einen Großteil des Vormittags mit Kreuzworträtseln, der Klatschpresse oder Modezeitschriften. Hörte sie Geräusche im Flur, unterbrach sie sofort ihre Lektüre, um durch das Guckloch der Wohnungstür zu sehen, was los war.

An Markttagen gingen wir in ihrem Viertel einkaufen, wobei sie keinen Hehl aus ihrem Hass gegen ausländische Händler machte. Sie ging besonders schnell an ihnen vorbei und murmelte verächtlich: »Ungeziefer, Ratten, die wahre Pest!« Dabei mied sie stets meinen Blick. Ich empfand ihr Verhalten als Provokation, aber ich wollte Paulette keinen Anlass für einen Streit geben. Indem ich mich demonstrativ für die asiatischen Stände interessierte und ein paar Worte mit den Betreibern wechselte, hoffte ich, ihr die Gemeinheit ein wenig heimzuzahlen.

Es folgte ein recht spartanisches Mittagessen voller kleiner Details, die zwar das Auge erfreuten, mich aber nie wirklich satt werden ließen. Nachmittags fuhr Paulette mit dem Bus in die Stadt, um eine Kleinigkeit zu besorgen oder aber um die Schaufenster der vornehmen Boutiquen gelangweilt und scheinbar unschlüssig zu betrachten, bis die Inhaber ihre mondäne Stammkundin vielleicht doch erkannten und endlich grüßten. Um 18 Uhr gab es die letzte leichte Mahlzeit. Vor den Abendnachrichten machten wir uns für die Nacht fertig, jetzt durfte ich zum letzten Mal auf die Toilette, um Wasser zu sparen. Spätestens um 22.30 Uhr, nach dem Abendfilm, herrschte schließlich Nachtruhe.

Ich war überrascht, wie angenehm ich die Tage bei meiner Oma fand. Ausschlaggebend dafür war, dass sie kein Wort über meine Familie verlor. Nebenbei erwähnte sie den Tod ihrer Mutter ein Jahr zuvor, und ich konnte es mir nicht verkneifen zu denken, dass diese Frau meine Eltern nicht mehr ärgern würde ...

Paulette legte großen Wert darauf, mir Tischmanieren und die richtige Haltung beim Essen beizubringen. Ich musste an Vater denken: Daheim durften unsere Ellbogen nichts berühren. Ruhten diese auf dem Tisch, stach er mit seiner Gabel zu oder schlug so überraschend mit der Faust auf die Tischplatte, dass die Teller einen Sprung machten. Jetzt merkte ich, dass es auch in Vaters Erziehung noch Lücken gab.

Meine Oma redete mit mir auch gern über Themen wie Körperpflege und Schminken, eigentlich über alles, was eine Frau ihrer Meinung nach attraktiver machte. Am Ende meines Kurzurlaubs beherrschte ich sogar den Gang der feinen Damen, den ich mit einem dicken Wälzer auf dem Kopf und darauf achtend, jeden Schritt auf einer geraden Linie richtig zu setzen, mit ihr geübt hatte. Ich kehrte gut erholt heim.

Als Dank für diese Zeit lud meine Mutter Paulette wieder zu uns ein, wobei gewisse Regeln respektiert werden mussten: Ihre Schwiegermutter durfte nur alleine zu uns kommen, und auch nicht zu oft. Alle Themen, die sich mit der Vergangenheit und unserer Familie befassten, sollten strikt gemieden werden. Ab da herrschte eine künstliche Harmonie, mit der sich alle Beteiligten zufrieden gaben.

Der Einzige, der sich über einen Mangel an Kontakten beschwerte, war mein Vater. Wiederholt passierte es, dass er wildfremde Menschen auf der Straße ansprach oder im Supermarkt auflas und zu uns einlud. Und er rechnete fest damit, dass seine Frau diese fremden Menschen, wie in alten Zeiten, bekochen würde. Doch meine Mutter wehrte diese Versuche alle mehr oder weniger erfolgreich ab. Nie bot sie jemandem mehr als eine Tasse Tee und allenfalls noch ein Stück Kuchen an.

Meine gelegentlichen Anläufe, Schulkameradinnen mit nach Hause zu bringen, schlugen ausnahmslos fehl. Hatte ich eine Freundin dabei, nahm mich mein Vater beiseite und forderte mich auf, unbedingt in Erfahrung zu bringen, ob das Mädchen denn schon »bumste« oder bereit wäre, sich auf eine Affäre mit ihm einzulassen. »Und sollte sie dir antworten, dass ich für sie zu alt sei«, sagte er mir dann, »bringst du als Argument, dass ich ein sehr guter Liebhaber bin!«

Als er schließlich einmal die junge Nachbarstochter, mit der ich in meinem Zimmer spielen wollte, mit diesem komischen Lächeln, das ich nur zu gut kannte, anstarrte, hörte ich endgültig damit auf, Freundinnen einzuladen.

Ich musste nun zwar weiter isoliert leben, doch wenigstens drohte meinen Freundinnen keine Gefahr.

Flucht nach vorn

Das Licht blieb absichtlich aus. Im Dunkeln konnte ich besser meine Verlegenheit verbergen, vielleicht auch die Zweifel, die ich bei der Sache hatte. Er durfte keinesfalls unsicher werden, denn er war meine letzte Chance. Und es musste schnell gehen. Meine Eltern waren zwei Tage unterwegs, weshalb ich Roland dringend gebeten hatte, bei mir zu übernachten. Er sollte mich entjungfern. Die klare Aussage, dass ich schon längst verhütete, räumten seine letzten Bedenken, die er wegen meines Alters hatte, aus dem Weg. Ich war vierzehn.

Nach meiner Rückkehr aus Deutschland waren meine Gefühle für Roland neu entflammt, und oft hatte ich mir den Tag vorgestellt, an dem ich mit ihm die Liebe im körperlichen Sinn erfahren würde. Ich stellte mir, wie vielleicht alle Mädchen, den Liebesakt, und vor allem unsere erste Begegnung, als einen endlosen Moment voller Romantik und Zärtlichkeit vor. Nun zwangen mich die Umstände, an diesem Abend etwas überstürzt zu handeln, sodass die Bedingungen nicht ideal waren. Auch war ich mir unsicher, ob Roland das, was zwischen uns war, als bloße Liebelei oder doch als wahre Liebe betrachtete. Aber seine Aufregung sowie die ungläubige Freude, mich so mühelos zu bekommen, noch dazu für das erste

Mal, waren ihm anzusehen. Und damit wollte ich mich zufrieden geben.

Wenige Sekunden genügten, um all meine Träume zerplatzen zu lassen. Als er grob in mich eindrang und sich nach ein paar hektischen Bewegungen mit einem langen Stöhnen abrupt von mir trennte, war ich konsterniert. War das die Liebe, von der alle sprachen?

Roland gab mir einen Kuss und beschloss, gleich zu gehen, falls meine Eltern vorzeitig nach Hause kommen würden. Ich tat so, als würde mir das überhaupt nichts ausmachen. Hinter ihm schloss ich die Tür ab. Als ich mich wieder hinlegte, fing ich an zu weinen. Ich war maßlos enttäuscht.

Dennoch war mir diese Enttäuschung lieber, als Vaters Nachstellungen weiter ertragen und seine stetige Drohung spüren zu müssen. Die letzte schwere Allergie – mein Po war tagelang mit dicken roten Beulen übersät gewesen – hatte meinen Vater nicht lange daran gehindert, sich an mir zu vergehen.

Was sich verändert hatte, war mein Verhältnis zu mir selbst. Ich hatte inzwischen einen Hang dazu, mich selbst zu verletzen. Immer wieder ohrfeigte ich mich vor dem Spiegel, zerkratzte mir die Arme und Beine, zerquetschte meine Haut bis zu einem Bluterguss oder misshandelte mein Zahnfleisch mit Nägeln oder einer Sicherheitsnadel. Manchmal schlug ich einfach auf etwas Hartes, als könnte ich so einen inneren Zorn loswerden. Ich sah genau, was ich tat, konnte mir aber keinen Reim darauf machen, warum ich es tat. Eigentlich wollte ich nur einen einzigen Menschen peinigen.

Wie oft hatte ich meinen Vater in meiner Phantasie schon gefoltert und ihm grauenhafte Qualen zugefügt, und ich hatte es jedes Mal richtig genossen. In Wirklichkeit aber stand ich ihm machtlos gegenüber. Wie in einem betäubten Zustand fügte ich mir bewusst Schmerzen zu, befriedigende Schmerzen, und erwachte erst, wenn sie unerträglich wurden, erleichtert und traurig. Ich spürte, dass dieser destruktive Drang nicht normal war. Er machte mir Angst, ich musste wieder damit aufhören.

Seitdem mein Vater von Mè Loan erfahren hatte, dass ich die Pille nahm – auf meine Bitte hin hatte mich meine Mutter eines Tages zur Frauenärztin begleitet, da ich für Roland für alle Fälle »bereit« sein wollte –, war er noch aufdringlicher geworden. Zum ersten Mal, seitdem er mich missbrauchte, hatte er ein paar Sekunden lang erfolglos versucht, in die andere Öffnung einzudringen.

»Ich bin nur ausgerutscht«, beteuerte er, eine Spur Ernüchterung in der Stimme. »Du sollst es wollen, damit du später nie behauptest, ich hätte dich dazu gezwungen!«

Als ich schließlich spürte, dass meine endgültige Vergewaltigung immer näher rückte, setzte ich allem ein Ende und schenkte Roland das, worauf es Vater schon seit sechs Jahren abgesehen hatte: das letzte Zeugnis meiner Kindheit, meine Jungfräulichkeit.

»Willst du dich nicht lieber auf einen Stuhl setzen?«, fragte mich meine Oma zum wiederholten Male, mittlerweile etwas pikiert. Ich verneinte und ignorierte ihr leises: »Wie die Wilden ...« Paulette legte sich mit meinem Stolz an, wildes Blut zu haben, also hockte ich mich erst recht die ganze Zeit auf ihren Holzboden und erledigte auf diese Weise meine Hausaufgaben. Wie gut, dass diese Stellung für mich sowieso die bequemste war. Da konnte sie noch so oft ihren Kopf schütteln.

Inzwischen hatte ich gelernt, meine Meinung zu vertreten, Entscheidungen zu treffen und zu ihnen zu stehen. Seit kurzem besuchte ich das recht elitäre Gymnasium Saint-Honoré de Balzac in Tours. Meine Bewerbung war zunächst abgelehnt worden, doch Vater hatte sich schlicht geweigert, etwas dagegen zu unternehmen. »Sieh zu, wie du alleine zurechtkommst!«, hatte er mir ins Gesicht gesagt. Also las ich die Unterlagen und legte Widerspruch ein. Meine Noten waren, bis auf Mathematik, sehr gut, vor allem in den Sprachen. Ich weigerte mich, wie meine Mitschüler nach Amboise zu gehen. Außerdem wollte ich auf keinen Fall Chinesisch lernen, wie es mein Vater von mir verlangte. In einem Fernsehbeitrag hatte ich Russisch gehört, und wegen ihres schönen Klangs war mir diese Sprache nicht mehr aus dem Sinn gegangen. Ich wollte ganz gezielt diese Sprache wählen.

Als mein Einspruch erneut abgelehnt wurde, nahm ich meinen ganzen Mut zusammen und rief in der Behörde an. Ich machte mein Recht geltend, genau dieses Gymnasium besuchen zu dürfen, das als Einziges im ganzen Umkreis Russisch anbot. Die letzte wichtige Formalität konnte ich erfüllen, indem ich meine Oma als nahe Verwandte in Tours angab, obwohl sie mir das ausdrücklich untersagt hatte, »um nicht belästigt zu werden«. Dass meine Oma mir diesen Dienst nicht erweisen wollte, konnte ich nicht begreifen. Hatte sie meiner Mutter nicht schon genug Steine in den Weg gelegt? Umso entschlossener ignorierte ich ihr Verbot. Wenn ich schon für mich selbst verantwortlich sein musste, hatte niemand mir etwas vorzuschreiben oder gar zu verbieten. Ein bisschen war wohl auch der Mut der Verzweiflung dabei: Ich hatte nichts zu verlieren.

Und diesmal bekam ich Recht. Dieser hart erkämpfte Sieg stärkte mein Selbstbewusstsein enorm. Obwohl ich mir am Anfang etwas verloren vorkam, fühlte ich mich in der Anonymität der Stadt plötzlich erwachsen und so frei wie nie zuvor. An der neuen Schule bewegte ich mich inmitten lauter Abkömmlingen gut situierter Familien, deren Adelstitel manchen anscheinend völlig gleichgültig waren, während sie andere glauben ließen, dass sie sich alles erlauben konnten. Alle unterhielten sich hier vornehm und eloquent, was mich sehr beeindruckte. Daher eignete ich mir als Erstes eine ebenso gepflegte Ausdrucksweise an, um mich leichter zu integrieren.

Während viele Schüler hauptsächlich damit beschäftigt waren, herauszufinden, wer eine gute Partie war und wer nicht, fand ich bald Gleichgesinnte in meiner Klasse, die vor allem lernen und ihre Ruhe haben wollten. Mit einer Bemerkung wie: »Achtung, da kommt die wandelnde Bibliothek!«, musste ich eben leben. Aber solche Hänseleien waren kein Problem. Solange ich nicht als Fremde ausgegrenzt wurde, war die Welt für mich in Ordnung.

Nachdem ich am Gymnasium in Tours war, war Paulette überraschenderweise diejenige, die sich am meisten über meinen Schritt freute. Sie holte mich nach dem Unterricht ab, damit wir die Stunden bis zur Abfahrt meines

Zugs gemeinsam verbringen konnten. Auch bestand sie darauf – angeblich als Belohnung für meine vorbildlichen Leistungen –, mir die Monatskarten für Bus und Bahn zu bezahlen sowie alles, was ich für die Schule brauchte. Oft kaufte sie mir sogar Kleidung und Schuhe. Als sie im Winter den Grund meiner immer wiederkehrenden Erkältungen erfuhr, drückte sie meinem Vater regelmäßig Geld in die Hand und forderte ihn auf, gut zu heizen, was er ab da auch tat.

Mè Loan reagierte auf diese unerwartete Fürsorge gelassen. »Wahrscheinlich will ›Madame‹ damit alte Schulden begleichen. Wenn es sie beruhigt, lass sie nur machen und nimm, was sie dir zu geben hat«, riet Mutter mir. Doch sie forderte mich auch auf, mir etwas Grundsätzliches durch den Kopf gehen zu lassen: »Wenn du genügend für dich hättest, wann würdest du jemandem etwas zu essen geben – wenn er Hunger hat oder wenn er schon satt ist?«

An manchen Tagen lud Paulette mich zu sich zum Mittagessen ein. Oft erzählte sie mir dabei etwas aus ihrer Jugend. Ihre von Selbstmitleid über die damalige Armut geprägten Beiträge ließen mich allerdings kalt, vor allem im Vergleich zu Mè Loans Lebensgeschichte und wenn ich bedachte, wie schlecht Paulette meine Mutter behandelt hatte.

Auf dem Weg nach Hause war es dann höchste Zeit, mich wieder auf die besondere Welt, die mich erwartete, vorzubereiten. An der kleinen Bahnstation stand mein Fahrrad. Das gute Stück hatte ich mühsam aus vielen Einzelteilen selbst zusammenmontiert, da ich wusste, dass ich niemals ein neues Fahrrad bekommen würde. Als ich meinen Vater bat, mir zu helfen, hatte er mir eine glatte Abfuhr erteilt. »Dein Freund fickt dich, also frage ihn, nicht mich.« Ich ließ mich nicht entmutigen, sondern krempelte die Ärmel hoch.

Auf meine Beichte, was ich mit Roland getan hatte, reagierte meine Mutter gefasst. Sie lächelte mich an und fragte: »Kennst du die anschließende Freude?«

Was sollte ich sagen? Auch bei den weiteren Malen erniedrigte Roland die Liebe gnadenlos zum reinen Geschlechtsakt, ohne sich für Gefühle oder Empfindungen auch nur ein bisschen zu interessieren. Ihm ging es einzig um diese zwei, drei Stöße, die ihm genügten, um sich von seinem inneren Druck zu befreien, während ich mich fügte. Vielleicht würde die Liebe und das damit verbundene große Gefühl eines Tages von selbst bei mir eintreten? Ich nickte, um Mè Loan nicht zu beunruhigen.

Im Gegensatz zu ihr hatte mein Vater ungläubig und mit totaler Ablehnung reagiert. Wochenlang ging er mir aus dem Weg, ohne mich eines Wortes oder Blickes zu würdigen. Obwohl mir dieser Abstand recht war, tat mir das Gefühl, vollkommen bedeutungslos zu sein, weh. Aber eines Tages näherte er sich mir wieder – offenbar hatte ihn der Drang, sich erneut an mir zu vergehen, großzügig werden lassen. Er war stärker als seine Verachtung.

»Komm doch heute Abend mit! Gegen halb neun sind wir wieder zurück«, schlug Daniel vor und übte seinen Spagat. Ich sah ihm neugierig zu. »Mè Loan erlaubt es dir bestimmt. Im Restaurant ist bis dahin noch nicht viel los. Wir reden mit ihr …«

Es klang verlockend. Seitdem mein Bruder zweimal in der Woche zum Karatetraining ging, trat er ganz anders auf. »Soll mir nur einer zu nahe kommen«, murmelte er oft drohend, »den mache ich fertig!« Könnte ich bloß über so viel Selbstsicherheit verfügen, dachte ich insgeheim.

Mè Loan war leicht zu überreden. Da ich so oft für sie arbeitete, durfte ich Daniel zum Sport begleiten. Und nur Daniel zuliebe – als Eurasier gehörte mein Bruder zu seinen ausdrücklichen Lieblingsschülern – machte der Lehrer bei mir eine Ausnahme und ließ mich als einziges Mädchen in der kleinen Gruppe junger Männer trainieren, kostenlos.

Nach der ersten Unterrichtsstunde stand für alle fest, dass ich keinerlei Sonderbehandlung benötigte. Nach den üblichen Aufwärmrunden hatte mich mein Partner aufgefordert, ihn zu stoßen. Er hatte das in einem Ton getan, aus dem seine ganze Verärgerung, mir zugeteilt worden zu sein, herauszuhören war.

Im Saal war es still geworden. Unter den wachsamen Augen des Gruppenleiters und dem skeptischen Blick meines Bruders stieß ich dem Mann vorsichtig mit beiden Händen auf die Brust, aus Angst, ihm wehzutun. Er rührte sich kaum, lachte laut und sagte: »Ich habe dir gesagt ›stoßen‹! Nicht ›streicheln‹ wie ein Weibchen! Zeig mir, was du drauf hast, oder bleib zu Hause bei deinen Puppen.«

Als ich das hörte, lief in Sekundenschnelle ein Film bei mir ab: Mir kamen Anweisungen von Mè Loan in den Sinn, die sie mir vor Jahren beigebracht und die ich noch nie angewandt hatte, vor allem die besonders effektive Zweifinger-Stichtechnik. »Kontrolliere bei einem Kampf immer deinen Geist, bevor du ihn befreist!«, hatten ihre Worte gelautet. »Lass die Kraft fließen, denn deine Hände sind deine Waffen!« Dann fiel mir mein Vater ein und all die Qualen, die ich durch ihn erfahren hatte. Der Gedanke daran rief eine unglaubliche Wut in mir hervor, eine Wut, die ich bisher nicht von mir kannte. Eine Wut, die bis in die Fingerspitzen reichte.

Ohne Rücksicht und ohne Warnung stach ich zwei betonharte Finger blitzschnell in den Magen meines Herausforderers. Entsetzt sah ich ihn zusammensacken. Wie ein Käfer blieb er auf dem Rücken liegen, gekrümmt, nach Luft schnappend. Lange Minuten vergingen, bis er wieder ansprechbar war. Alle starrten mich mit großen Augen an. Daniel grinste. Der Lehrer kommentierte den Vorfall mit den Worten: »Merkt euch das: Karate beginnt mit Respekt und endet mit Respekt!«

Die beiden folgenden Jahre stellten meine Belastbarkeit wirklich auf die Probe. Neben dem großen Spaß, den mir dieser Sport machte, ließen sich Schmerzen einfach nicht vermeiden. Schlagen, Stoßen, Treten, Blocken, Würgen und Abwehren waren Grundtechniken eines Karatekas.

Es verging keine Woche ohne blaue Flecken. Durch falsche Abwehr oder missglückte Schläge gegen den harten Tiefschutz meiner Partner handelte ich mir immer wieder geprellte Zehen, geschwollene Schienbeine oder eine dicke Faust ein. Mè Loan erschrak jedes Mal beim Anblick meiner Blessuren. Roland zeigte sich vor allem entsetzt, weil sie unästhetisch aussahen. Beide respektierten meine Entscheidung jedoch ohne weiteres, denn sie spürten, wie sehr mir diese Trainingsstunden guttaten.

Ich war die Einzige, die wusste, warum ich mir das alles antat: Ich wollte meine Kraft entdecken, sie beherrschen und lernen, mit ihr umzugehen. Ich wollte bewusst auf Augenhöhe mit Männern sein und eines Tages endlich den Mut finden, mich gegen meinen Vater zu wehren. Ich wollte einfach stark sein!

An den Wochenenden, nach Feierabend, ließ mich Mè Loan inzwischen mit Daniel und seiner Clique ausgehen. »Aber erst, wenn du die letzte Rechnung geschrieben hast!«, hatte mein Vater eingewandt. Auf diese Art meinte er, kleine persönliche Siege zu erringen. Er wusste, dass kein Gast die Rechnung verlangte, ohne sich zuvor lange mit meiner Mutter unterhalten zu haben, von ihr eventuell noch dazu animiert, einen letzten Drink zu nehmen. Auch wenn es nichts mehr für mich zu tun gab, die Küche war blitzblank, die Tische im Saal waren für den nächsten Tag schon gedeckt und die Rechnungen vorbereitet, musste ich trotzdem bleiben und warten. Erfahrungsgemäß dauerte es Stunden, bis die Gäste endlich zum Gehen bereit waren. Stunden, die von meiner Freizeit abgingen, während mein Vater demonstrativ vor der Flimmerkiste hockte und sich weigerte, »meine« Arbeit zu erledigen. Stoisch ließ ich mir jede seiner Nötigungen gefallen, bis ihm schließlich nichts anderes übrig blieb, als mich mit säuerlicher Miene gehen zu lassen.

Egal, wie lange sie draußen im Auto auf mich warten mussten, Daniels Freunde fuhren niemals ohne mich in die Disco. Das Nachtleben in den Clubs war eine aufregende Erfahrung. Es war ein Abtauchen in eine Welt, in der ich nichts zu befürchten hatte. Dort konnte ich glänzen und vor allem meine Wirkung auf das männliche Geschlecht ausprobieren. Nicht nur die jungen Kerle aus unserer Clique versuchten immer wieder ihr Glück bei mir. Ihre Geständnisse auf der Tanzfläche gingen mir wie Honig runter, aber sie ließen mich kalt. Aufregender waren für mich die anderen Männer, die mich mit Blicken voller Begehren musterten. Blicke, die erzählten, dass sie von der Frau, die ich geworden war, fasziniert waren und davon träumten, mich zu erobern. Ich lehnte ihre diskreten Avancen stets sanft, aber bestimmt ab, um dann mein Herz an der plötzlich aufkommenden Eifersucht von Roland zu wärmen. Das Flirten lernte ich als ein prickelndes Spiel kennen, dessen Regeln ich nur zu gern alleine bestimmte.

Der letzte Schritt

Natürlich war das alles meinem Vater ein Dorn im Auge. Ging ich spätabends aus, stand er mit Sicherheit am nächsten Tag besonders früh auf und weckte mich mit Militärmusik oder Operetten, bis zum Anschlag aufgedreht. Dabei ignorierte er sowohl die Proteste seiner Frau, die mit zugehaltenen Ohren nach draußen flüchtete, als auch die Beschwerden der Nachbarschaft. Ebenso jagte er eventuelle Besucher aus den Federn. Als Hélène und Gerd einmal bei uns Urlaub machten, ertönte um sieben Uhr früh deutsche Marschmusik – mein Vater verspürte plötzlich Lust, sich mit jemandem zu unterhalten.

Er beließ es nicht nur dabei, meinen Körper weiter zu beschmutzen und mir den Schlaf zu rauben, sondern setzte seinen Kreuzzug gegen mich gnadenlos fort. Hatte ich neben Hélène übernachtet, um mit ihr, während Gerd schlief, die halbe Nacht zu reden, hörte ich nach ihrer Abreise prompt einen abfälligen Satz: »Wie ist es so bei einer ›Ménage à trois‹? Gefällt dir so ein flotter Dreier?« Beeilte ich mich nach Feierabend, die Clique zu treffen, rief er mir nach: »Du kannst es wohl kaum erwarten, gebumst zu werden!« Genauso unflätig empfing er mich, wenn ich im Morgengrauen zurückkam. »Na, du kleine Hure, wohl Spaß gehabt ... Ich habe dich bis hierher schreien hören.«

Die Situation entgleiste vollends, als mein Vater eines Tages in die Küche hereinplatzte und mich ohne Vorwarnung ohrfeigte. »Reicht es dir nicht, dich von einem Dorftrampel besteigen zu lassen? Willst du uns auch noch ein geistig zurückgebliebenes Balg bescheren?«, brüllte er mich wütend an. »Warum hast du heute früh deine Pille nicht genommen?«

Meine Erklärung, dass ich im Einvernehmen mit Roland damit beginnen wollte, vorübergehend auf die Pille zu verzichten, um meinen Körper ein paar Monate zu schonen, ließ ihn ausrasten.

»Männer können nicht enthaltsam sein! Was glaubst du denn?« Er schlug auf mich ein, dann knallte er ein Glas Wasser auf den Tisch. »Nimm die Pille jetzt sofort, vor mir! Ich will es sehen!« Dabei zog er die Blisterpackung, die ich versteckt in meinem Schlafzimmer aufbewahrt hatte, aus seiner Tasche. Unter Tränen schluckte ich die Tablette. Dann verließ mein Vater das Zimmer mit den Worten: »Tue das nie wieder, Schlampe!«

Entsetzt über die Schläge, aber vor allem fassungslos über diesen neuen unverschämten Einbruch in meine Intimsphäre, blieb ich zurück. Bisher hatte ich immer krampfhaft versucht, mich bei solchen Situationen an Mutters Worte zu klammern: »Respektiere deine Eltern, denn sie haben dir das Leben geschenkt!« Aber wie sollte ich Respekt und Achtung für einen Menschen aufbringen, der selbst niemanden achtete. Für einen Misanthropen, der mich ständig beleidigte und demütigte. Für einen Mann, dem es nicht genügte, mich als seine Hure zu beschmutzen, sondern der zu der Herrschaft über meinen Körper auch noch die Herrschaft über meinen Geist erringen wollte.

Nachts um halb eins stand ich auf. Mein Entschluss war gefasst. Es tut mir leid, Mè Loan, dachte ich, als ich die Haustür leise zuzog. Aber ich habe nicht die Kraft, wie du alles hinzunehmen. Verzeih mir bitte den Schmerz, den ich dir zufügen werde.

Die Schienen waren eiskalt, als ich mich auf sie legte. Es war mir egal. Mein Leben war gescheitert. Siebzehn

Jahre umsonst. Ab und zu raschelte es im Gebüsch, und die seltsamsten Gedanken suchten mich heim, während ich wartete. Sollte ich, wie in manchen Filmen, ein Ohr auf die Schiene legen, um zu erfahren, ob der Tod schon nahte? Was, wenn mich vorher ein Schlangenbiss endgültig von meinem Leben befreite? Oder wenn ich dadurch nur Fieber bekäme und überlebte? Ein Zug war die einzige Lösung. Täglich fuhren Dutzende an uns vorbei, und zwar genau vierundfünfzig in vierundzwanzig Stunden. Hoffentlich kam der Schnellzug aus Paris, das wünschte ich mir sehnlich. Ich wollte nicht von einer langsamen Lokomotive erfasst werden und lange leiden. Minuten über Minuten vergingen, in denen sich Gleichgültigkeit und Verzweiflung abwechselten. Eine Zeitspanne, die einfach nicht enden wollte.

Gegen halb sechs, nachdem mich immer noch keine Schlange gebissen und kein Zug überrollt hatte, stand ich auf, erschöpft, entmutigt, verwirrt. Zitternd vor Kälte ging ich nach Hause. Bald darauf standen meine Eltern auf. Vater schaltete das Radio an, und so erfuhr ich, dass die Bahngewerkschaft unangekündigt zu einem Streik aufgerufen hatte. Diese Nachricht war wie eine Botschaft, direkt an mich adressiert. Sie lautete: »Merkst du denn nicht, wie stark du bist? Du sollst leben!«

Ich war fix und fertig und gleichzeitig völlig aufgewühlt. Ich wurde das Gefühl nicht los, dass jemand da oben meine Klage über die beschissene Rolle, die mein Leben mir bisher zugewiesen hatte, endlich gehört hatte. Würde ich nun endlich die Chance auf eine andere Rolle, ein neues Leben bekommen? Auf einen Neuanfang? Immer wieder ertönte in meinem Kopf dieselbe Satzschleife: Du bist stark wie Mè Loan, denn wie sie hattest du mehrmals den Mut, dem Tod ins Auge zu sehen. Du hast gelernt, für deine Ziele zu kämpfen, warum bekämpfst du dann nicht, was du nicht willst?

Genau das sagte ich mir, als mein Vater mir kurz darauf im Flur den Weg versperrte, sein perverses Lächeln auf den Lippen. Zum ersten Mal wies ich ihn zurück. Nur noch angespornt fummelte er weiter an mir herum. Plötzlich packte ich ihn an den Armen und knallte ihn regelrecht an die Wand, bereit, ihm eine Lektion zu erteilen.

Überrascht und erbost über meinen Widerstand versuchte er, mich zurückzudrängen. Ich gab ihm keine Chance. Ich wendete einen Würgegriff an und klemmte ihn dabei fest ein. Er stieß einen dumpfen Schrei aus. Nicht umsonst, sagte ich mir, habe ich zwei Jahre lang blaue Flecken eingesteckt. Nicht umsonst hat mich der Tod abgewiesen. Neun Jahre Missbrauch sind genug.

Ich drückte seinen Hals zu. »Eins schwöre ich dir«, drohte ich dann mit einer Stimme, die keinen Zweifel erlaubte. »Fass mich noch einmal an, und ich bringe dich um!«

Er nickte. Ich ließ ihn los.

Dunkelrot im Gesicht, sich den Hals reibend, sagte mein Vater mit belegter Stimme: »Aber wir sind doch Freunde ...«

»Nein«, erwiderte ich, zornig und kalt. »Und wir werden auch niemals welche werden!«

Von da an ließ er seine Finger von mir. Für immer. Ich war frei. Frei!

Vorsichtige Hoffnungen

Mit achtzehn Jahren hatte ich das Abitur in der Tasche. Da passte es ideal, dass mir Hélène einen Ferienjob bei ihrer Firma anbieten konnte. Meine Schwester arbeitete nach wie vor im Schwarzwald, sie war mittlerweile Chefsekretärin geworden. Meine Aufgabe bestand darin, neben leichten Büroarbeiten Prospekte ins Französische zu übersetzen. Das Geld, das ich verdiente, kam zur rechten Zeit. Meine finanzielle Situation hatte sich schon durch Vaters überraschenden Vorschlag, meine Arbeit im Restaurant mit fünf Prozent des Umsatzes zu entlohnen, verbessert. Niemand solle ihm eines Tages Ausbeutung vorwerfen können, hatte er als Begründung angegeben, vor allem hatte dahinter jedoch die Absicht gesteckt, mich als Arbeitskraft ans Haus zu binden.

Ich brauchte Geld, nur dann würde ich den Traum verwirklichen können, den mich Roland seit neuestem träumen ließ. »Warten wir, bis du volljährig bist und dein Abi hast«, hatte er zuletzt vorgeschlagen. »Dann hauen wir ab und nehmen uns eine kleine Wohnung.«

Mit diesem Ziel vor Augen hatte ich sofort alle möglichen Aktivitäten begonnen. Regelmäßig erteilte ich jetzt Nachhilfe in Sprachen, nebenbei bemalte ich ausrangierte Glasscheiben aus Mè Loans Garten mit asiatischen Mustern, anschließend verkaufte ich sie im Restaurant.

Daneben fertigte ich in aufwendiger Handarbeit für einige unserer weiblichen Gäste, die stets auf der Suche nach etwas Individuellem waren, selbst entworfene Abendmode. Wenn ich abends und an den Wochenenden kellnerte, trug ich diese Kleider selbst, was die beste Werbung war.

Ich kaufte nach und nach alles, was ein junges Paar als Grundausstattung für ein gemeinsames Leben brauchte. In meinem Zimmer stauten sich Kartons voller Geschirr und Haushaltswäsche, daneben lagen die Einzelteile einer Anrichte. Als meine Eltern einmal für eine Woche verreisten, hob ich kurz entschlossen Geld von meinem Sparbuch ab und machte innerhalb von fünf Tagen den Führerschein. Die Universität von Tours und das angegliederte Dolmetscherzentrum bestätigten meine Zulassung zu einem kompakten Kurzstudium der modernen Sprachen. Der französische Staat hatte mir dafür ein wichtiges Stipendium zugesprochen. Vor meinem ersten Semester kam Hélènes Angebot für den Ferienjob gerade recht. Glücklich stieg ich in den Zug und fuhr für sechs Wochen nach Deutschland.

Doch es kam anders, am Ende der Zeit kehrte ich wieder einmal enttäuscht zurück. Trotz seines festen Versprechens, mir zu schreiben, war die Zeit ohne eine einzige Zeile von Roland vergangen. Als ich ihn, wieder zu Hause angekommen, wütend zur Rede stellte, schwieg Roland beharrlich. Er versuchte nicht einmal, mich mit irgendeiner Ausrede zu besänftigen. Er sah mich nur verlegen an.

»Verrate mir den Grund, warum du mir nicht geschrieben hast, sonst ist es endgültig aus mit uns«, drohte ich.

»Weil ich es nicht kann!«, schrie er endlich und brach in Tränen aus. »Ich kann weder lesen noch schreiben«, gestand er mir völlig aufgelöst. »Deswegen bin ich auch gleich in die Lehre gegangen!«

Mir verschlug es die Sprache. Roland war Analphabet? Ich war über mich selbst entsetzt, vier Jahre lang nichts davon bemerkt zu haben. Doch dann passte mit einem Mal vieles zusammen: seine Zurückhaltung, sobald unsere Freunde auf bestimmte Themen näher eingehen wollten, seine permanente Zurückweisung der Karte im Restaurant, während er andere für sich auswählen ließ, seine Art, Konflikten mit einer angepassten Meinung aus dem Weg zu gehen. Auf einmal war Roland für mich in ein völlig anderes Licht gerückt. Ich unterdrückte das Gefühl, dass unsere Beziehung unter diesen Voraussetzungen wohl aussichtslos war. Er tat mir leid, und ich fühlte mich verpflichtet, ihm eine neue Perspektive zu eröffnen.

»Ich lasse dich nicht im Stich«, tröstete ich ihn und umarmte ihn fest. »Du bekommst von mir Unterricht. Du wirst sehen, es ist nicht schwer.«

So brachte ich Roland in jeder freien Stunde das Lesen und das Schreiben bei und hoffte, seinen längst begrabenen Ehrgeiz erneut zu wecken.

Nirgendwo lässt sich Menschenkenntnis so gut erwerben wie in der Gastronomie. Ehemalige Legionäre und einfache Arbeiter, aber auch Künstler und Diplomaten suchten gern das familiäre Umfeld unseres Lokals auf. Hinzu kamen nicht wenige Polizisten der Umgebung, die eine Sonderbehandlung genossen, weil sie ein Auge zudrückten, wenn beschwipste Nachtschwärmer von uns nach Hause fuhren oder wenn Daniel sie auf dem Weg von der Disco manchmal unerlaubt überholte. Wir hatten Schwule als Gäste, die mir ihren Liebeskummer anvertrauten und mich um Rat baten, den sie mit reichlich Trinkgeld belohnten, und Lesben, die mich mit »Guten Abend, schöne Pflanze!« begrüßten und meine Hand gar nicht mehr losließen. Kamen Gruppen mit Behinderten, verwöhnte meine Mutter sie ganz bewusst mit langen Gesprächen, um aus dem Aufenthalt ein unvergessliches Erlebnis für sie zu machen.

Zu unseren Stammkunden gehörten natürlich auch Liebespärchen, deren Schicksale Mè Loan und ich lange Zeit begleiteten. Die Affären, die wir in all den Jahren miterlebten, ließen sich kaum zählen. Ab und zu saßen kleine Gauner da, die mit gestohlenen Schecks zu bezahlen versuchten.

Manchmal sortierten wir allerdings bestimmte Gäste aus, Geizkragen, die sich für etwas Besseres hielten. Der geizigste und unverschämteste Mensch, dem meine Mutter schließlich den Zutritt verweigerte, war ein bekannter Arzt und Immobilienbesitzer aus der Stadt, der immer freitags am frühen Abend in Begleitung einer jungen Geliebten kam. Mit ihr teilte er sich das kleinste Menü und eine Karaffe Leitungswasser. Woche für Woche ließ er nach seinem Toilettengang die Kloschüssel ungespült, den Wasserhahn aufgedreht, das schmutzige Handtuch auf dem Boden, dafür hatte er den Raumspray sowie die Seife in sein Jackett gesteckt, in dem sich schon Zuckerstückchen aus unserer Zuckerdose befanden.

Einen Gast werde ich niemals vergessen. Der Fremde fiel mir wegen seiner Körpergröße und der strohblonden Haare auf, die ihm eine ganz besondere Ausstrahlung verliehen. Eine charismatische, wohltuende Ruhe ging von ihm aus. Das Merkwürdige an diesem Mann war, wie mir später auffiel, dass er immer dann in meinem Leben auftauchte, wenn es mir sehr schlecht ging oder ich vor einer wichtigen Entscheidung stand.

Das erste Mal war er kurz nach meinem Selbstmordversuch mit dreizehn Jahren erschienen, allein. Er hatte bei Mè Loan seine Bestellung aufgegeben und seltsamerweise gleich nach mir verlangt. Meine Mutter schickte mich mit dem Getränk zu ihm. Ich stellte das Glas auf den Tisch und wollte gerade gehen, als mich sein klarer Blick aus kristallblauen Augen traf. Und da geschah etwas Seltsames: Mir war so, als kommuniziere der Mann telepathisch mit mir.

»Ich weiß, Isabelle«, sagten seine Augen deutlich, »dass du leidest. Dir steht aber ein langer Weg bevor. Habe keine Angst, alles wird gut! Wir sind da.«

Er aß bedächtig weiter, wechselte sporadisch ein Wort mit Mè Loan, bezahlte und ging. Weil mein Herz danach neuen Mut gefasst hatte und ich Gefallen an dem Gedanken fand, dass himmlische Helfer vielleicht doch mitunter menschliche Gestalt annahmen, beschloss ich, ihn den Engel zu nennen.

Immer wieder ertappte ich mich dabei, wie ich auf seinen nächsten Besuch wartete. Allerdings vergingen fünf Jahre.

Für die größte Enttäuschung während dieser Zeit sorgte Roland, indem er unsere gemeinsamen Zukunftspläne erneut weit in die Ferne rückte, obwohl die Bedingungen für ein Zusammenleben mittlerweile erfüllt waren. »Wir ziehen erst zusammen, wenn du auch Geld verdienst«, verkündete er jetzt. »Alles andere wäre zu riskant.«

Ich stand alleine da, verletzt und traurig, und fragte mich, ob Roland mich nur ausnutzte. Tat mir unsere Beziehung noch gut? War es die richtige Entscheidung, zu studieren, anstatt nach einer Arbeitsstelle zu suchen? Wenn nicht, wie sollte mein Leben bloß weitergehen?

Ich fühlte mich einsam und im Stich gelassen wie schon lange nicht mehr. Ausgerechnet da kreuzte mein »Engel« auf.

Er war erneut ohne Begleitung gekommen und besetzte den letzten freien Tisch. Ich brachte ihm die Menükarte. Und als wüsste er genau, was mich bedrückte, als sei es das Normalste von der Welt, kam er sofort auf den entscheidenden Punkt zu sprechen.

»Setze dein Studium fort«, sagte er zu mir. »Sprachen sind wichtig, damit kannst du dich überall integrieren.«

Dann schwieg er und ließ mich in seine Augen blicken, weil, das spürte ich, niemand außer mir im Raum seine Sätze, die klare Antwort, die ich so dringend brauchte, mithören sollte: »Du weißt genau, dass du dem Jungen überlegen bist und ihr nicht füreinander geschaffen seid. Einzig mit dem Herzen zu sehen, bringt dich nicht weiter. Bald wird die Zeit reif sein, um ihn zu verlassen.«

Als der Mann schon lange fort war, fragte ich mich, wie und wann ich seine Worte am besten umsetzen sollte. Ich wunderte mich: Mein schweres Herz war leichter geworden.

Mit zwanzig Jahren durfte ich mich nach einem abgeschlossenen Studium als Diplomdolmetscherin und Diplomübersetzerin in drei Sprachen bezeichnen. Ich gehörte zu den wenigen, die mit einer glatten Eins in jeder Sprache abgeschnitten hatten, weshalb ich mich ohne große Sorgen nach einer ersten Stelle umsah.

Als ich nach einigen Monaten jedoch immer noch ohne Arbeit war – mal war ich zu jung, mal weil ich mich weigerte, ohne Vertrag zu arbeiten oder bei einem »netten Abend« das Bewerbungsgespräch fortzusetzen –, nahm ich erst einmal einen Job in den USA an. Gegen Kost und Logis sollte ich in einer texanischen Familie die Frau in Französisch unterrichten und parallel dazu die dortige Uni besuchen.

Ich bezahlte den Flug selbst und landete mit einhundertzwanzig Dollar in der Tasche in Dallas, genug, um mir alle Extrawünsche in den kommenden drei Monaten finanzieren zu können. Während dieser Zeit entstand eine enge Freundschaft mit der Gastfamilie. Heidi und ihr Mann Lee boten mir ihre Hilfe an, sollte ich eines Tages mein Glück in Amerika versuchen wollen.

Kurz nach meiner Rückkehr bewarb ich mich bei der Stadt Tours und wurde in einem pompösen Festakt zur Kulturbotschafterin für ein Jahr gewählt. Ich hoffte, während dieser Zeit in der Stadtverwaltung eine feste Stelle zu bekommen. Doch außer Anerkennung und Geschenken lag mir nach dem Jahr nur das Angebot eines selbstverliebten Hauptamtleiters vor. »Werde meine Geliebte, und ich besorge dir einen Job als Sekretärin«, hatte er gesagt und anzüglich hinzugefügt: »Du hättest nichts weiter zu tun, als einen Ersatzschlüpfer am Arbeitsplatz bereitzuhalten ...«

Inzwischen war mein Erspartes für zahllose Bewerbungen draufgegangen. Grund genug für meinen Vater, seinen Zorn an mir auszulassen. »Verdammt nochmal! Wozu habe ich mir für euch Kinder das Letzte vom Mund abgespart? Dann wandere eben aus«, fing er an.

Ein heftiger Streit eskalierte, als ich mich nicht einschüchtern ließ und mich weigerte, klein beizugeben.

»Du wirst es niemals zu etwas bringen und wie eine Bettlerin leben!«, prophezeite er mir drohend.

Nach dieser Auseinandersetzung ging es mir richtig schlecht. Es war für mich ungewohnt, dass ich mich ihm auch verbal widersetzte. Spontan rief ich meine Schwester an, denn zu Hause hatte ich niemanden mehr, der mir in meiner Not helfen konnte. Die Beziehung zu Roland war längst abgestumpft und stand vor dem Aus. Er besaß keinen Ehrgeiz, sondern war mit dem zufrieden, was er hatte. Allerdings war er berechnend. Seit ich ihm den Kauf seines Autos zur Hälfte finanziert hatte, bezeichnete er mich vor allen Leuten schamlos als seine »Verlobte« – ohne mir freilich je einen Antrag gemacht oder einen Ring geschenkt zu haben.

Inzwischen wusste ich genau, dass ich von niemandem mehr fremdbestimmt sein wollte. Genauso wenig wollte ich einen Mann aushalten. Wenn ich also noch an Rolands Seite blieb, dann nur, weil ich nicht wusste, wie es mit mir weitergehen sollte, und ein wenig auch aus Mitleid.

Bei dem Telefongespräch mit Hélène fasste ich mich kurz. »Es geht mir schlecht. Ich hatte einen Streit mit Papa. Nimmst du mich für ein paar Tage bei dir auf?«

Meine Schwester sagte sofort zu. Am gleichen Tag noch setzte ich mich in den nächsten Zug nach Deutschland.

Ein unsanfter Tritt

»Es wird uns schon etwas einfallen«, sagte meine Schwester zuversichtlich, nachdem ich ihr am nächsten Tag verzagt meine Situation geschildert hatte. Seit sie und Gerd geheiratet hatten, lebten sie glücklich in einem großen Haus. Wenigstens sie hat etwas aus ihrem Leben gemacht, dachte ich.

Dann wechselten wir das Thema und merkten gar nicht, wie die Zeit verging. Am Nachmittag klingelte es an der Tür. Hélène sprang auf und sagte: »Mensch, ich habe ganz vergessen, dir zu sagen, dass wir heute Besuch erwarten. Seitdem Stephan im Ausland lebt, kommt er einmal im Jahr zu uns. Er hat sich gestern angemeldet. Du kennst ihn doch schon.«

Verdutzt verneinte ich.

»Aber natürlich, ihr seid euch hier schon begegnet. Der Hübsche, der mit dem Maserati ... Den hätte ich vielleicht gern als Schwager!«, scherzte sie und ging zur Tür.

Ich versuchte dem Namen ein passendes Gesicht zu geben. Stephan, Stephan? Nicht doch ... Und wie ich mich erinnerte! Entsetzen erfasste mich: Stephan war dieses arrogante Arschloch, von dem alle so begeistert waren. Ein Macho mit pechschwarzem, schulterlangem Haar und Schnurrbart. Im Sommer vor zwei Jahren, als ich hier ein Praktikum absolviert hatte, war er mit Silberkette und weit geöffnetem Hemd am Steuer seines knallroten Sportwagens mit dröhnendem Motor vorgefahren. Ein fast zu gut aussehender Mann mit olivgrünen Augen und mit Wimpern, die jede Frau vor Neid erblassen ließen. Er war unangemeldet aufgetaucht, begleitet von einer Schönheit, die sich gleich einen extravaganten Drink bestellt hatte. Als Ingenieur verdiente er in der Sowjetunion sein Geld, viel Geld, wie es schien. Da der Kerl es offensichtlich gewohnt war, angehimmelt zu werden, hatte er bei mir schlechte Karten gehabt. Wir hatten kaum fünf Minuten miteinander gesprochen, und das auch nur, weil Gerd, sein Studienfreund, von meinen Russischkenntnissen erzählt hatte, um ein Gespräch in Gang zu bringen. Als dann Hélène eine Spritztour in seiner »Rakete« vorgeschlagen hatte, war ich in die Küche verschwunden, hatte mir eine Plastikschüssel gegriffen und mich mit den Worten verabschiedet: »Ich gehe lieber Heidelbeeren pflücken. Bin in zwei Stunden wieder da. War nett, Sie beide kennenzulernen.« Erst als sie fort waren, war ich zurückgekehrt.

Nun war »Mister Wichtig« also wieder hier.

»Ich gehe hoch!«, rief ich und rannte schon zur Treppe, als Stephan plötzlich vor mir stand.

Er sah ganz anders aus als das letzte Mal. Sein Haar war kurz, der grässliche Schnurrbart war ab. Das Hemd war anständig geknöpft. Er sah, ich musste es mir eingestehen, einfach umwerfend aus! Und er war allein.

Ich machte den ersten Schritt auf ihn zu. Damit wir uns auf die Wangen küssen konnten, wie in Frankreich üblich, hielt ich ihm mein Gesicht hin. Gleichzeitig spürte ich seine ausgestreckte Hand an meinem Bauch. Verwirrt wechselten wir die Position. Dieses Mal hatte ich seine Wange vor dem Mund und er meine Hand an seinem Bauch. Wir lachten. Ich wurde rot.

Dann ergriff er die Initiative und sagte mit tiefer Stimme: »Diese Art ist mir viel lieber«, und schon nutzte er meine Überraschung aus, um mich auf beide Wangen zu küssen.

»Bleib doch bei uns«, bat mich Hélène, »komm schon!« Also nahm ich bei ihnen Platz und versuchte, meine Verlegenheit in den Griff zu bekommen.

Zu viert unterhielten wir uns lebhaft. Nach dem Kaffee zeigte uns Stephan noch mitgebrachte Dias über Kasachstan. Die spannenden, lustigen Schilderungen seiner Erlebnisse dort sowie viele Anekdoten brachten mich auf andere Gedanken und ließen mich bald meinen Kummer vergessen.

Als Hélène und ich ein kleines Abendessen in der Küche zubereiteten, hörte ich, wie er Gerd erzählte, dass er dieses Mal mit einer Tatarin liiert sei, was ihn jedoch nicht daran gehindert hätte, eine Blitzaffäre mit ihrer besten Freundin zu haben. Gerd lachte. Mir stach es leicht ins Herz. Denn ohne es zu merken hatte ich angefangen, ihn zu mögen.

Spätabends wurden Hélène und Gerd müde. Da Stephan einige Tage bei ihnen verbringen wollte, verabschiedeten sie sich. Auf dem Weg nach oben wartete meine Schwester auf mich, doch ich blieb sitzen und sagte zu meinem eigenen Erstaunen: »Ich komme später.«

Mein Herz machte einen Sprung, als Stephan hinzufügte: »Nur noch ein paar Minuten ...«

Etwas überrascht nickte sie und ging.

»Möchtest du eine Tasse Tee?«, fragte ich, als ob ich schon immer hier wohnen würde.

»Ja, gerne, aber nicht nur für mich«, antwortete er.

Ich ging in die Küche und hoffte, dass die moderne Teemaschine, die ich noch nie bedient hatte, mich nicht im Stich lassen würde.

An diesem Abend sprachen wir über alles, was uns bewegte, stundenlang. Immer wieder kochte ich eine weitere Kanne Tee und betete heimlich beim Gang zur Toilette, dass keiner von uns sagen würde: »Nun, es ist schon spät ...«

Es war vier Uhr, als ich plötzlich fröstelte. Aber es war nicht die Kälte der Nacht, sondern eher ein warmes Frösteln, ein Zittern des Herzens.

Stephan bemerkte es. »Aber du frierst ja«, sagte er. »Jetzt koche ich uns einen letzten Tee, aber vorher hole ich dir eine Decke. Bist du müde?«

Ich verneinte. Selbst wenn es so gewesen wäre, hätte ich es nie im Leben zugegeben. Während er weg war, musste ich mir eingestehen, dass ich mich gewaltig in ihm getäuscht hatte. Dieser Mann war gebildet und nett – was konnte es Besseres geben. Nachdem er mich in eine Decke gehüllt hatte, wärmte er meine Füße mit seinen Händen.

Wir unterhielten uns weiter, bis wir irgendwann verstummten und ich so etwas wie Liebe in seinen Augen zu sehen glaubte. Auch wenn ich es völlig verrückt fand, erst vierundzwanzig Stunden zuvor vor meiner dunklen Vergangenheit geflüchtet zu sein, und es gewiss nicht meine Art war, gleich mit dem ersten Unbekannten anzubändeln, fragte ich aus Angst, dass es einen derart magischen Moment vielleicht nie mehr in meinem Leben geben würde, vorsichtig: »Woran denkst du?«

Offenbar überrascht von meiner direkten Art, antwortete er verlegen: »Das kann ich nicht sagen, es wäre nicht anständig.« Mit einer leichten Aufforderung in der Stimme wiederholte ich meine Frage: »Ich will es aber hören. Sag mir bitte, woran du denkst.«

Das Feuer in seinen Augen flammte auf. Ich wusste, was er sagen würde, und ich selbst wünschte mir nichts anderes.

Selbst ein Weg von tausend Meilen beginnt mit einem Schritt, lautet ein japanisches Sprichwort. Vermutlich gehörte es auch dazu, dachte ich, dass sich das Herz derjenigen, die diesen Schritt – wie ich an diesem Tag im Juli – endlich wagten, mit Erleichterung und Traurigkeit zugleich füllte. Die Gesichter meiner vollkommen überraschten Eltern ließen mich nicht mehr los.

»So, ich gehe jetzt.« Meine Stimme klang fest, frei von jeder Sentimentalität. Wir saßen morgens am Wohnzimmertisch bei einer Schale Tee zusammen.

»Wohin?«, fragte mich mein Vater, ahnungslos. »Irgendwohin«, antwortete ich. »Ich ziehe aus. Jetzt.«

Mè Loan erschrak. Ungläubig fragte sie: »Du ziehst aus? Aber Kind, was willst du machen? Wohin gehst du?«

Ohne ihr eine Antwort zu geben, stand ich auf und küsste erst meinen Vater, der noch nicht begriffen hatte, was passierte. Seine Stimme, diese Stimme, die ein Leben lang nur angewiesen hatte, war auf einmal verstummt. Dann umarmte ich meine Mutter, um mir ein letztes Mal ihren Geruch einzuprägen, den ich so liebte, und vermied, ihr länger in die Augen zu schauen. Der Schmerz und die Machtlosigkeit, die ich darin las, ließen mich flüstern: »Mache dir keine Sorgen. Es ist alles in Ordnung. Irgendwann melde ich mich bei dir ...«

Ich wusste, dass meine Mutter niemanden mehr hatte außer mir. Nachdem mein Vater auch Daniel aus dem Haus geekelt hatte, waren die darauf folgenden Versuche meines Bruders, Mè Loan zu einer Scheidung zu bewegen, gescheitert. Und nachdem er eines Tages damit gedroht hatte, »den Tyrannen abzuknallen«, hatte Daniel seinem Zuhause den Rücken gekehrt.

Nun war ich an der Reihe. Mè Loan musste meinen abrupten Abschied verwinden. Ohne weitere Erklärung zog ich die Tür hinter mir zu. Hier, in diesem Haus, sollten die dunkelsten Erinnerungen meiner Kindheit für immer ruhen, und mit diesem Haus sollten sie zurückbleiben.

Roland hatte darauf bestanden, mich zum Bahnhof zu begleiten. Ich stieg in den Zug ein. Die schweren Türen gingen aufeinander zu und ließen sein blasses Gesicht langsam verschwinden.

»Alors, salut …«, sagte er zum Abschied.

Ich lächelte nur. Der Zug fuhr los. Winkend lief er einige Schritte nebenher und verschwand dann aus meinen Augen, aus meinem Leben, aus meinem Sinn. Und mit ihm meine kindlichen Träume von einem Helden.

So ungewiss meine Zukunft auch war, allmählich wuchs die Freude auf einen wirklichen Neuanfang. Ein Jahr hatte ich mir gegeben, um in Deutschland Fuß zu fassen. Sollte es mir dort nicht gefallen oder würde ich nicht den erhofften Erfolg haben, wollte ich nach Amerika weiterziehen, zu Heidi und Lee. Nichts und niemand hätte mich von diesem Plan abbringen können. Weder Hélènes Zuversicht, mit ihrer Unterstützung bald eine gute Stelle zu finden, noch Stephan, dem ich von vornherein klarmachte, dass eine feste Beziehung für mich nicht in Frage kam. »Sie würde uns nur daran hindern, eigene Ziele zu verfolgen«, hatte ich behauptet. »Es spricht zwar nichts dagegen, dass wir uns treffen, aber jeder von uns sollte als freier Mensch, ohne jegliche Verpflichtung sein Leben führen.« Das hatte er akzeptiert.

Mit jedem Kilometer, den ich zurücklegte, wurden meine Gedanken klarer, und bald wich meine Traurigkeit einer großen Dankbarkeit. Den endgültigen Entschluss, zu gehen, hatte ich in der Tat meinem »Engel« zu verdanken.

Anderthalb Jahre waren seit seinem letzten Besuch vergangen. Ich hatte immer mehr Zeit damit verbracht abzuwarten, dass sich etwas in meinem Leben änderte, ich hatte immer öfter dem Schicksal die Schuld dafür zugewiesen, dass nichts geschah, ich war zunehmend in

Selbstmitleid verfallen. Dann kreuzte der Mann plötzlich wieder auf, zum dritten und letzten Mal.

Freudig überrascht, ihn wiederzusehen, hieß ich ihn mit einem breiten Lächeln willkommen. Ich war erstaunt, eine Frau an seiner Seite zu sehen.

Anstatt mich zu begrüßen, durchbohrte mich sein Blick, und sofort folgte in einem strengen und vorwurfsvollen Ton die Frage: »Was machst du noch hier?«

Erschrocken und verletzt blieb ich einfach stehen, schweigend.

Er wiederholte seine Frage.

Als ich noch immer kein Wort herausbrachte, ließen mir seine Augen eine unmissverständliche Botschaft zukommen, eine Wahrheit, die ich die ganze Zeit nicht hatte sehen wollen: Eine Zukunft bietet sich erst an, wenn man sie selbst in die Hand nimmt.

Dieser recht unsanfte »göttliche Tritt« ließ mich endlich aus meiner Lethargie erwachen und den längst überfälligen Schritt machen. Nur Tage später verließ ich meine Heimat für immer.

INS FREIE

Meine erste Anlaufstelle war erneut meine Schwester. Hélène und ihr Mann nahmen mich nicht nur gern auf, sie stellten mir mit schöner Selbstverständlichkeit das geräumige Dachstudio zur Verfügung, das bisher als Bügelzimmer gedient hatte. Ich war ihnen so dankbar, der erste Schritt war geschafft. Meine Schwester sagte zu mir: »Lass dir Zeit und mach dir keine Sorgen. Genieße erst einmal deine neue Freiheit.« Der größte Stein fiel mir vom Herzen, als sie mich gegenüber meinem Vater verleugnete. Er suchte überall nach mir und rief jeden, den er kannte, an. Unter Hélènes Dach fühlte ich mich vollkommen geborgen.

Stephan und ich waren auf eine abtastende, skeptische Art zusammen. Als hätten wir Angst vor mehr Nähe, versicherten wir uns häufig, dass es mit uns nicht gut gehen würde. »Menschen sind nicht dafür geschaffen, ein Leben lang miteinander zu verbringen«, behauptete Stephan, worauf ich nüchtern konterte: »Unserer Beziehung gebe ich sowieso keine fünf Tage!«

Offenbar brauchten wir das Gefühl, frei zu sein und uns nicht verstellen zu müssen. Dann konnten wir anfangen, den anderen davon zu überzeugen, dass sein Pessimismus vielleicht doch nicht gerechtfertigt war ...

Bald lernte ich Stephans Verwandtschaft kennen. Der liebevolle Umgang, den die Geschwister miteinander pflegten und auch die Eltern, obwohl ihre Ehe gescheitert war, überraschte mich. Sie schienen mir alle ausgesprochen zufriedene und ausgeglichene Menschen zu sein, eine ganz neue Erfahrung für mich.

Obwohl ich die Harmonie als sehr angenehm empfand, wurde ich allerdings argwöhnisch, als sich Stephans Vater auch an den Wochenenden, an denen sein Sohn verreist war, telefonisch nach mir erkundigte. Warum war er so sehr an mir interessiert?

»Warum ist dein Vater so nett zu mir? Will er etwas von mir?«, fragte ich endlich Stephan.

Erschrocken riss er die Augen auf. »Aber nein! Er mag dich halt, wie eine eigene Tochter, und meint es nur gut. Warum denkst du gleich so schlecht über die Menschen?«

Das fragte ich mich auch. Ich konnte ihm nicht sagen, wie tief mich in Wahrheit diese väterliche Fürsorge aufwühlte – ich hatte sie nie erlebt und wusste überhaupt nicht, wie ich damit umgehen sollte.

Vertrauen zu fassen war für mich alles andere als leicht. Stephan hatte mich inzwischen in seinen Freundeskreis eingeführt, und darunter befanden sich immer wieder Menschen, die entweder den Überblick über seine Eroberungen verloren hatten oder die es gezielt darauf anlegten, mich zu verunsichern. »Ach, du bist die Neue?« oder »Du bist bestimmt die Susi aus Stuttgart« gehörten zu den harmloseren Bemerkungen. Richtig übel wurde es, wenn Stephan, während ich neben ihm stand, gefragt wurde: »Aber wolltest du nicht Svetlana, dieses Mädchen aus Russland, heiraten?«

Wir setzten uns darüber hinweg, doch solche Gemeinheiten trafen mich immer ganz direkt. Ich kannte Stephan ja noch nicht lange, woher konnte ich wissen, wie sehr er diese Svetlana geliebt hatte und ob es vielleicht doch in seiner Natur lag, untreu zu sein? Den absoluten Tiefpunkt markierten jedoch die gar nicht so seltenen Versuche anderer Frauen, ihn ganz für sich zu vereinnahmen und mich an die Seite zu drängen. Auch über anzügliche Telefonanrufe und offene Avancen per Post, sogar mit beigefügtem Bild, von Petra, Doris, Beate, Annette oder wie sie alle hießen, konnte ich, im Gegensatz zu Stephan, überhaupt nicht lachen. Natürlich war ich eifersüchtig, und am liebsten hätte ich die Flucht ergriffen. Sollte er seine Freiheit genießen, aber dann ohne mich.

Meistens zog ich mich aber nur zurück, voller Zweifel und still leidend, und sagte mir: Nein, er ist kein schlechter Mensch. Ich will an ihn glauben. Ich muss endlich lernen, jemandem zu vertrauen, ich will es zumindest versuchen.

Wenn Stephan merkte, dass es mir schlecht ging, kümmerte er sich liebevoll um mich. Er umgarnte mich mit Blicken, die einen Gletscher zum Schmelzen gebracht hätten, und verbrachte demonstrativ viel Zeit mit mir. Allmählich gelang es mir, ihm voll und ganz zu vertrauen, auch weil es ihm nichts ausmachte, mir immer wieder neu seine Liebe zu versichern. Weil ich es hören wollte, wieder und wieder, weil ich es brauchte.

Für die unvergesslichste Achterbahn der Gefühle sorgte er allerdings selbst. Bei seiner Abreise in die Sowjetunion hatte er mir versprochen, bald zu schreiben und rechtzeitig genug heimzukehren, damit wir Weihnachten zusammen verbringen konnten. Es war sein Vorschlag gewesen. Doch dann verging die Zeit, ich wartete und wartete, und nichts geschah. Der Herbst ging zu Ende. Wochen, Monate ohne ein Lebenszeichen.

Wie habe ich mich bloß so täuschen können, fragte ich mich. Böse Erinnerungen lebten auf, ich konnte sie einfach nicht mehr verdrängen. Dieses Schwein hat dich angelogen und ausgenutzt, dachte ich und gestand mir schließlich ein, dass das wohl das Aus war. Ich war fassungslos und am Boden zerstört.

Umso irritierter war ich, als ich eines Tages, mitten im Winter, ein Meer roter Rosen von einem Boten entgegennahm. Meine Wut wuchs erst richtig, als ich den beigefügten Brief las. Stephan hatte eine leidenschaftliche Liebeserklärung verfasst, und nebenbei teilte er mir mit, dass sich sein Aufenthalt leider um ein paar Monate verlängerte. Wenn du glaubst, dich so einfach aus der Affäre ziehen zu können, täuschst du dich gewaltig, schimpfte ich vor mich hin. Ein Mann, der sein Wort nicht hält, ist für mich kein Partner!

Bald darauf versuchte Stephan, mich aus Kasachstan telefonisch zu erreichen. Ich ignorierte alle seine Anrufe und ließ über Gerd oder Hélène ausrichten, dass ich für ihn nicht zu sprechen sei. Zwei Monate lang versuchte er mehrmals täglich, mit mir zu sprechen. Vergeblich. Ich wusste, dass die Gespräche vorab bestellt werden mussten und er durch die Zeitverschiebung oft mitten in der Nacht aufstehen musste; außerdem kostete ihn das Ganze ein Vermögen. Aber das geschah ihm recht.

Kaum war er wieder in Deutschland gelandet, rief er vom Flughafen aus an. »Geh jetzt endlich ran«, bedrängte mich Hélène. »Sonst steht er in zwei Stunden hier auf der Matte!«

Am Telefon gab ich mich unverbindlich, aber höflich, und schließlich willigte ich ein, ihn für eine Aussprache zu treffen. Allerdings könnte das erst am nächsten Tag sein, da ich für den Abend schon »etwas vorhatte«.

Ich war felsenfest überzeugt, ihn nicht mehr zu lieben, und hatte das auch jedem erzählt, der es wissen wollte. Aber als Stephan am nächsten Morgen den Raum betrat, war in einem Moment alles vorbei, und dieses überwältigende Gefühl kam wieder in mir hoch. Mist, dachte ich, du liebst ihn doch noch.

Ich ließ mir nichts anmerken und achtete eisern darauf, ihm nicht zu nahe zu kommen, während es Gerd und Hélène ziemlich unwohl in ihrer Haut war und sie verzweifelt versuchten, Konversation zu betreiben. Stephan starrte mich mit zugleich traurigen und glühenden Augen an. Plötzlich, mitten im Satz, stand er auf, packte meine Hand und sagte zu den beiden: »Es macht euch bestimmt nichts aus, wenn wir ein bisschen spazieren gehen?«

Es bedurfte nur weniger Schritte, und die ganze Wut, die sich monatelang in mir angestaut hatte, kam hoch. »Ich kann nicht immer genau sagen, was ich will«, legte ich los, »aber ich weiß sehr genau, was ich nicht will: so jemanden wie dich! Charakterlose Menschen, die es nicht einmal für nötig halten, zu ihrem Wort zu stehen, gibt es sehr viele. Ich dachte, du wärst anders, aber du bist bloß leer. Ich muss mir das nicht antun!«

Er war richtiggehend schockiert und begann, sich zu verteidigen: »Ich wusste doch nicht, dass du so viel Wert auf mein Wort legst …«

Ich warf ihm einen vernichtenden Blick zu: »Nun weißt du es. Fahr nach Hause und lass mich alleine!«

Ich ließ ihn stehen und lief heim. Ich hatte keine Ahnung, wie es weitergehen sollte. Hatte er eine neue Chance verdient oder nicht? Was wollte ich noch von ihm?

»Und, habt ihr euch versöhnt?«, überfiel mich Hélène zu Hause erwartungsvoll.

»Das glaube ich nicht«, antwortete ich und ging nach oben, unendlich deprimiert.

Einige Minuten später hörte ich, wie Stephan das Haus betrat, sich verabschiedete und dann mit aufheulendem Motor wegfuhr.

Am nächsten Morgen passte er mich auf der Straße ab.

»Was willst du noch?«, fragte ich barsch und marschierte los, ohne auf Antwort zu warten.

Er folgte mir und wurde schnippisch: »Vielleicht könnte die Dame mal kurz auf mich warten!«

Ich war auf dem Weg zur Post und lief einfach weiter. Nachdem ich den Brief eingeworfen hatte, drehte ich mich zu ihm um: »Niemand hat dich gebeten, mitzukommen!«

Plötzlich hielt er mich am Ärmel fest und verkündete strahlend: »Schatz, ich habe eine Überraschung! Wir zwei fliegen morgen nach Gran Canaria, in ein richtig schönes Hotel. Lass es mich bitte wiedergutmachen!«

Mein Herz wollte schon einen Satz machen, aber meine Wut war schneller. »Erstens bin ich nicht dein Schatz, und zweitens fliege ich nirgendwohin! Punkt.«

Stephan glaubte an einen Scherz, doch als ich ihn stehen ließ, begriff er, dass es mir ernst war.

»Aber das kannst du doch nicht machen, ich habe fest gebucht. Ich habe einen Haufen Geld gezahlt, für uns zwei, nur für uns, als Neuanfang!«

Seine Anspielung auf das Geld machte mich noch wütender, und noch auf der Straße machte ich meinem Zorn Luft.

»Was denkst du eigentlich, wer ich bin? Und wer du bist? Glaubst du wirklich, dass du mich kaufen kannst? Verschwinde!«

Stephan war fassungslos. »Jede andere Frau würde mir dafür um den Hals fallen«, rief er mir hinterher.

»Dann nimm doch die anderen mit!«, erwiderte ich gehässig, ohne mich umzudrehen. »Ich bin eben nicht ›jede andere‹.«

Ein älterer Herr kam uns entgegen. In seiner Verzweiflung wandte sich Stephan direkt an ihn.

»Können Sie sich das vorstellen? Dieser Frau hier schenke ich einen Urlaub in der Sonne, mit allem Drum und Dran. Und sie will nicht!«

Der Mann klopfte ihm tröstend auf die Schulter. »Tja, mein Junge ... In der Liebe ist es nicht einfach, man muss kämpfen. Kopf hoch! Das wird schon ...«

Erst als Stephan mir hinterhergerannt kam und inständig versprach, von nun an sein Wort zu halten, ließ ich mich erweichen. Nicht ohne ihn jedoch mit Hilfe von Hélène meinen Koffer packen zu lassen ...

Das Leben ist Risiko

Absichtlich hatte ich mir eine Arztpraxis in einer entfernten Stadt ausgesucht, um in wirklicher Anonymität die Antwort auf eine Frage zu bekommen, die mich extrem beschäftigte. Ich wollte endlich erfahren, ob eine physische Fehlkonstruktion der Grund war für meine Blockade beim Sex. Der Frauenarzt schaute mich freundlich an, als ich ihm, einigermaßen verlegen, nach der Untersuchung diese Frage stellte.

»Ein Orgasmus muss erst im Kopf zugelassen werden, damit es funktioniert«, sagte er. »Machen Sie sich keine Sorgen, organisch sind Sie völlig gesund. Worauf es ankommt, ist Ihr Kopf, er entscheidet, er muss frei sein.«

Die Aussage beruhigte mich zwar, doch sie warf eine neue Frage auf: Wie sollte ich meine Vergangenheit aus dem Kopf bekommen, wo sie doch ein Teil von mir war? Darauf wusste ich keine Antwort.

Stephan und ich waren seit einem Jahr zusammen, aber ich spürte, dass mich etwas gefangen hielt, und das belastete unsere Beziehung. Seine Anläufe, das Thema anzugehen, hatte ich stets abgeblockt. Obwohl mein Verstand mir sagte, dass ich ihm alles anvertrauen konnte, zog ich mich jedes Mal in ein krampfhaftes Schweigen zurück. Stephan blieb nach wie vor rücksichtsvoll und einfühlsam, doch als er mir eines Tages während eines langen

Spaziergangs offenbarte, dass er die Ursache inzwischen bei sich vermutete, und ich merkte, wie sehr ihn das verunsicherte, konnte ich es nicht mehr ertragen. Ohne nachzudenken sagte ich: »Nein, es liegt nicht an dir. Als ich noch ein Kind war, hat mein Vater mit mir Sachen gemacht, die ein Vater mit seiner Tochter nicht tun darf. Das ist der Grund.«

Ich konnte nicht glauben, dass ich es gesagt hatte. Endlich waren die Worte heraus!

Stephan wich zurück, erschrocken und fassungslos. »Hat dein Vater mit dir geschlafen?«, fragte er.

»Nein«, antwortete ich, »sonst hätte ich mich sicher umgebracht ... Da waren halt andere Sachen, schlimme Sachen.«

Er schwieg und umarmte mich lange. Zum ersten Mal konnte ich in seinen Armen weinen. Ab diesem Tag war Stephan klar, dass es Jahre dauern würde, bis meine Wunden heilen würden. Doch ich war mir sicher: Er spürte, genau wie ich, dass wir es gemeinsam schaffen würden.

»Jetzt verstehe ich ...«, sagte er leise. »Hab keine Angst, wir haben das ganze Leben vor uns. Und ich habe Geduld, viel Geduld.«

Mein beruflicher Weg nahm allmählich Gestalt an. Ich hatte mich bei einer Firma für Maschinenbau als Assistentin der Geschäftsführung beworben und den Job erhalten, Fremdsprachenkenntnisse, insbesondere Russisch, waren dafür die Voraussetzung gewesen. Hélène hatte mir geraten, bescheiden zu sein, doch ich hatte meine Gehaltsvorstellung kompromisslos durchgesetzt. Obwohl ich über keinerlei Berufserfahrung verfügte, übertraf meine Bezahlung die ihre bei weitem.

»Klar«, sagte sie verblüfft und zwang sich ein Lächeln ab, als ich ihr voller Stolz meinen Vertrag zeigte. »Du hast schließlich studiert ...«

Ihre mäßige Begeisterung enttäuschte mich, doch war ich viel zu aufgeregt über meinen Erfolg, um mir weiter Gedanken zu machen. Hélène und ich hatten bereits alles festgelegt. Für die Miete, die ich von nun an zahlte, wurde ein Dauerauftrag eingerichtet. Und für die Fahrt zur Arbeit, zwanzig Kilometer hin, zwanzig Kilometer zurück, stand mir ihr unbenutzter dritter Wagen zur Verfügung, bis ich mir ein eigenes Auto leisten konnte. Das Schicksal meinte es endlich gut mit mir!

Am Abend vor meinem ersten Arbeitstag kam ich in Begleitung von Stephan nach Hause. Sobald ich arbeitete, würden wir wenig Zeit füreinander haben, also hatten wir in den letzten Tagen fast immer nur zu zweit etwas unternommen. Wir waren bestens gelaunt, als wir plötzlich Gerd und Hélène mit versteinerten Mienen im Wohnzimmer stehen sahen. Die Begrüßung war eisig.

»Weißt du, welcher Tag morgen ist?«, fragte mich meine Schwester vorwurfsvoll.

»Ja, natürlich«, antwortete ich. Was war los? Ich verstand nichts. »Morgen fange ich zu arbeiten an.«

»Und hast du dir, während ihr Spaß hattet, auch schon Gedanken darüber gemacht, wie du zur Arbeit kommst?«, fuhr sie bissig fort.

»Aber wieso denn ...«, fragte ich ahnungslos. Verwundert blickte ich zu Stephan, worauf wollte sie hinaus? »Du gibst mir doch dein Auto.«

»Nein, das tue ich eben nicht!«, kläffte sie mich an. »Dort an der Kreuzung ist eine Bushaltestelle, geh hin und schau nach den Abfahrtszeiten. Meinen Wagen kriegst du nicht!«

Ich fiel aus allen Wolken. Ich konnte nicht glauben, was ich gerade erlebte, und suchte in Gerds Augen nach Hilfe. Sein verkrampftes Lächeln, während er nickte, verriet mir, dass er seiner Frau zustimmte. Offenbar war in meiner Abwesenheit beschlossen worden, mir nicht länger helfen zu wollen.

Stephan, der bisher geschwiegen hatte, nahm meine Hand und sagte zu mir: »Kein Problem, das machen wir. Komm, mein Schatz, lass uns gehen ...«

An der Bushaltestelle stellten wir fest, dass es keinen Anschlussbus gab, um die Firma rechtzeitig zu erreichen. Verzweifelt brach ich in Tränen aus. »Das kann nicht sein! Was habe ich ihnen denn getan?«

Wir setzten uns in die nächstbeste Kneipe.

»Ich muss mich meiner Schwester fügen«, überlegte ich. »Ich werde sie bitten, sich alles noch einmal durch den Kopf gehen zu lassen. Wahrscheinlich war ich zu lange weg mit dir ...«

Stephan wischte mir die Tränen aus dem Gesicht. »Das glaube ich langsam auch«, sagte er fürsorglich.

Dann holte er Geld aus seiner Tasche. »Hier, nimm das. Morgen fährst du mit dem Taxi.«

»Bist du verrückt?«, wehrte ich ab. »Wie sieht das denn aus, sich mit einem Taxi zur Arbeit chauffieren zu lassen. Und übermorgen? Hélène hat mich in der Hand, früher oder später werde ich sie anbetteln müssen. Wenn ich nur wüsste, was plötzlich mit ihr los ist …«

Stephan lächelte mich zuversichtlich an. »Mach dir keine Sorgen, uns fällt schon etwas ein.«

Mit dunklen Ringen unter den Augen trat ich am nächsten Tag meine Arbeit an. Es kostete mich unsägliche Mühe, mich auf meine neue Aufgabe zu konzentrieren.

Am Abend stieg ich daheim aus dem Taxi, völlig zermürbt. Im Hof stand ein fremdes Auto, ein nagelneuer Golf GTI in der Sportversion. Gerd und Hélène hatten offenbar Besuch. Im Haus erwarteten mich allerdings nur die völlig verblüfften Gesichter der beiden, und Stephan. Mit einem Kuss händigte er mir einen Schlüssel aus und sagte: »Das Auto da draußen gehört dir, mein Schatz …«

Seit diesem Vorfall war nichts mehr wie früher. Der Schock saß tief, auch wenn sich Hélène und Gerd wieder ausgesprochen freundlich benahmen. Ab jetzt war ich jederzeit auf neue böse Überraschungen gefasst.

Ich versuchte, mich möglichst normal zu verhalten, doch leider zerbrach auch diese künstliche Harmonie. Hélène und Gerd fingen an, sich immer öfter zu streiten, erst hinter verschlossenen Türen, dann ungeniert direkt vor mir. Ihre Auseinandersetzungen wurden von Mal zu Mal heftiger. Danach hockte sich mein Schwager frustriert vor den Fernseher oder fuhr vorzeitig in seine Dienstwohnung. Hélène rauchte eine Zigarette nach der anderen und regte sich beim Putzen ab, um anschließend bei mir Trost zu suchen.

Als sich die Abstände zwischen Gerds Geschäftsreisen immer mehr verkürzten, bekam ich die heftigen, unvorhersehbaren Gemütsschwankungen meiner Schwester voll zu spüren. Bald machte sie mir das Leben zur Hölle. Hélène kannte mich gut, sie wusste, wo ich verletzbar war. Ich war ihren gezielten Demütigungen und Quälereien ausgesetzt, denen ich nichts entgegenzusetzen hatte. Einmal setzte sie mir den Floh ins Ohr, dass meine Zähne schief und krumm waren, während Stephans Verflossene perfekte Zähne gehabt habe. Ein anderes Mal bat sie mich inständig, ein aufwendiges vietnamesisches Gericht zuzubereiten, woraufhin ich den halben Tag am Herd zubrachte. Kaum war alles fein säuberlich angerichtet, liebkoste sie ihren Schäferhund und warf ihm einen Großteil des Essens in seinen Napf, weil sich Gerd eigentlich ein Schnitzel gewünscht habe ...

Dann kam es zu unserem Blumenkrieg. Gerd hatte ihr eines Tages zur Versöhnung einen Blumenstrauß mitgebracht, und sie bedankte sich vor Stephan und mir demonstrativ mit einem langen Kuss dafür. Als wir alleine in der Küche waren, konnte sie es sich nicht verkneifen, mich zu provozieren: »Mein Mann liebt mich, er schenkt mir Blumen. Und was macht deiner?«

Stephan hatte das zufällig mitbekommen, und bevor er zu einem längeren Arbeitsaufenthalt aufbrach, gab er einen Dauerauftrag bei einem Blumenhändler ab. Sein täglicher Gruß tröstete mich.

Inzwischen hatte sich die Situation dermaßen zugespitzt, dass ich nicht einmal von meinem Zimmer aus telefonieren durfte. Zudem begann Hélène, unsere Vereinbarung zu missachten. Das Wäschewaschen sowie das Essen waren in der Miete enthalten, doch meine Schwester kaufte kaum mehr ein, kochte so gut wie nie und ließ meine Schmutzwäsche liegen. Notgedrungen ging ich dazu über, mich selber zu versorgen.

Während Stephan auf Montage war, zog ich mich immer weiter zurück und verbrachte viele Stunden allein und traurig in meinem Zimmer. Ich verkürzte mir die Zeit bis zu seiner Rückkehr damit, indem ich ihm jeden Tag einen Brief schrieb. Um Hélènes Willkür und ihrem Psychoterror zu entkommen, auch weil ich das Geschrei zwischen den beiden und ihre demonstrativ lauten Versöhnungen nicht mehr ertrug – sie erinnerten mich viel zu sehr an früher –, folgte ich Stephans Vorschlag und floh in seine Wohnung in der Nähe von Stuttgart. Ich legte täglich fast zweihundertsechzig Kilometer zurück, bloß um die beiden nicht mehr sehen zu müssen.

Mein Angestelltendasein ließ mich vieles neu sehen. Ich genoss eine ganze Reihe von Privilegien und Freiheiten, doch die zunehmende Routine zermürbte mich. Mir wurde klar, dass die Arbeitswelt sich für die Menschen in zwei Lager teilt, die Führenden und die Geführten. Und ich sah genau, zu welcher der beiden Gruppen ich gehörte.

Bald sollten sich die Ereignisse jedoch überstürzen. Stephan fragte mich, ob ich bereit sei, mit ihm nach Kasachstan zu gehen. Ich zögerte keine Sekunde und reichte sofort meine Kündigung zum Jahresende ein. Der Wechsel nach Kasachstan war mit der Gründung eines eigenen Unternehmens verbunden, und ich sah, wie Stephan sich mit der endgültigen Entscheidung schwertat. Aber da war er bei mir an die Richtige geraten! Voller Elan gab ich ihm den letzten noch notwendigen Stoß.

»Das gesamte Leben ist Risiko«, sagte ich. »Was hast du zu verlieren? Nichts. Besorge du die Kundschaft, ich erledige den Rest!«

Gesagt getan, im Herbst gründete Stephan seine Firma. Kurz vor Weihnachten erfuhr er zufällig, dass ich bei meiner Schwester immer noch Miete zahlte, obwohl ich seit Monaten nur sporadisch vorbeischaute. Umgehend telefonierte er mit Hélène, kündigte unseren Besuch an, und wir fuhren los, um meine letzten Sachen aus der Wohnung zu holen.

Die Begrüßung war distanziert. Bald merkten wir, dass die beiden anhand eines fehlgeleiteten Briefs von Stephans Geschäftsgründung erfahren hatten.

»Wirklich schade«, bemerkte Gerd mit gespieltem Bedauern in der Stimme. »Als Abteilungsleiter hätte ich viele Aufträge an dich vergeben können, genau das, was du als junger Unternehmer gebraucht hättest. Aber leider hast du dich in letzter Zeit hier so selten blicken lassen, dass ich die Arbeit einem anderen geben musste.« Dazu lachte er affektiert.

Hélène schaute mir unterdessen beim Packen zu. »Willst du die ganze Zeit schön brav auf ihn warten, wenn er in Russland ist?«

»Nein, ich gehe mit«, antwortete ich.

Ihr fiel die Kinnlade herunter. »Typisch für dich ...«, sagte sie unwirsch. »Einfach so aufzutauchen, um dann spurlos zu verschwinden!«

Ich verkniff mir die Antwort.

»Eigentlich hätte ich Anspruch auf Entschädigung wegen Mietausfall«, fuhr sie unverfroren fort. »Kann ich wenigstens noch mit der Januarmiete rechnen?«

Ich glaubte, mich verhört zu haben. Mühsam beherrscht brachte ich nur ein leises Nein hervor.

Hélène gab mir ebenso wie Gerd zum Abschied demonstrativ nur die Hand. Wie einer Fremden. Stephan und ich gingen durch die Tür, um das Haus nie wieder zu betreten.

»Lass uns nach Hause fahren«, sagte ich im Hof, traurig und befreit zugleich.

Stephan schaute mich komisch an, irgendwie gerührt. »Hast du es gemerkt? Du hast zum ersten Mal ›nach Hause‹ gesagt.«

Ich lächelte ihn an. Ja, dachte ich, von nun an ist mein Zuhause an deiner Seite.

Auf eigene Faust

Die Stewardessen beeilten sich, die letzten Tabletts vor dem Landeanflug auf Moskau abzuräumen. Einige russische Fluggäste steckten ihre Papierservietten mit dem Lufthansa-Aufdruck als Souvenir ein. Auf Stephans Rat hin hatte ich mich mit einer letzten »anständigen Mahlzeit« für die nächsten vierundzwanzig Stunden vollgestopft, bevor ich zu meiner neuen Beschäftigung zurückkehrte, die Russen zu beobachten und die Unterschiede zwischen ihnen und den Deutschen festzustellen.

Das war amüsant. Die russischen Männer trugen ausschließlich graue oder braune Anzüge, alle aus dem gleichen Stoff. Der schlechte Schnitt ihrer Jacketts, die sie während des Flugs anbehielten, fiel sofort auf. Wurde das Jackett doch einmal ausgezogen und lieblos zusammengerollt in einer Plastiktüte verstaut, kam ein weißliches Hemd voller Schweißringe zum Vorschein. Wie mir Stephan erzählte, reisten russische Geschäftsleute tagelang nur mit einem Aktenkoffer herum. Die meisten von ihnen hatten breite Gesichter mit unverwechselbar hohen Wangen. Je länger ich diese Menschen betrachtete, desto mehr wuchs meine Spannung auf das, was mich auf dieser Reise ins Unbekannte noch erwartete.

Wir landeten auf dem Sheremetjewo-Flughafen in Moskau. Das viele Handgepäck, das Stephan nur unter Einsatz seines ganzen Charmes mit in die Kabine hatte nehmen dürfen, musste nun von uns zum Ausgang geschleppt werden. Eine Frau in hochhackigen, offenbar viel zu engen Schuhen und mit einer unmöglichen Frisur wies uns mit einem Funkgerät in der Hand gelangweilt den Weg. Neben ihr stand starr ein bewaffneter Mann in grüner Uniform. Zahlreiche Russen überholten uns mit ihren Aktenkoffern, die Mienen ernst, als sollte jeder merken, dass sie zu der privilegierten Schicht gehörten, die in den achtziger Jahren ins Ausland reisen durfte. Außer Atem musste ich feststellen, dass keine der Rolltreppen funktionierte – Stephan hatte die Wette gewonnen.

Als Letzte erreichten wir die Passkontrolle. An diesem eiskalten Februartag erfuhr ich, was »ewig« auf Russisch bedeutete. Man brauchte viel Zeit in Russland, Zeit, die wir eigentlich nicht hatten. Für die nächsten knapp fünf Stunden hatten wir ein anspruchsvolles Programm vor uns: zunächst einen Gepäckwagen für unser hoffentlich vollständiges Gepäck finden; dann uns draußen durch die riesige Menschenmenge drängen; ein Großraumtaxi herbeizaubern, das uns zum über einhundert Kilometer entfernten Domodjedowo-Flughafen zu unserem Anschlussflug brachte; nebenbei die willkürlichen Polizeikontrollen durchlaufen, eventuell mit einer Packung Zigaretten zur Bestechung; erneut einen Gepäckwagen finden, dann wieder an der Passkontrolle anstehen und dem verdutzten Beamten erklären, warum wir aus dem kapitalistischen Westen ausgerechnet ins hinterste Eck der kasachischen Steppe reisen wollten. Und schon – nun mussten wir nur noch zum Einchecken anstehen – würden wir es geschafft haben. Das war es, was uns gewissermaßen als Einreiseprüfung abverlangt wurde. Vorausgesetzt, dass wir keinen Schildern mit der Aufschrift »Remont«, Renovierungsarbeiten, begegneten, könnten wir uns dann auch endlich völlig entspannt auf ein stilles Örtchen begeben ...

Stephan hatte es geschafft, die Passkontrolle lag erfolgreich hinter ihm. Nun kam ich an die Reihe. Ich legte meinen französischen Pass vor und schickte ein nicht allzu freundliches »Zdrazwuijtje«, Guten Tag, hinterher. Keine Antwort. In Zeitlupe nahm der blasse, wortkarge Beamte das Dokument in die Hand. Er schaute einige Male hoch und runter, bevor er mich, ohne mit der Wimper zu zucken, unendliche zehn Minuten anstarrte. Er fixierte jeden meiner Gesichtszüge, auf der Suche, so fragte ich mich, nach ... ja nach was? Als ich mir mein Gegenüber in Uniform einschließlich aller goldenen Sternchen und Nähte eingeprägt hatte, vernahm ich endlich das ersehnte »klak-klak-klak« des befreienden Stempels. »Doswidanije«, sagte ich, Auf Wiedersehen, ohne eine Antwort zu erwarten. Es kam auch keine.

Am Domodjedowo-Flughafen erreichten wir in letzter Minute unseren Flug nach Taschkent. In der veralteten, überhaupt nicht vertrauenerweckenden Aeroflot-Maschine knallten uns bald darauf Stewardessen mit beleidigten Gesichtern kalte Hähnchenviertel auf den Teller, während sich ein Muskelpaket von Steward stumm vor dem Cockpit aufbaute und uns Passagiere misstrauisch fixierte. Stephan und mir war der Appetit vergangen, seit unser Sitznachbar während des Essens plötzlich sein Gebiss herausgenommen hatte ... Fremde Geruchskompositionen aus Speck, getrocknetem Fisch, Schwarzbrot und Wodka standen in der Luft, fremd wie die meisten Insassen mit ihrem dunklen Teint und den asiatischen Zügen. Wir beide waren offenbar die einzigen Reisenden aus dem Westen.

Nach knapp fünf Stunden Flug waren wir da. Diesmal fielen wir mit unserem Gepäckhaufen nicht groß auf, alle hatten Berge von Waren und Lebensmitteln um sich herumstehen. Während ich beim Gepäck wartete, suchte Stephan vor dem Flughafengebäude nach dem Minibus, der uns abholen und ins 120 Kilometer entfernte Tschimkent bringen sollte. Nach einer halben Stunde kam er verstört zurück. Niemand wartete auf uns.

»Vielleicht ist unterwegs etwas passiert«, überlegte er. »Wir müssen auf eigene Faust los. Auf den Straßen ist es nicht ungefährlich, aber was bleibt uns übrig?«

Als er sah, wie ich die Stirn runzelte, beruhigte er mich: »Keine Sorge, Ausländer werden grundsätzlich nicht überfallen. Hier sind wir so etwas wie Ikonen, unantastbar!«

Ich unterdrückte mein mulmiges Gefühl. Hoffentlich hat er recht, dachte ich, bevor ich mir einen Ruck gab und ermunternd sagte: »Es ist ja nicht so weit!«

Im letzten Moment gelang es uns, einen Kombi anzuhalten. Der Fahrer, ein Usbeke, lächelte uns freundlich an und enthüllte dabei sein Gebiss aus Gold. Er zögerte jedoch, uns mit dem vielen Gepäck auf die riskante Fahrt mitzunehmen. Als Stephan ihm einhundert Mark versprach – im Osten damals ein Vermögen –, willigte er schließlich ein.

Mühevoll luden wir alles ein und begannen unsere Reise in die Nacht, überladen und müde, von Usbekistan nach Kasachstan quer durch die staubige Steppe. Schon nach wenigen Kilometern begriff ich, was Stephan gemeint hatte. In völliger Dunkelheit, mitten im Nirgendwo fuhren wir auf unbefestigten Wegen voller Schlaglöcher. Wir mussten uns ausschließlich auf das Können unseres Fahrers und die spärlichen Lichter seines Wagens verlassen. An manchen Stellen hörte die Straße einfach auf, weil ein Betonblock entwendet worden war, sodass wir über Stock und Stein ausweichen mussten. Die einzigen Punkte, an denen wir aufatmeten, waren die »Gai-Stationen«, Polizeikontrollstellen, die jede wichtige Kreuzung des Landes überwachten. Selbstverständlich wurden wir jedes Mal angehalten, und geduldig zeigte Stephan den erstaunten Beamten den Extravermerk auf unserem Visum, der die Weiterfahrt in die Nachbarrepublik erlaubte. Ein paar Zigaretten wechselten den Besitzer, und wir durften weiter. Wir verloren auf diese Weise viel Zeit, aber es war eine unglaubliche Erfahrung, sich an der simplen Existenz dieser Posten derart erfreuen zu können. Bald hatten wir die Grenze erreicht.

Wir hatten noch ein gutes Stück Wegs vor uns, als wir plötzlich einen Knall hörten: Ein Reifen war geplatzt. Der Ersatzreifen war tief im Kofferraum unter dem Gepäck verstaut, also mussten wir im Schein einer Taschenlampe alles ausladen. Der Reifen wurde mühsam montiert, wir luden alles wieder ein und fuhren weiter. Dann, etwa zehn Kilometer vor unserem Ziel, hörten wir den nächsten Knall, der nächste platte Reifen. Das Gute war, dass wir dieses Mal nichts ausladen mussten – es gab keinen zweiten Ersatzreifen.

»Nicht schlimm«, meinte unser Fahrer, der nicht aus der Ruhe zu bringen war. »Wir fahren weiter, nur etwas langsamer ...«

Mutig setzten wir unsere Fahrt im kasachischen Schneckentempo fort. Kurz vor fünf Uhr morgens kamen wir mit qualmenden Reifen und einer verbeulten Felge in Tschimkent an. Vor einem mehrstöckigen Gebäude klopfte Stephan fest mit der Faust an die Tür. Eine Glühbirne ging an. Ein schlanker Mann kam heraus.

Es war der Projektleiter, der mich herzlich willkommen hieß, bevor er sich an Stephan wandte: »Ist mir das peinlich, wir haben euch glatt vergessen! Gestern Abend wurde gefeiert, und alle waren stockbesoffen. Keiner hat mehr daran gedacht, euch abzuholen. Mann, ist das peinlich ...«

Wo bin ich hier bloß gelandet, dachte ich, doch in diesem Moment war mir das alles völlig egal. Ich wollte nur noch schlafen.

Sprijezdom

»Das muss gefeiert werden!« Stephans Kollegen waren sich alle einig. »Junge, heute Abend lässt du Champanski fließen!«

Stephan hatte keine Wahl, nach Feierabend würde eine Party im Haus stattfinden – zu meinen Ehren. Wir wohnten in einer möblierten Zweizimmerwohnung im dritten Stock einer Plattenbauanlage, in der ausschließlich ausländische Fachkräfte lebten, die am Aufbau eines neuen Reifenwerks beteiligt waren. Hauptsächlich wegen der Klimaanlagen, die allerdings nur sehr launisch funktionierten, galten diese Wohnungen in der Stadt als etwas Besonderes. Für mich grenzte es fast an ein Wunder, dass die schiefen Kartenhäuser aus Beton nicht zusammenkrachten. Allerdings durften wir uns nicht beklagen, denn im Vergleich zu anderen Wohnungen hatten wir es gut getroffen, sogar das Ungeziefer hielt sich bei uns in Grenzen. Wer es genau wissen wollte, warf nachts einen

Schlappen gegen die Wand und machte anschließend das Licht an: Klebte keine Kakerlake am Schuh, war die Wohnung in Ordnung.

An diesem ersten gemeinsamen Abend sollte das Rätsel um meine Person endlich gelöst werden: Wie hatte es Stephan, über alle strengen Regeln hinweg, durchsetzen können, dass ich als seine Lebensgefährtin hatte mitkommen dürfen, obwohl dieses Privileg nur Ehepaaren zustand? Wer war überhaupt diese Frau, die Stephans Herz erobert hatte und die angeblich sogar Russisch konnte?

Der kleine, kitschig geschmückte Partyraum – eine zu diesem Zweck bereitstehende Wohnung – befand sich über dem Eingang im ersten Stock. Neben einer Diskokugel hingen bunte Lampen von der Decke. Die selbstgebaute Theke war, wie die Hocker auch, voller Aufkleber. Ein paar Sofas, Stühle und Tische standen im Raum herum, in einer Ecke war die Hi-Fi-Anlage.

Hier stiegen die Partys, bei denen man mit zwei Flaschen Wodka pro Person rechnen musste, ganz egal ob sich Frauen oder Kinder unter den Gästen befanden. An Anlässen mangelte es nie: Jede Ankunft, ob von Alteingesessenen oder Neuankömmlingen, jeder Abschied, für immer oder nur temporär, oder ein Geburtstag reichten schon. Beinahe sechzig Personen, die in Einzelfällen auch ihre Familien mitbrachten, gehörten dazu. Waren einmal zwei Wochen ohne Party vergangen, war dies Grund genug, eine zu schmeißen.

Hier waren sie unter sich, die Fremden in der Fremde, verstrickt in Hass-Liebe-Beziehungen zwischen Menschen aus unterschiedlichsten Schichten und verschiedensten Herkunft. Hier konnten sie sich bis zum Umfallen besaufen und gegen die Theke pinkeln oder sich vielleicht noch ein bisschen prügeln, Hauptsache die Musik war laut. Für eine Nacht entkamen sie dem Frust, in diesem Ghetto voller bunter, schräger Vögel eingeschlossen zu sein. Für eine Nacht durften sich die Monteure wie Könige fühlen, den leicht verdienten Rubel rollen und die Champagnerkorken lauthals knallen lassen, um den eingeschleusten russischen Frauen zu imponieren.

Wie erwartet war der Andrang riesengroß. Innerhalb weniger Minuten lernte ich fast die gesamte Belegschaft inklusive Ehefrauen und russischen Geliebten kennen. Die Herzlichkeit überraschte und überwältigte mich. Während sich Stephan mit seinen Kollegen unterhielt, war ich bald von einem internationalen, gackernden Schwarm von Frauen umgeben. Zu Wort kam ich dabei nicht.

Eine junge Frau bahnte sich den Weg zu mir und grüßte mich mit drei Küssen und einer festen Umarmung. »Ich heiße Lena«, sagte sie in gebrochenem Deutsch. »Sprijezdom!«, willkommen, fuhr sie lächelnd fort und begann, mich auf Russisch mit Fragen zu bestürmen.

Als ich ihr auf Russisch antwortete, staunte sie und rief so laut, dass jeder sie hören konnte: »Oh, sie hat sogar unsere Sprache gelernt!«

Lena schien darüber allerdings eher verärgert zu sein. Plötzlich holte sie eine Zeitung hervor und forderte mich auf, einen bestimmten Artikel laut zu lesen.

Ich sah zu Stephan hinüber, der genauso wenig verstand, was das Ganze sollte.

Da ich niemanden brüskieren wollte, ging ich darauf ein. Ich las den ersten Absatz, drückte ihr dann die Zeitung in die Hand und ließ sie verblüfft stehen.

Kurz darauf kam Lena erneut auf mich zu. »Ich will Freundin zu dir sein«, sagte sie. »Komm mit, ich will dir etwas zeigen.«

Überrascht folgte ich ihr ins Nebenzimmer. Sie machte die Tür hinter uns zu und deutete auf einen Tisch. Vor mir lagen Dutzende Aufnahmen: Stephan in den Armen einer lachenden Frau, die wohl Svetlana war. Bilder einer offensichtlich glücklichen Zeit, schön aneinandergereiht.

Obwohl es meinem Herzen einen Stich versetzte, behielt ich die Fassung.

»Weißt du, wer das ist?«, fragte mich Lena kühl, irritiert über meine ruhige Haltung.

»Klar«, gab ich zurück. »Was willst du mir damit sagen?«

»Stephan hat hier lange Zeit eine Freundin gehabt«, sagte sie süßlich, »eine Geliebte ...«

»... namens Svetlana«, fuhr ich an ihrer Stelle fort. »Für sie habe ich doch jedes Mal exklusive französische Unterwäsche ausgesucht und Stephan mitgegeben. Körbchengröße 90 C. Vielleicht hat sie dir sogar einige Teile geschenkt oder verkauft?«

Ich ließ sie stehen und ging zu den anderen zurück. Was für ein Sprijezdom, dachte ich.

Am nächsten Tag, gleich frühmorgens, klopfte es an meine Tür. Ich öffnete. Eine kleine, rundliche Frau mit schwarz gefärbtem Haar stand da, aufgedonnert, als würde sie ins Theater gehen, mit verschränkten Armen und einem finsteren Blick. Sie sprach mich in gutem Deutsch an: »Ich heiße Barbara. Ich bin die Nachbarin von gegenüber. Hast du gerade eine Waschmaschine im Keller laufen?«

Ich nickte, ahnungslos.

»Das darfst du nicht!«, fuhr sie fort und wurde plötzlich hysterisch. »Unten steht ein Waschplan: Heute habe ich Waschtag!«

Sofort entschuldigte ich mich, Stephan hatte mir nichts davon erzählt. Ich bot ihr an, den Waschgang abzubrechen, um meine Wäsche herauszuholen.

»Nicht nötig«, sagte sie bissig. »Dieses Mal werde ich das ausnahmsweise dulden ...«

Ich bedankte mich bei ihr. Doch damit war es nicht getan.

»Normalerweise würde ich dir für diese Unverschämtheit eins auf die Fresse geben!«, drohte sie. »Das habe ich schon oft getan. Wie sieht es mit dir aus, könntest du dich mit einer Frau prügeln?« Meine Antwort kam mir spontan über die Lippen: »Wenn du es nur einmal wagst, mich anzufassen, vermöble ich dich so, dass du nachher nicht mehr weißt, ob du Weiblein oder Männlein bist!«

Barbara zuckte zusammen. Dann streckte sie mir mit einem breiten Grinsen die Hand entgegen: »Gut! Falls du etwas brauchst, klingle einfach bei mir. Ich bin den ganzen Tag über daheim ...«

Ab da kamen Barbara und ich prima miteinander aus. Überhaupt dauerte es nicht lange, bis ich mich in diesem bizarren Ghetto zurechtfand, was ich hauptsächlich unseren »Schlüsselfrauen« zu verdanken hatte. Von ihnen erfuhr ich eine ganze Menge.

Meistens waren ältere Frauen von der Stadtverwaltung für diese conciergeartige Tätigkeit eingeteilt worden. Ihre Aufgabe bestand – abgesehen von der Aufbewahrung unserer Wohnungsschlüssel – darin, unser Kommen und Gehen mit oder ohne Begleitung sowie jede Auffälligkeit zu notieren und zu melden. Außerdem waren sie für den Telefondienst zuständig, also für das Anmelden und das regelmäßige Mithören von Auslandsgesprächen.

Und dann hatten die Schlüsselfrauen noch dafür zu sorgen, dass die Sperrstunde von den sogenannten »Monteur-Mädchen«, die im Haus nicht übernachten durften, eingehalten wurde. Denn darauf bestanden die streit- und skandalsüchtigen einheimischen Frauen unseres Blocks, die es, im Gegensatz zu jenen Mädchen, geschafft hatten, sich einen ausländischen Ehemann zu angeln. Um aus der Sowjetunion zu kommen, selten aus Liebe, aber immer in der Hoffnung auf ein besseres Leben, zogen diese Frauen fast kommandoartig von Baustelle zu Baustelle. Für eine Heirat, die Freikarte ins Ausland, waren sie bereit, alles zu tun – wenn nötig auch, was mich besonders schockierte, sich von manchem Monteur als »Frau mit einem Mann an jeder Titte« bezeichnen zu lassen und dies still hinzunehmen.

Die Schlüsselfrauen sorgten also für Ordnung. Eine von ihnen war die alte Frau Wolf, eine von Stalin deportierte Wolga-deutsche. Frau Wolf sprach ein ungewöhnlich altmodisches Deutsch und versuchte, mit Hilfe einer Lutherbibel ihre Muttersprache nicht zu vergessen. Ihr sehnlichster Wunsch war es, wie sie mir einmal gestand, den Boden ihrer wahren Heimat Deutschland noch einmal betreten zu können, und wenn nicht ihr, dann sollte es zumindest ihren Kindern vergönnt sein. Ich mochte sie sehr und nahm oft ihr Angebot an, mich mit ihr nach hiesiger Sitte bei einer Tasse Tee mit Himbeermarmelade oder getrockneten Aprikosen ein bisschen zu unterhalten. Dabei erklärte sie mir auch, wo man was in Tschimkent finden konnte.

Obwohl wir Ausländer das Privileg einer wöchentlichen Lieferung von Produkten wie Brot, Fleisch, Eier und Butter an unsere Haustür genossen, ging ich lieber in die Stadt einkaufen, einfach, um aus der Wohnung zu kommen.

In den staatlichen Lebensmittelgeschäften, die alle nahezu leer waren, waren ausschließlich Frauen für den Verkauf zuständig. Sie trugen große weiße Mützen und waren ausgesprochen unfreundlich, ausgenommen gegenüber Ausländern, die sofort durch ihre bessere Kleidung auffielen und die sie häufig mit Fragen löcherten.

Wenn aus den staatlichen Großbetrieben neue Ware geliefert wurde, wurde diese, was es auch war, bedenkenlos auf dem Gehsteig abgeladen und gleich direkt verkauft, ohne Rücksicht auf den Dreck, die Fliegen und den von schweren Lastwagen aufgewirbelten Staub. Sobald eine neue Fuhre ankam, bildete sich automatisch eine Menschenschlange, noch bevor man überhaupt wusste, was angeboten wurde. Erst stellte man sich an, dann fragte man den Vordermann: »Schto jest?«, was gibt es?

Als ich zum ersten Mal mit den von mir ergatterten Produkten an die Kasse kam, verhörte ich mich und bat die Kassiererin, den Betrag zu wiederholen. Als würde ich ihr unterstellen, dass sie mich betrog, war sie sofort beleidigt. In Sekundenschnelle rechnete sie auf ihrem Abakus alles nochmal nach und hielt mir diesen vor die Nase.

»Da steht's doch!«, bellte sie mich an. »Kannst du denn nicht lesen?«

Wegen meines olivbraunen Teints hatte mich die Frau offensichtlich für eine Usbekin gehalten und war davon ausgegangen, dass ich selbstverständlich mit einem Abakus umgehen konnte.

Nur ungern fuhr ich, eingequetscht wie eine Sardine, mit der meist überfüllten Straßenbahn zum Basar. Stattdessen stellte ich mich lieber an den Straßenrand und hielt einen Autofahrer an, der mich, untermalt vom lebhaften Rhythmus kasachischer Musik, gegen ein paar Rubel mitnahm. Von Stephan wusste ich, dass ich keine Angst zu haben brauchte, da Tag und Nacht für die Sicherheit der Ausländer gesorgt wurde. Jedem Zwischenfall folgte sofort eine drastische Strafe, die manchmal sogar auf die Familie des Übeltäters ausgeweitet wurde.

Den Einheimischen erging es dagegen ganz anders als uns westlichen Ausländern. Sie waren der völligen Willkür korrupter Beamter ausgesetzt. Frauen, die alleine unterwegs waren, hatten es besonders schwer. Nicht selten blieb einer Frau nur, weil sie Usbekin, also Muslimin, war, eine Vergewaltigung erspart – ihre Jungfräulichkeit war ihr einziges wertvolles Gut. Verlor sie diese vor der

Hochzeit, wurde sie für immer von ihrer Familie verstoßen.

Um mit der bunten Mischung verschiedenster Ethnien in Berührung zu kommen, war der Basar zweifellos der beste Ort. Hier pulsierte das Leben. Kirgisische Angler boten ihren letzten Fang an, Juden, Kurden, Baschkiren sowie Griechen waren eifrig am Handeln. Überraschend entdeckte ich Koreaner, die an ihrem Stand neben Reis auch Sojasauce und »Ginscha«, Koriander, anboten. Zutaten, mit denen ich sogar vietnamesisch kochen konnte.

Wo man auch einkaufte: Vor jedem Geschäftsabschluss musste unbedingt gehandelt werden. Doch auch wenn ich einen niedrigeren Preis erzielt hatte, brachte ich es oft nicht übers Herz, das bisschen Geld zu behalten. Die Menschen taten mir einfach leid. Geduldig standen fast zahnlose Babuschkas mit ihren kunstvoll gehäkelten Angoraschals von morgens bis abends am Straßenrand und warteten auf Käufer. Mütterchen mit zerfurchtem Gesicht saßen auf ihren Klapphockern und boten Blumen aus ihrem Garten an, wohl das einzige Schöne, woran sie sich selbst hätten erfreuen können. Ein paar Rubel, damit etwas anderes als immer nur Brot, Milch und Kartoffeln auf den Tisch kam. Umso größer war meine Freude, wenn die Alten mich nach meinem Kauf dankbar und glücklich anlächelten.

In der Fleischhalle wetteiferten russische Bäuerinnen darum, wer die beste »Smetana« anbot, den besten Schmand, und boten kleine Kostproben an. Neben lebendem Geflügel hingen überall frisch ausgenommene Tiere. Beim Kauf eines Kaninchens machte mich die kasachische Verkäuferin stolz auf seine behaarte Pfote aufmerksam. Dies diene der Identifizierung, erklärte sie mir, bei manchem Betrüger gehe eine Wasserratte, die einen ähnlichen Körperbau hatte, statt eines Kaninchens über den Ladentisch.

Bei den Usbeken, deren weiche Gesichtszüge sie von den Kasachen unterschieden, war das beste Obst und Gemüse zu finden. Zum ersten Mal sah ich die für diese Gegend berühmte »Dynja«, eine fast halbmeterlange, zuckersüße Honigmelone, die, so vermutete ich, mit der aus Mutters Erzählungen von Vietnam verwandt war.

An einem Stand lernte ich Achmet kennen, einen netten jungen Mann. Seine Freudenrufe, als ich ihm von meiner Herkunft erzählte, ließ eine ganze Männerschar herbeieilen. Bei ihnen spürte ich die muslimisch geprägte Kultur am stärksten. Mit strengen, misstrauischen Blicken musterten sie mich, als sei ich die Attraktion des Basars. Eine Französin hatten sie noch nie gesehen. Keiner der Männer wandte sich direkt an mich, Achmet stellte mir ihre Fragen.

»Warum ist sie nicht daheim bei ihren Kindern?«, wollten sie wissen. – »Sie hat noch keine, sie ist frisch verheiratet«, antwortete Achmet für mich. Ich hatte bewusst gelogen. Alle nickten verständnisvoll. Dann sagte einer: »Sie muss ihrem Mann Söhne schenken, Mädchen sind wertlos!« Ich lachte und dachte an Mè Loan in der vietnamesischen Männerwelt ...

Die Gruppe entfernte sich. Achmet ließ mich »Kischmisch«, Rosinen, und getrocknete Aprikosen probieren und schälte mir dazu einen saftigen Granatapfel.

»Bitte, Isabelle«, sagte er fast flehend, »komm mich immer auf dem Basar besuchen. Erzähle mir etwas über dein Land, über den Westen!«

So machte ich fast ein Jahr lang mehrmals in der Woche einen Schlenker bei Achmet vorbei. Als Dank für seinen obligatorischen Granatapfel ließ ich die parfümierten bourgeoisen Damen der Touraine, den Eiffelturm und den Mont-Saint-Michel vor seinen glänzenden Augen erscheinen.

Auf dem Weg nach Hause erfreute ich mich oft an den Farben, den Gerüchen, all den kleinen besonderen Dingen, die es zu entdecken gab. Unvergesslich ist mir der feine Duft von »Plow«, ein typisches Reisgericht Zentralasiens, das in einem großen »Kasan«, einer Art riesigem Wok, zubereitet wurde. Es bestand aus Hammelfleisch und Mohrrüben, die von Frauen am Straßenrand frisch in dünne Streifen geschnitten wurden. Ich war glücklich, einigen dieser Menschen, Menschen wie Achmet, Träume geschenkt zu haben.

Mit Stephans Kollegen zusammen besuchten wir abends nur selten eines der wenigen Restaurants der Stadt, in dem meist eine Live-Band spielte und sich ausschließlich Einheimische trafen. Im Gegensatz zu uns Ausländern mussten sie um Punkt 23 Uhr das Lokal verlassen. Zunächst wurden mehrmals hintereinander die Lichter im Speisesaal aus- und eingeschaltet. Bald darauf betrat ein alter Mann den Raum, eine Trillerpfeife im Mund, und verscheuchte mit schrillen Tönen die letzten Gäste. Wenn jetzt jemand hinterfragte, warum wir sitzen bleiben durften, entschied es sich, ob der Abend glimpflich oder mit einer Prügelei enden würde. Gab er sich mit der Antwort, dass es für Ausländer keine Sperrstunde gab, zufrieden, würde er das Lokal enttäuscht verlassen. Manchmal löste die ungleiche Behandlung aber helle Empörung aus. »Warum das? Sind wir etwa Menschen zweiter Klasse?« Wenn jemand begann, herumzutoben, schritt umgehend die Miliz ein, die draußen vor der Tür postiert war.

Das Ganze gefiel uns nicht, wir fühlten uns nie wohl dabei. Wir schauten dem alten Mann mit der Trillerpfeife eine Weile zu, wie er selbstgenügsam von Tisch zu Tisch tippelte, um Gläser auszutrinken und halbleere Wodkaflaschen einzusammeln, dann machten wir uns mit einem Taxi auf den Weg nach Hause.

Die Taxifahrten waren oft ein Kapitel für sich. Es kam vor, dass man von einem hoch qualifizierten Herzchirurgen durch die Gegend gefahren wurde, weil dessen monatliches Gehalt von zweihundert Rubel nicht ausreichte, um die Familie zu ernähren. Einmal bewunderte Stephan die bunte Lichtergirlande, die am Rückspiegel befestigt war, bis er darin plötzlich die LED-Leuchten seines Schaltschrankes erkannte, die seit dem letzten Einbruch im Reifenwerk verschwunden waren. Oder man fiel beim Aussteigen direkt in ein metertiefes Gullyloch, dessen frisch abgeschraubter Deckel bei der Metallsammelstelle bestimmt gutes Geld gebracht hatte.

Manchmal wurden für uns »Ghettobewohner« vom Werk aus Ausflüge organisiert. Auf diese Weise bekamen wir Samarkand zu sehen. Wie Tschimkent auch liegt die ehemalige turkestanische Hauptstadt an der Seidenstraße. Nach der Besichtigung der berühmten Bibi-Khanum-Moschee besuchten wir ein menschenleeres Restaurant, in dem wie immer reichlich Wodka floss. Ein paar Monteure nahmen sich vor, unsere spröde Reiseleiterin abzufüllen. Als die Frau wenig später im Vollrausch Tanzeinlagen auf dem Tisch vorführte und mit einem Striptease anfing, reichte es den mitreisenden Ehefrauen. Auf direktem Weg ging es zurück nach Hause.

In Taschkent, wohin uns ein weiterer Ausflug führte, fühlte ich mich sofort wohl. An diesem Ort voller ethnischer und kultureller Gegensätze fielen wir Ausländer kaum auf; nach einem verheerenden Erdbeben in den sechziger Jahren hatten sich viele ausländische Fachkräfte, die am Wiederaufbau der Stadt beteiligt gewesen waren, für immer hier niedergelassen. Eigentlich war es uns strikt verboten, Tschimkent zu verlassen, doch mir gefiel Taschkent so gut, dass ich erfinderisch wurde: Zuerst wurde die Schlüsselfrau bestochen, und dann ging es, als Kasachin getarnt und mit anderen einheimischen Frauen heimlich in ein Auto gequetscht, von einem belebten Basarparkplatz aus an den Kontrollposten vorbei. Alle paar Wochen machte ich mir auf diese Weise einen schönen Tag in Taschkent.

Eine abenteuerliche Fahrt mit dem Schlauchboot auf dem Fluss Aris, die wir zusammen mit ein paar Kollegen unternahmen, war ein faszinierendes Erlebnis. Fast siebzig Kilometer weit ließen wir uns in völliger Wildnis treiben, wobei man wegen der vielen Wasserschlangen aufpassen musste, nicht zu kentern. An Ästen knapp über dem Wasser hingen große Webervogelkolonien, deren flaschenförmige Nester aus Spinnweben, Federn und Wolle die reinsten Kunstwerke waren.

Nur selten nahmen wir private Einladungen von Einheimischen an. Wir waren uns sicher, dass wir bespitzelt wurden, also gingen wir zum Beispiel erst bei Anbruch der Dunkelheit aus dem Haus oder warteten, vor der Wohnung unserer Gastgeber angekommen, darauf, dass keine Autos mehr auf der Straße fuhren, wenn wir das Gebäude betraten. Ich empfand es als ausgesprochen schade, dass diese Kontakte nicht intensiver sein konnten, denn in diesen bescheidenen Haushalten konnte man bei stets reich gedecktem Tisch erfahren, was Herzlichkeit ist.

Unvergesslich hat sich mir ein Ausflug in die Sary Arka, die Kasachensteppe, eingeprägt. Wir fuhren stundenlang, ohne auch nur einen einzigen Menschen zu sehen. Irgendwann zogen wir in der hügelig gewordenen Landschaft an einer großen Schafherde vorbei und hielten an einer allein stehenden Jurte. Die Besitzer, ihre mongolische Abstammung war unübersehbar, kamen uns freundlich entgegen. Bunte Wandteppiche mit volkstümlichen Mustern dekorierten das Innere. Besuch war hier selten, und noch viel seltener Besuch aus dem Westen. Man bot uns die Nationalgetränke »Kumis«, gegorene Stutenmilch, und »Schuwat«, gegorene Kamelmilch, an, serviert in einem weiß-blauen Geschirr mit aufgemalten Baumwollblüten. Baumwolle hatte hier einen hohen Stellenwert. Weltweit exportiert, bezeichnete man sie als das »weiße Gold« Usbekistans.

Während wir tranken, musste ich – obgleich es überhaupt nicht passte – an Horrorgeschichten denken, die uns Freunde erzählt hatten. Um die Ernte einzubringen, verpflichtete man Kinder und Studenten zur Zwangsarbeit auf den Feldern. Nicht selten erging es ihnen dabei äußerst schlecht, sie wurden geschlagen, oder es geschah noch Schlimmeres. Manchmal versuchten sie, die gezupften Blüten unbemerkt mit Wasser zu befeuchten, um sie schwerer zu machen, und ruinierten dadurch einen Teil der Ernte. Wenn sie Glück hatten, erreichten sie so schneller das vorgeschriebene Soll und durften früher wieder nach Hause. Aber wenn sie erwischt wurden ...

Wir fuhren weiter in die Berge und erreichten schließlich, wonach wir gesucht hatten: Vor uns erstreckten sich unendliche Wiesen voller wilder roter Tulpen. Beim Anblick dieser unberührten Landschaft konnte ich nachvollziehen, warum hier viele Menschen ihre Heimat nicht verlassen wollten. In der Natur suchten und fanden sie Halt, und durch diese Verbindung fühlte ich mich ihnen sehr nahe.

Nach einem Jahr war Stephans Arbeit beendet, und wir mussten uns die Frage nach der Zukunft stellen. Stephan lag schon das nächste Angebot vor, diesmal für ein Werk im ostsibirischen Sajansk. Finanziell gesehen war das verlockend, aber würde uns dort nicht genau das gleiche Leben erwarten wie hier? Wollten wir weiter zusehen, wie Menschen dem Alkohol verfielen, aber manche kein Geld hatten, um zum Arzt zu gehen? Wollten wir unsere eigene Gesundheit aufs Spiel setzen? Genau ein Jahr zuvor war der Atomreaktor von Tschernobyl geborsten, für die Menschen hier war das kaum ein Thema gewesen. Die ostsibirische Luft würde unser Eis am Stiel bestimmt genauso schwarz werden lassen wie der Wind in Tschimkent. Wir mussten uns die Situation lediglich konkret vor Augen führen und wussten, dass es nur eine Antwort geben konnte.

Unsere treue Frau Wolf weinte. Der Putzfrau schenkte ich ein Parfüm, als Wiedergutmachung für das dicke Auge, das sie sich geholt hatte, als sie in unserer Abwesenheit heimlich den Selbstverteidigungsspray im Badezimmer ausprobiert hatte. Achmet brachte ich zum Abschied ein Hemd mit. Seine Hochzeit stand bevor, und voller Stolz berichtete er mir, dass er für die jungfräuliche Braut fünftausend Rubel aufgebracht hatte. Ich gratulierte ihm, doch innerlich wünschte ich mir, dass er niemals von seinem Recht Gebrauch machen würde, nach Vollzug der Ehe gegen fünfundzwanzig Rubel die Scheidung einreichen zu können.

Stephan und ich verließen Kasachstan. Wir hatten viel erlebt, dafür waren wir dankbar. Auch wenn ein Stück von uns zurückblieb, unser Blick war nach vorne gerichtet.

Sehnsucht

Nach unserer Rückkehr fuhren wir als Erstes nach Furtwangen, wo ich Tharsilla und Guido endlich Stephan vorstellte. Beide waren überglücklich, mich nach so langer Zeit wiederzusehen. Wir verbrachten einen ganzen

Nachmittag zusammen im »Heimatblick« und ließen alte Erinnerungen aufleben. Ich war erleichtert, dass sie mich kein einziges Mal fragten, warum ich damals von Frankreich aus ihre Post nicht beantwortet hatte.

Als Guido vor Stephan meine künstlerische Begabung erwähnte, sprach mich Tharsilla zu meiner Überraschung auf das Bild an, das ich damals in der Gastwirtschaft gemalt hatte.

»Eine Zeichnung von dir, Isabelle, hat mich jahrelang beschäftigt«, sagte sie. »Was hatte dieser Mann im Gefängnis zu bedeuten?«

Ich tat so, als würde ich mich nicht mehr richtig erinnern, und lächelte sie an, auch als sie anfing, das Bild ausführlich zu beschreiben. Dieser dunkle Teil meiner Vergangenheit durfte keinen Schatten auf ihre glücklichen alten Tage werfen. Schließlich wechselte Tharsilla das Thema.

Beim Abschied umarmte sie mich fest und flüsterte mir ins Ohr: »Du hast dir einen guten Mann ausgesucht. Mit ihm wirst du glücklich, das weiß ich!«

Anschließend fuhren Stephan und ich nach Frankreich. Nachdem wir unsere Sachen in einem Hotel abgestellt hatten, rief ich meine Eltern an. Ich war ziemlich aufgeregt und gespannt, wie sie reagieren würden. Mè Loan war am Telefon. Als sie meine Stimme hörte, war sie völlig aus dem Häuschen.

Kaum hatten wir vor ihrem Haus geparkt, kam mir meine Mutter schon entgegen, strahlend vor Glück. Sie hatte sich kein bisschen verändert. Wir umarmten uns lange und beschnupperten uns immer wieder. Ich merkte, wie sehr ich sie vermisst hatte.

Dann begrüßte sie Stephan mit zwei dicken Küssen auf die Wangen. »Meine Tochter bringt mir einen Italiener heim!«, sagte sie.

Als Stephan verneinte, fuhr sie fort: »Einen Sizilianer?«

»Non, non, je suis allemand ...«

Ungläubig lachte Mè Loan los: »Egal, Hauptsache, ihr Kinder seid da! Kommt herein, ich habe euch etwas Leckeres gekocht.«

Mein Vater wartete im Wohnzimmer. Auch er sah völlig unverändert aus, nur sein roter Kopf und die zusammengepressten Lippen verrieten mir seine Erregung.

Er blickte erst kühl auf Stephan und begrüßte mich dann mit den Worten: »Aha! Du kleines Miststück, jetzt verstehe ich: Wegen dem hier bist du verschwunden ...«

Am liebsten wäre ich gleich wieder gegangen, aber ich war nicht seinetwegen hier. Als er mich auf die Wangen küsste, flüsterte ich ihm zu: »Ich habe meinem Freund alles erzählt ... alles!«

In seinen Augen sah ich, wie die Verwunderung plötzlich Angst wich. Sein Gesicht verlor jede Farbe. Steif, ein gezwungenes Lächeln auf den Lippen, reichte er Stephan die Hand.

Wir verbrachten einige Tage zusammen. Immer wieder schnupperte Mè Loan an mir, als könne sie ihr Glück nicht fassen. Stephan, den sie nun »Söhnchen« nannte, klopfte sie liebevoll auf die Schulter, als Dank dafür, mich, ihre Tochter, zu ihr nach Hause gebracht zu haben.

Das Restaurant hatten meine Eltern kurz nach meinem Abschied geschlossen. »Die Franzosen können jetzt Scheiße fressen«, sagte mein Vater. »Für solche Schweine, die meiner Tochter keinen Job gegeben haben, kocht meine Frau nicht mehr. Das haben die nun davon.«

Als wir einmal im Garten alleine waren, erkundigte ich mich bei Mè Loan, wie sie beide über die Runden kamen. Die staatliche Unterstützung und Vaters Pension als Kriegsveteran reichten gerade aus für die Hausraten und das Essen.

»Dein Vater sucht Arbeit«, sagte sie etwas betrübt. »Ich habe lange genug die Familie versorgt. Im Herbst habe ich bei der Weinlese mitgeschuftet. Es war gut bezahlt. Aber diese Arbeit ist für jemanden in meinem Alter einfach zu schwer. Vor kurzem hat das Arbeitsamt deinem Vater eine Umschulung vorgeschlagen. Mal sehen, ob das was bringt ... Jedenfalls ist er jetzt dran! Er ist schließlich jünger als ich.«

Wir wechselten das Thema und kamen auf Oma Hien zu sprechen. Ba Nam, meine liebe Oma Hien, war tot. Abgesehen von dem Schmerz, den diese Nachricht mir zufügte, entsetzten mich die Umstände ihres Todes. Mè Loan hatte Oma Hien eines kalten Wintertags zufällig auf dem Markt getroffen, nur noch Haut und Knochen. In ihre dünne schwarze Tracht gehüllt, mit ihren alten Pantoffeln und ohne Strümpfe unterwegs, bettelte sie an den Ständen um Essen. Wenn sie etwas bekam, verbeugte sie sich tief und steckte alles zu den Habseligkeiten in ihre Umhängetasche.

Fassungslos nahm sich meine Mutter ihrer an und brachte sie trotz Vaters Protesten mit nach Hause, wo sie ihr sofort etwas Warmes kochte. Als die Frau wieder bei Kräften war, erzählte sie, was passiert war. Von einem Tag auf den anderen hatten ihre Herrschaften sie auf die Straße gesetzt, weil sie ihnen lästig geworden war. Zunächst hatte Oma Hien einige Wochen lang Zuflucht bei ihrer Tochter gefunden, nachdem sich aber herausgestellt hatte, dass die Alte kein Geld mehr besaß, wurde sie auch von ihr kurzerhand hinausgeworfen. Die Tochter hatte ihr sogar den wertvollen goldenen Armreif, das letzte Erinnerungsstück an ihre Heimat, abgenommen. Bekannte ließen Oma Hien gelegentlich bei sich übernachten, doch weil die Frau niemandem zur Last fallen wollte, irrte sie seitdem umher. Noch elender konnte es ihr nicht gehen.

Als Mè Loan die ganze Geschichte gehört hatte, eilte sie sofort zum Telefon.

»Bitte, erbarmen Sie sich!«, flehte sie die herrschaftliche Familie an und versuchte, ihre Wut zu unterdrücken. »Hat die Frau mit sechsundachtzig Jahren nicht verdient, ihre alten Tage in Würde zu verbringen? War sie nicht ihr Leben lang Ihre ergebenste Dienerin?«

Während Mè Loan mir das erzählte, sah ich ein Möbelstück mit der Nummer fünf vor mir, das laut Inventarliste ausgedient hatte und nun ausrangiert werden musste. Ich war unendlich wütend auf die Herrschaften aus dem Schloss, selbst als mir meine Mutter vom Erfolg ihrer Intervention berichtete.

Oma Hien weinte, als sie zu der Familie, die die ihre geworden war, zurückkehren durfte. Sie starb alleine in ihrer kleinen Mansarde. Niemand hatte sie vermisst, sie wurde erst drei Tage nach ihrem Tod gefunden. Später wurde erzählt, der leere, starre Blick ihrer offenen Augen habe ausgesehen, als würde sie über das unglückliche Leben staunen, von dem sie nun erlöst worden war.

Mè Loan sprach immer wieder von Oma Hiens offenen Augen, für sie der Ausdruck einer alten vietnamesischen Weisheit: »Ihr Geist wird weiter auf der Erde umherirren«, sagte sie traurig, »denn für sie ist der Weg noch längst nicht abgeschlossen. Es war ihr nicht vergönnt, Vietnam wiederzusehen.«

Nach einer Pause fügte sie hinzu: »Ich würde gern noch einmal meine Heimat sehen, damit ich, wenn ich sterbe, ohne Reue meine Augen schließen kann.«

Lange hatte ich nicht mehr so deutlich gespürt, wie groß Mutters Sehnsucht nach ihrem Heimatland war.

Nach diesen Worten schwor ich mir, alles in meiner Macht Stehende zu tun, um Mè Loan diesen Wunsch eines Tages erfüllen zu können. Mühsam bauten Stephan und ich Geschäftsbeziehungen im Handel mit dem In- und Ausland auf. Nachdem die Banken Nobodys wie uns zunächst nicht einmal einen Termin hatten geben wollen, geschweige denn einen Kredit, hatten wir die ersten Hürden inzwischen überwunden. Nach und nach lernten wir, uns geschickt auf dem harten Parkett der Geschäftswelt zu bewegen. Um Fuß zu fassen, erledigten wir die ersten Aufträge zu einem Selbstkostenpreis. Während Stephan potenzielle Kunden warb, erledigte ich in unserer Zweizimmerwohnung auf einer uralten Schreibmaschine den Schriftverkehr. Wir drehten jede Münze zweimal um und sparten, wo es nur möglich war. Nicht selten tippte ich etwas ab, um den Gang zum Copyshop zu vermeiden. Auf Messen knüpften wir Kontakte zu wichtigen sowjetischen Handels- und Einkaufsorganisationen, wobei sich unsere Kenntnisse der russischen Kultur und Sprache als überaus wertvoll erwiesen. Eine Empfehlung folgte der anderen, und so machten wir uns bald einen Namen.

Häufig mussten wir Reisen quer durch die Sowjetunion unternehmen, wobei ich viele unvergessliche Eindrücke sammelte. Sei es in Moskau bei der Fahrt durch eine unglaublich prachtvolle unterirdische Welt der Metro oder beim Besuch im Bolschoi-Theater, in dem die hervorragenden Auftritte schlecht bezahlter Ausnahmekünstler uns die Löcher in ihren Strumpfhosen vergessen ließen. Sei es beim Pilzesammeln in den unendlichen Birkenwäldern Weißrusslands oder beim Schaschlikbraten – aus dem Fleisch eines Hammels, den unsere Gastgeber lebend im Kofferraum mitgeschleppt hatten – im fast unberührten Kaukasus. Einem besonders hartgesottenen Kunden sahen wir bei seinem Bad im Eiswasser der zugefrorenen Wolga allerdings lieber nur zu. Und es gab einige unvergessliche Überraschungen, etwa die Peitschenhiebe, die mir die Frauen in der Sauna einer Datscha mit frischen Birkenzweigen zur besseren Durchblutung verpassten, auch wenn die anschließende Abkühlung im Tiefschnee und die Hautmaske aus Honig und Gurkensaft eine Wohltat waren. Oder der Schock, den mir eine bildhübsche Prostituierte in einem Bürocenter versetzte, als sie Stephan – obwohl ich an seiner Seite lief – anbaggerte:

»Für dich mache ich es kostenlos!« Dabei entblößte sie ihren makellosen nackten Körper unter dem Pelzmantel.

Das Geheimnis unseres Erfolgs bestand hauptsächlich darin, dass wir jedem Kunden mit Herzlichkeit begegneten und alle gleich behandelten. Die Menschen waren es gewohnt, wie Befehlsempfänger zweiter Klasse abgefertigt zu werden, da musste sie unser Umgang mit ihnen erstaunen.

Dass sich aus einigen Geschäftsbeziehungen Freundschaften ergaben, lag nahe. Wieder einmal in Moskau, machten wir eines Tages eine Stippvisite bei Vitali, dem Sohn eines angesehenen Diplomaten. Als er beim Gespräch erfuhr, dass ich bislang weder den Kreml noch dessen Schatzkammer gesehen hatte, handelte Vitali umgehend. Mit seiner schwarzen Limousine fuhr er uns direkt zum Kreml. Steif und förmlich salutierten die Wachen am Tor, als wir passierten. Die Schatzkammer war geschlossen, doch für Vitali war das kein Problem. Er ließ jemanden rufen, und bald eilten zwei alte Herren herbei, einer mit einem großen Schlüsselbund. »Öffnet bitte die Türen.«

»Nur für dich, Isabellotchka: die Schatzkammer!«, sagte Vitali galant zu mir. Ich fühlte mich wie in der Höhle des Ali Baba. Schätze aus Gold und Silber, einmalig schönes Geschirr, königliche Juwelen und wunderbare Geschenke von unschätzbarem Wert umgaben mich! Es war ein Traum, einfach unglaublich. Mir fiel ein, dass ich als Schülerin einmal auf eine Reise nach Russland hatte verzichten müssen, da ich nicht genug Geld gehabt hatte.

Und jetzt ... Jetzt schenkte mir der Himmel eine Reise in tausendundeine Nacht.

DAS LAND MEINER WURZELN

Seit Frankfurt stand ihr das Glück unübersehbar ins Gesicht geschrieben. Nach einer Übernachtung in Bangkok saßen meine Mutter und ich nun in der Maschine nach Saigon. Es war im Juni 1990, Vietnam hatte gerade vorsichtig begonnen, sich wieder für die Außenwelt zu öffnen, als wir uns auf den Weg machten. Nur noch eine Dreiviertelstunde trennte uns von unserem Ziel, wenige Minuten, und doch eine Ewigkeit für jemanden, der seit fünfunddreißig Jahren keinen Fuß mehr in sein Heimatland gesetzt hatte.

Immer wieder blickte Mè Loan aus dem Fenster, und ich wusste, was in ihr vorging. War der Brief an ihren Bruder Lè angekommen? Würde es uns gelingen, ihn und noch weitere Verwandte zu treffen? Würde Mè Loan in dem Land, das sie damals fluchtartig verlassen hatte, willkommen sein?

Ich spürte, wie ihre Anspannung wuchs, und nahm ihre Hand, um sie zu beruhigen. »Wir haben es bald geschafft, Mama.«

Sie nickte und wandte sich erneut dem Fenster zu.

Wir landeten. Ein warmer Luftzug empfing uns, als sich die hintere Luke des Flugzeugs öffnete. Für den ersten, höchst symbolischen Schritt auf die Treppe ließ ich Mè Loan den Vortritt. Doch schon nach ein paar Stufen blieb sie stehen und drehte sich mit einem seltsam verängstigten Gesichtsausdruck zu mir um. Es schien, als würden plötzlich böse Erinnerungen wieder aufleben.

»Sieh nur!«, flüsterte sie. Ich schaute ihr über die Schulter. Bewaffnete Soldaten in grüner Uniform umstellten unser Flugzeug. Wortlos, die Kalaschnikows auf uns gerichtet, wiesen die Männer mit ihren Gewehren den Passagieren den Weg zur Abfertigungshalle.

Vielleicht, dachte ich und spürte kurz meine Knie weich werden, vielleicht war es doch keine so gute Idee gewesen, hierherzukommen? Was würden wir tun, wenn sie uns wegen Mutters Vergangenheit einsperrten? Ich konnte nur hoffen, dass wir nicht in der Falle saßen.

»Ganz ruhig«, antwortete ich leise, »geh einfach weiter.« So schritten wir stumm und voller Misstrauen an dem bedrohlichen Empfangskomitee vorbei.

Die Abfertigungshalle des Tan-Son-Nut-Flughafens war ein marodes Gebäude ohne jeglichen Komfort. Zwei kleine Ventilatoren bliesen die abgestandene, schwüle Luft von einer Ecke zur anderen. Ein verbeulter, länglicher Blechhaufen, der einmal ein Gepäckband gewesen sein musste, stand einsam im Raum. Nach einer Weile schleppten völlig verschwitzte Männer in Lumpen unser Gepäck in die Halle.

Bei der Passkontrolle legte ich unsere Dokumente vor.

Auf Vietnamesisch, ich verstand einige Worte, fragte die Beamtin meine Mutter ganz förmlich: »Waren Sie schon einmal in Vietnam?«

Verblüfft antwortete Mè Loan: »Selbstverständlich. Wie Sie in meinem Pass sehen, bin ich hier geboren, in Haiphong! Ich wollte gern die Heimat wiedersehen. Meine Tochter begleitet mich, und nun sind wir in Saigon.«

Das war offenbar die falsche Antwort. Pikiert wies uns die Frau zurecht: »Sie befinden sich hier in Ho-Chi-Minh-Stadt, nicht in Saigon. Saigon gab es zu der Zeit, als noch keine Ordnung herrschte. Onkel Ho, ihm sei Dank, hat für Ordnung gesorgt!«

Mit einem abfälligen Gesichtsausdruck fügte sie hinzu: »Hier sind ›Viet-Kiêu‹ wie Sie nichts anderes als ›Du Lich‹.«

»Du Lich« war die Bezeichnung für Touristen, »Viet-Kiêu« nannte man hingegen die Vietnamesen, die emigriert waren.

Meine Mutter fiel aus allen Wolken, widersprach empört und begann zu diskutieren.

»Sie sind Französin«, fuhr die Beamtin bissig fort, »also in Vietnam Touristin!« Dann forderte sie uns grob auf, unsere Koffer aufzumachen, und rief zwei männliche Kollegen vom Zoll herbei.

Der Nachmittag verging, es wurde Abend. Schließlich waren nur noch wir übrig. Man hielt uns grundlos fest. Immer wieder erklärte Mè Loan, die energisch darauf bestanden hatte, die Angelegenheit selbst in die Hand zu nehmen, mit einer Engelsgeduld, warum wir unseren Verwandten unter anderem Stoff, Nähgarn und allerlei Medikamente mitbringen wollten.

»In Vietnam mangelt es an nichts«, wurde sie jedes Mal von den Beamten angebellt. »Warum haben Sie so viele Waren dabei? Wollen Sie damit handeln?«

Mehrfach legte Mutter ihnen die Liste der vietnamesischen Botschaft mit den Einfuhrbestimmungen vor, die wir streng beachtet hatten, doch die Mienen versteinerten sich dabei nur noch mehr. Sie ließen nicht locker. »Wir werden Ihr Gepäck über Nacht kontrollieren. Sie müssen es hierlassen.«

Mittlerweile war es fast Mitternacht. Mè Loan war müde und kurz davor, nachzugeben. Die Situation erinnerte mich stark an Russland. Wir hatten bislang noch nicht versucht, die Beamten zu bestechen, also wollten sie sich offenbar selbst aus unserem Gepäck bedienen. Und allmählich, Respekt hin oder her, hatte ich jetzt auch genug von der Willkür dieser Menschen.

»Sag jetzt nichts, und lass mich machen«, befahl ich meiner Mutter und wandte mich an die Beamten.

»Das ist unmöglich«, begann ich mit fester Stimme. »Morgen früh fliegen wir weiter nach Hanoi, schauen Sie sich bitte unsere Pässe an!« Natürlich hatte ich uns im Vorfeld alle notwendigen Visa besorgt.

Mè Loan wollte widersprechen, doch nach einem strengen Blick von mir blieb sie stumm.

»Wenn das so ist ...«, sagte die Beamtin, verdutzt und wohl auch selbst von diesem zermürbenden, erfolglosen Kampf ermüdet.

Minuten später waren wir draußen, samt Gepäck.

Vor dem Flughafen umschwärmte uns innerhalb von Sekunden eine laute Menschenmenge, die in verschiedenen Sprachen alle möglichen Dienste anbot, vom Koffertragen über eine Rikschafahrt bis hin zum Schuhputzen.

»Halte deine Handtasche fest, und bleib dicht bei mir«, befahl ich Mè Loan und bahnte uns entschlossen einen Weg durch die chaotische Menge, »Chong! Chong!«, nein, nein schreiend. Um dem Gedränge rasch zu entkommen, wählte ich den ersten vertrauenerweckenden Taxifahrer aus. Ich schubste meine Mutter in seinen Wagen und ließ den Kofferraum mit unserem Gepäck abschließen. Müde, hungrig und mit den Nerven am Ende mochte ich gar nicht daran denken, welche Hürden uns auf dem Weg ins Hotel vielleicht noch erwarteten. Während der Fahrt versuchte ich erst einmal, mich zu entspannen und wieder Kraft zu tanken.

Wegen der schwülen Luft ließen wir die Autofenster geschlossen. Trotz der späten Stunde waren immer noch viele Menschen, auch Kinder, zu Fuß oder mit dem Fahrrad im Dunkeln unterwegs. Andere schliefen am Straßenrand, so wie sie waren, sie hatten sich einfach auf die nackte Erde gelegt. Unterwegs ertönte Musik aus kleinen Imbissbuden, auf die bunte Lichtergirlanden aufmerksam machten. Anscheinend bekam man selbst zu dieser Uhrzeit noch etwas zu essen.

Langsam beruhigte ich mich, bis mir auffiel, dass Mè Loan die Fragen des freundlichen, gesprächigen Mannes knapp und lustlos beantwortete, was gar nicht ihrer Art entsprach. Schließlich verstummte er.

Obwohl ich ihren Gesichtsausdruck nicht sehen konnte, ahnte ich den Grund für diesen plötzlichen Stimmungsumschwung. Wie sollte sich ein Mensch fühlen, der sich jahrzehntelang nach seiner Heimat gesehnt hatte und dem jetzt gesagt wurde, dass diese Heimat für ihn nur noch das Land seiner Herkunft sei, er selbst jedoch Ausländer. Als »Viet-Kiêu« habe er sich schuldig gemacht, da er sein Land verlassen hatte.

Es hieß, »Viet-Kiêus« hätten durch ihre Flucht kein Leid erfahren. Doch was wussten diese jungen Beamten von Mutters Leid? Vom Leid, erfahren an Leib und Seele, lange bevor sie auf die Welt gekommen waren? In Frankreich hatte man Mè Loan als Ausländerin betrachtet und dementsprechend behandelt. Jetzt war meine Mutter nach Vietnam zurückgekehrt und erfuhr, dass sie inzwischen auch hier als Fremde galt. Wie hätte sie sich damit abfinden sollen!

Ich hielt es für besser zu schweigen, um mich nicht mit in die Tiefe reißen zu lassen. Als Eurasierin war ich selbst enttäuscht, ja beleidigt, hier als nichts anderes zu gelten als eine »Du Lich«. Hatte ich doch von Kindesbeinen an durch Mutters Erzählungen Vietnam, das Land meiner Wurzeln, lieben gelernt. Ich fühlte mich, als dürfe eine Hälfte von mir nicht existieren, als fließe das Blut meiner asiatischen Vorfahren umsonst in meinen Adern.

Das Taxi hielt an. Wir waren da. Mè Loan stieg aus, traurig und niedergeschlagen. Ich folgte ihr, allerdings fest entschlossen, das Puzzle meiner Herkunft lückenlos zusammenzusetzen und für meine wahre Identität zu streiten.

»Phooooo! Phooooo!«, brüllte die schrille, männliche Stimme und riss mich unsanft aus meinen Träumen. Ich schaute auf den Wecker. Halb fünf. Reisbandnudelsuppe! »Spinnt der?«, fragte ich Mè Loan, die ebenfalls aufgeschreckt war. »Ist es dafür nicht ein bisschen früh?« Dann zog ich mir die Bettdecke über den Kopf, konnte aber, wie meine Mutter auch, keinen Schlaf mehr finden. Um diese Zeit wacht Saigon auf …

Wir standen auf und blickten, noch immer ganz erschlagen, aus dem Fenster. In der Morgendämmerung tummelten sich schon zahlreiche Menschen auf der Straße, die meisten von ihnen zu Fuß oder mit dem Fahrrad, gelegentlich auch mit dem Moped unterwegs, kleine Ameisenkolonien in einem anschwellenden, ununterbrochenen Stimmen- und Klingelkonzert. Nur vereinzelt fuhren Autos vorbei.

Obwohl wir mitten in der Nacht angekommen waren, hatten wir im Hotel einen überraschend herzlichen Empfang erfahren. Man hatte darauf bestanden, für uns den Koch zu wecken, und so hatte uns der rüstige, alte Mann prompt noch etwas zu essen zubereitet.

»Wie konntest du dich, nach all den Jahren, an jede einzelne Geschmacksrichtung so genau erinnern?«, hatte ich Mè Loan gefragt, während wir aßen. »Das schmeckt genauso wie bei dir zu Hause!«

Sie hatte aufgeblickt und voller Stolz gesagt: »Schmeckt es wie zu Hause, sind wir hier zu Hause!«

Nach diesem vorzüglichen »Souper« war unsere trübe Stimmung verschwunden gewesen.

Gleich nach dem Frühstück schickte Mè Loan ihrem Bruder Lè ein Telegramm. Darin informierte sie ihn über unsere Ankunft und schlug vor, ihn in Da-Nang zu treffen. Um die Reise nicht umsonst anzutreten, bat sie ihn, sich bei uns zu melden.

Um Mutters großer Aufregung entgegenzuwirken, beschloss ich, die Zeit bis dahin mit Unternehmungen zu verbringen. Bei Saigontourist, dem staatlichen Fremdenverkehrsbüro, buchten wir geführte Stadtrundfahrten sowie verschiedene Ausflüge. Außerdem leisteten wir uns zu einem erschwinglichen Preis einen Minibus mit Fahrer, der uns auf Abruf ganztägig zur Verfügung stand.

Da die meisten Einheimischen trotz der jüngsten Öffnung des Landes noch wenig Erfahrung mit »Du-Lichs« und »Viet-Kiêus« hatten, begegneten uns die Menschen stets mit einer Mischung aus Neugierde, Verwunderung, Ehrfurcht und Unterwürfigkeit. Je mehr ich nun mit ganz verschiedenen Vietnamesen in Berührung kam, desto mehr bestätigte sich meine Vermutung, dass Mè Loan aus einem ganz anderen Holz geschnitzt war als die meisten hier: Sie war selbstbewusst, unbeugsam und dadurch einzigartig. Das machte mich besonders stolz.

Viele Menschen hielten mich für eine Adoptivtochter meiner Mutter, weil ich ihr überhaupt nicht ähnlich sehe. Mè Loan und ich schienen zudem der lebende Beweis für die Gerüchte zu sein, die über Besucher aus dem kapitalistischen Westen im Umlauf waren: Touristen und Auslandsvietnamesen sind ausnahmslos steinreich!

Dieses Vorurteil konnten wir auch niemals widerlegen, denn Tatsache war, dass wir, ganz egal, wie hoch unsere Rechnungen waren und wie wir diese bezahlten, mit begehrten Dollars oder in der Landeswährung, dem inflationsgeplagten Dong, innerhalb von Stunden so viel Geld ausgaben, wie sie, wenn überhaupt, im Monat oder sogar im Jahr verdienten.

Ich fand es erstaunlich, wie gut sich Mè Loan schon zu Beginn der ersten Stadtrundfahrt orientieren konnte. Als wir die Dong-Khoi-Straße, wo sich unser Hotel befand und wo die Touren begannen, entlangfuhren, fragte sie plötzlich unseren Betreuer: »Son, hieß diese Straße nicht einst ›Rue Catinat‹?«

Überrascht bejahte der Mann.

Etwas nachdenklich geworden, murmelte meine Mutter vor sich hin: »Früher war dies eine der elegantesten Straßen Saigons. Da war immer was los! Heute ist alles so anders geworden ...«

Für Mè Loan war jeder Ausflug eine Reise in die Vergangenheit, was manchmal auch hieß: eine Konfrontation mit Erinnerungen. Die Zeit hatte Spuren verwischt, der Krieg hatte neue hinterlassen. Ich wollte an der Entdeckung dieser Vergangenheit unbedingt teilhaben und die Schauplätze von Mutters Jugend kennenlernen. Ich wollte ihren Erinnerungen neue Formen, Gesichter, Gerüche und Stimmen geben und mir vorstellen, was sich damals abgespielt hatte.

Ich versuchte, mich in sie hineinzuversetzen: Was fühlte diese Frau, als unser Fahrer vor dem Präsidentenpalast anhielt? Spürte sie noch einmal die auf sie gerichtete Maschinenpistole, als eine Rikscha sie damals zum »Commissariat« brachte? Woran dachte sie, während wir uns der Hauptpost näherten? An die Briefe aus Frankreich, in denen ihr Verlobter sie anflehte, so schnell wie möglich das Land zu verlassen? Fielen ihr die Gebete von einst wieder ein, die sie zum Himmel gesandt hatte, als wir vor der prächtigen Kathedrale standen? Hier hatte Mè Loan in ihrer Verzweiflung Trost gesucht, nachdem sie sich von ihrem Baby hatte trennen müssen. Erinnerte sie der lange Ruf einer Schiffssirene am Hafen an den Tag ihres Abschieds?

Still, in sich gekehrt, mit Sons melodischer Stimme im Hintergrund ließ Mè Loan die Bilder Saigons an sich vorbeiziehen und alte Erinnerungen aufleben. Vielleicht zum letzten Mal, dachte ich. Denn wie der Glanz dieser Stadt, die sich damals wegen ihres europäischen Einschlags »Paris des Ostens« nannte, würden auch sie eines Tages verblassen, um neuen Erinnerungen zu weichen. Doch das war gut so.

Unser Führer predigte ständig, dass es in Vietnam an nichts mangle. Während unser Bus über die breiten, mit Flamboyants, Flammenbäumen, geschmückten Boulevards, auf denen hübsche Frauen in den landestypischen Ao-Dai-Gewändern schlenderten, entlangfuhr, machte uns Son jedes Mal auf die mit ofenfrischen Baguettes überladenen Fahrräder aufmerksam, die wir überholten.

Ein kleiner Zwischenfall sorgte dann kurz für Aufsehen. Als wir gerade von Cholon, dem großen Chinaviertel, das Mè Loan noch einmal sehen wollte, zurückkehrten, fragte sie Son, ob die Einheimischen denn immer noch Hunde äßen. »Aber nein!«, antwortete er empört. »Heutzutage hat das vietnamesische Volk genug zu essen!« Er schaute mich an und ergänzte: »Wir sind keine Hundefresser ...«

Wie es der Zufall wollte, hielt in diesem Augenblick unser Bus, der wegen eines Fahrradstaus einen Umweg hatte nehmen müssen, vor einer kleinen Verkaufsbude an. Und siehe da: Neben Enten in roter Lake, einer speziellen Gewürzmischung, hingen kleine bratfertige Hunde an der Stange. Meine Mutter erkannte sie sofort an ihren gewölbten Schwänzen.

»Von wegen!«, schrie sie auf und lachte los, während Son, die Augen entsetzt aufgerissen, versuchte, seine Scham zu verbergen. Von da an blieben uns seine heruntergeleierten Vorträge über Onkel Ho und die Kommunistische Partei erspart.

Spätestens als wir beschlossen, Saigon in Eigenregie näher zu erkunden, wurden wir mit der Realität konfrontiert. Hier auf der Straße spielte sich das wahre Leben ab. Wir mussten nur die Augen öffnen.

Weil Saigon als sichere Stadt galt, folgten wir gern den Empfehlungen der Rikschafahrer, einfach ein Bad in den Geräuschen und Düften zu nehmen und uns ohne festgelegtes Ziel durch die Stadt mitsamt ihren engen Nebenstraßen herumfahren zu lassen. In Shorts und mit hauchdünnen Sandalen legten diese spindeldürren Männer Kilometer um Kilometer zurück, froh, nur uns beide anstatt ganze Familien befördern zu müssen. Ein paar Dongs als Trinkgeld winkten ihnen außerdem.

Unvergessliche Bilder prägten sich bei diesen Touren in mein Gedächtnis ein. Ich sehe die grauhaarigen, zierlichen Frauen kerzengerade und mit rhythmischem Schritt uns entgegenkommen, trotz des sichtlich schweren Gewichts der Balancierstangen auf ihren Schultern. Das Gesicht halb verdeckt unter einem »Que-non«, dem traditionellen Strohhut, waren die barfüßigen, in dünnen Stoff gekleideten Gestalten vermutlich schon seit dem Morgengrauen mit ihren Garküchen in Richtung Stadtmitte unterwegs. Ich sehe den Mann, dessen Gesicht durch Napalm völlig entstellt war, in Begleitung seiner hübschen Frau mit uns vor der Wechselstube stehen. Ihr liebevoller und respektvoller Umgang bewegte mich. Und ich sehe den Leprakranken vor mir, wie er sich auf dem Gehsteig mit der Kraft seiner Arme fortbewegt, an den Stümpfen, die einmal seine Beine gewesen waren, blutverschmierte Stofffetzen. Er bettelte.

»Er muss aus dem ›Dorf der Leprakranken‹ ausgebrochen sein«, hatte uns der Rikschafahrer erklärt. »Die Menschen dort leben völlig von der Außenwelt abgeschnitten. Manchmal erträgt einer die Einsamkeit einfach nicht mehr und bricht aus. Es wird nicht lange dauern, bis die Polizei ihn wieder in das Dorf steckt.«

Ich höre die aufgeregten Ausrufe einiger Männer in Pyjamas, die vor ihrem Hauseingang Ba-Kuan spielen, während eine junge Frau ganze Stapel von Geschirr in der Gasse abspült. Im Hinterhof, in Gedanken vertieft, saß ein kleiner, halbnackter Junge auf einem Holzhocker und fächerte in der erdrückenden, schwülen Hitze einem schlafenden Hund Wind zu. Und bestimmt nie vergessen werde ich die zerbrechliche Greisin, die mit Tränen in den Augen meine Hände hielt und küsste, als ich ihr für einen Dollar vier handgemachte Postkarten, Kuverts inklusive, abkaufte. Mit diesem Geld wollte die Frau Räucherstäbchen kaufen und in einem benachbarten Tempel anzünden, um dort die Gunst der Götter für ihre Kinder und Enkel, die als »Boatpeople« aus der Heimat geflüchtet waren, zu erbitten. Mè Loan schenkte ihr nach einem kurzen Gespräch das wenige restliche Geld, das sie an diesem Tag bei sich hatte, und stieg mit glasigem Blick schnell wieder in die Rikscha ein, während die alte Frau, die ihre Mutter hätte sein können, in demütiger Verbeugung uns nachrief: »Seid gesegnet! Seid beide gesegnet!«

Nicht alle Szenen waren so erschütternd wie diese. Auf dem Weg hätten wir auch einen Zwischenstopp bei den »Kopfkraulern« einlegen können, die auf dem Gehsteig, im Duft eines Frangipani-Baums, stundenweise bei leiser Musik ihre begehrten Dienste anboten. Einmal machten Mè Loan und ich auf einem kleinen Markt kurz Halt, um »Com« und »Ka Xho«, Reis und Fisch süß-sauer, frisch aus der Garküche zu essen. Wie die anderen Kunden auch aßen wir auf dem Trottoir in der Hocke.

Auf dem Platz hatte es sich schnell herumgesprochen, dass ich die Tochter der älteren Frau war. Dem Aberglauben nach sollte ich Glück bringen, da ich Mè Loans letztes Kind war und ihr nicht ähnlich sah, weshalb sich im Handumdrehen Menschen um uns versammelten, manche von ihnen bestanden sogar darauf, ohne aber aufdringlich zu werden, mir etwas zu schenken.

Als die Einheimischen sahen, wie ich in hockender Haltung mit Essstäbchen umging, strahlten sie mich an und beglückwünschten meine Mutter: »Alle Achtung! Sie haben Ihre Tochter wie eine von uns erzogen!«, sagten sie freundlich. »So wie sie hier hockt, hat sie eindeutig unser Blut!«

»Hätten die Amerikaner dies auch gekonnt«, fügte jemand hinzu, »hätten sie vielleicht den letzten Krieg nicht verloren.«

Die Anwesenden nickten, und auf einmal fühlte ich mich tatsächlich wie eine von ihnen, wenn auch nur für einen kurzen Moment. Es war, als hätte ich endlich meinen Platz gefunden, und das machte mich glücklich.

Zu den Lichtblicken gehörte auch das goldige sechsjährige Mädchen, das tagtäglich in der Nähe unseres Hotels mit einem strahlenden Lächeln von morgens bis abends Lotteriescheine, Zigaretten und Kaugummis verkaufte. In ihr stellte ich mir kurz meine Mutter vor, die im gleichen Alter wie das Mädchen vor Kinos Süßigkeiten verkauft hatte. Das Kind hatte noch nie eine Zahnspange gesehen und wünschte sich denselben »Silberschmuck« – für sie ein Zeichen großen Reichtums –, wie ich ihn trug, für ihre Zähne.

Jeder neue Eindruck war eine einmalige Bereicherung. Ich konnte dieses Volk, mein Volk, nur noch bewundern, das mit Bescheidenheit sein Leben hinnahm, ohne jemals zu klagen, in der Hoffnung auf bessere Tage. Wie war ich stolz, etwas von diesem Blut zu besitzen!

Abends kehrten wir müde, aber glücklich ins Hotel zurück. Dort wartete eines Tages ein Telegramm von Onkel Lè auf uns. Er freute sich auf unseren Besuch.

Wenn du diesen Flug überlebst, wirst du sicher alt, tröstete ich mich, während sich mein Plastikbecher erneut mit Kondenswasser füllte, das pausenlos von der Decke heruntertropfte. Inzwischen bedauerte ich, erfahren zu haben, dass Vietnam Airlines des Öfteren bei Inlandsflügen ausgemusterte Maschinen der Aeroflot einsetzte. Ausgerechnet wir hatten dieses Los gezogen.

So diszipliniert sich die Einheimischen beim Einchecken verhalten hatten, so chaotisch waren sie beim Einstieg gewesen. In einem einzigen großen Gedränge hatten alle einfach Platz genommen, nachdem sie ihr Gepäck, zu dem auch gackerndes Geflügel gehörte, irgendwo verstaut hatten. Mè Loan und ich mussten auf dem Flug nach Da-Nang getrennt sitzen und bald, wie alle anderen Passagiere auch, inmitten des Durcheinanders unsere Trinkbecher unter die tropfende Decke halten ...

Im Gegensatz zu Saigon war Da-Nang, das zu Kolonialzeiten Tourane hieß, eine stille Stadt ohne jeglichen Glanz, gezeichnet von Krieg und Armut. Unser Hotel war ein marodes, mit Stacheldraht gesichertes Gebäude, in dem es einem schwerfiel, sich wohlzufühlen.

An der Rezeption erkundigten wir uns nach der Straße, in der Onkel Lè wohnte, ohne Erfolg. So fragte Mè Loan einige Passanten und Rikschafahrer, und als alle beteuerten, dass ihnen diese Straße unbekannt sei, standen wir ratlos da. Schließlich verwies uns jemand an die nächste Verwaltungsbehörde, deren Räumlichkeiten eher denen eines Polizeipostens ähnelten.

»Sie befinden sich hier in der Stadt Da-Nang«, erklärte ein freundlicher Beamter in Uniform meiner Mutter. Sie hatte ihm Lès letzte Briefe und das Telegramm vorgelegt. »Das Dorf Ihres Bruders liegt innerhalb der Provinz Da-Nang, die wohl gemeint ist. Diese Provinz ist jedoch weit von uns entfernt, sie liegt in einem schwer zugänglichen Gebiet.«

Meine Mutter und ich fielen aus allen Wolken. Doch damit nicht genug.

»Abgesehen davon, dass Sie ohne Sondergenehmigung die Stadt nicht verlassen dürfen«, fuhr der Mann fort, »wäre es nicht ratsam, eine solche Reise zu unternehmen. Die Fahrt birgt viele Gefahren. Außerdem leben die Menschen dort in sehr bescheidenen, für Sie unvorstellbaren Verhältnissen ...«

Auf mich deutend fügte er hinzu: »Das würde ich Ihrer Tochter auf keinen Fall zumuten!«

Unsere Hoffnung, Onkel Lè in die Arme schließen zu können, war auf den Nullpunkt gesunken. Mè Loan war zutiefst bedrückt über diese unerwartete Situation.

Plötzlich schoss mir ein Gedanke durch den Kopf. Spontan wandte ich mich auf Russisch an den Beamten, und ich hatte Glück! Sichtlich beeindruckt von meiner Forschheit, hauptsächlich aber von meinem langen Aufenthalt in Kasachstan, dessen harte Lebensbedingungen ich absichtlich in den Vordergrund stellte, willigte der Mann ein, uns die besagte Sondergenehmigung für die Weiterreise auszustellen. Allerdings riet er uns davon ab, unsere Verwandten zu Hause zu treffen, und schlug stattdessen ein Hotel an der Küste als »neutralen« Ort vor.

Mit dieser Lösung konnten wir gut leben. Anschließend ließ er einen jungen Mann namens Cung rufen, dem er ein paar Instruktionen gab. Wie der Polizeibeamte sagte, würde uns der Chauffeur, den er als zuverlässig beschrieb, am nächsten Tag sicher ans Ziel bringen. Wir waren gerettet! Mutters Gesicht strahlte wieder.

Früh am Morgen verließen wir die Stadt. Immer wieder fuhren wir an kleinen Siedlungen vorbei, schließlich erreichten wir die Küste. Hier offenbarte sich uns streckenweise ein atemberaubendes Panorama: menschenleere Strände und paradiesische blaue Lagunen, im Hintergrund am Horizont einzelne grüne Berge. An einem einsamen, unendlich langen Strand ragten auf einmal ganz unvermittelt einige Gebäude hervor, darunter unser Hotel. Wir waren an unserem Ziel angelangt. In einem neuen Telegramm baten wir Lè, uns hier zu treffen.

Die Zeit bis zu seinem Eintreffen verbrachten Mè Loan und ich mit Postkartenschreiben und mit langen Spaziergängen, deren Höhepunkt darin bestand, einen Blick auf den Fang der Fischer zu werfen. Lange vor Tagesanbruch versuchten die Männer auf runden, abenteuerlich wirkenden Flößen weit draußen immer wieder ihr Glück, während ihre Frauen am Strand auf sie warteten und derweilen die Netze flickten.

Eines Vormittags, genau um Viertel vor elf, entdeckten wir in der Ferne drei Gestalten, die uns zu Fuß entgegenkamen, zwei Männer und eine Frau. Bei uns angelangt, gab sich der ältere Mann als Lè, Mutters Bruder, und die Frau als ihre Schwester Thao zu erkennen. Lès erwachsener Sohn begleitete die beiden. Ihnen war die große Anstrengung ihres Zweitagemarsches in der schwülen Hitze anzumerken, sie waren völlig erschöpft. Trotz dieser Erschöpfung und obwohl meine Mutter eine Frau war, verbeugten sie sich in aller Demut vor ihr, Mè Loan stand als die Älteste nun ganz oben in der Familienhierarchie.

Weil Lè, im Gegensatz zu Thao, meiner Mutter wie aus dem Gesicht geschnitten war, dachte ich keine Sekunde daran, seine Worte anzuzweifeln. Mè Loan zeigte hingegen überhaupt keine Gefühlsregung. Mit bewusster Distanz sagte sie: »Bruder, erzählen Sie mir etwas aus Ihrer Kindheit, ein besonderes Erlebnis.«

Ich konnte es nicht fassen. Knapp fünfzig Jahre waren seit ihrem letzten Zusammensein vergangen, und jetzt, anstatt ihn zu umarmen, verlangte sie Beweise! Geduldig erzählte der Mann einige Geschichten, unter anderem auch, wie er sein Hinterteil an heißer Brühe verbrannt hatte.

Mutter blieb ruhig und nickte, doch damit nicht genug. »Würden Sie mir Ihre Narben von damals zeigen?«

Es war unglaublich!

Erst als Onkel Lè seine Hose herunterließ, am Strand vor allen Leuten, und uns stolz seine vernarbte Pobacke zeigte, erst da öffnete sie ihre Arme für ihn, und beide fingen an zu weinen.

Mè Loans Glück, das sich nicht in Worte fassen lässt, war eines der größten Geschenke, das ich mir vorstellen konnte. Gibt es etwas Schöneres für ein Kind, als seine Mutter so lächeln zu sehen?

Nach einigen Tagen verabschiedeten sich meine Mutter und ihre Geschwister wieder voneinander. In dieser kurzen Zeit hatte jeder vom Leben des anderen erfahren. Mutters ältere Brüder hatten im Krieg den Tod gefunden. Hoe durch eine Gewehrkugel, der Älteste, den sie vor lauter Hass niemals bei seinem Namen nannte, war seinen Verletzungen nach einem Napalmangriff erlegen.

Bruder Lè schlug sich tapfer durchs Leben. Nach seiner Dienstzeit in der Armee bewirtschaftete er nun eine kleine Kaffeeplantage und verkaufte gelegentlich Jagdbeute, um seine monatliche Rente von zwei Dollar aufzubessern. Thao und May, die Schwestern, waren beide blutjung eine arrangierte Ehe eingegangen. Seither mussten sie unter dem strengen Blick der Schwiegereltern ihre kinderreichen Familien versorgen.

Mal nickten Lè und Thao verständnisvoll, mal reagierten sie überrascht und schockiert auf Mutters Erzählungen, besonders als sie ihren frühen Abschied von zu Hause mit dem Anspruch rechtfertigte, frei sein zu wollen, und ihre Ablehnung der damals herrschenden Familiengesetze erneut unterstrich.

Das Treffen hatte uns schon bald klargemacht, dass Menschen von gleichem Blut nicht unbedingt gleich waren. Mè Loan und ihre Geschwister verbanden nur noch vage, zuweilen geschönte, fast nebelhafte Erinnerungen an ihre Kindheit. Die Zeit und der Krieg hatten diese Menschen getrennt, sie in unterschiedlichen Welten aufwachsen lassen und sie dadurch auf unwiderrufliche Weise einander entfremdet. Jeder hatte sein Leben für sich gelebt, und so würde es auch in Zukunft bleiben.

Mè Loan schenkte Lè und Thao Geld, um ihre Hütten in kleine Häuser aus Stein zu verwandeln und sich Nutztiere anzuschaffen – in Vietnam ein Zeichen des Wohlstands. Lè bekam außerdem den Auftrag, Schwester May ausfindig zu machen, damit auch sie ihren Geldanteil bekam. Da unsere Reise über Nordvietnam zurück in den Süden führte, machten wir, falls Lè Erfolg bei seiner Suche haben sollte, Saigon als nächsten Treffpunkt aus.

Beim Abschied bestand Lè jedoch darauf, dass wir ihn in seinem Dorf besuchten. Nachdem er unserem Fahrer erklärt hatte, wo dieses genau zu finden war, etwa eine halbe Tagesfahrt entfernt, und Cung keine Einwände hatte, willigten wir ein. So machten wir uns einige Tage später auf den Weg in Richtung Tra-My.

Auf der Fahrt ins Landesinnere wäre jeder Abenteurer auf seine Kosten gekommen. An manchen Stellen entlang der Straße entdeckten wir einige Behausungen, deren Eingänge zuweilen Vorhänge aus leeren Coca-Cola-Dosen schmückten, erst dann, wenn uns frei laufende Hühner oder Hunde den Weg versperrten. Wellblechplatten, die die Einheimischen auf die Fahrbahn gelegt hatten, in der Hoffnung, dass darüberfahrende Autos sie mit einem kurzen, ohrenbetäubenden Krach plattdrücken würden, waren fast das einzige Zeugnis menschlichen Lebens. Die geglätteten Blechplatten dienten in der sengenden Hitze als Unterlage zum Trocknen von selbst hergestelltem Reispapier, eine wertvolle Einnahmequelle auf dem nächsten Markt.

Stundenlang genossen meine Mutter und ich trotz der vielen Schlaglöcher die bunten, intensiven Farben des ursprünglichen Vietnams, die sie kannte und die ich mir bislang nur aus Erzählungen hatte vorstellen können. Die

Fahrt war aber nicht ganz ungefährlich. Unterwegs wurde die Lage einmal sogar recht brenzlig. Mitten im Urwald standen wir plötzlich vor den Resten einer Brücke, einem Zeugnis des Krieges. Die Brücke war die einzige Möglichkeit weit und breit, um weiterzukommen. Am Fuß des mittleren Pfeilers erblickten wir einen Einheimischen, der mit hochgestreckten Armen sein Fahrrad trug. In Zeitlupe bewegte sich der Mann durch das Wasser, das ihm bis zur Hüfte ging, und versuchte sich gegen die Strömung zu stemmen, um das andere Ufer zu erreichen.

»Der hat wohl keine Angst vor Krokodilen«, sagte Mè Loan.

Unser Fahrer nickte und untersuchte anschließend sorgfältig das Gelände. Dann beschloss er, den Fluss an einer seichten Stelle, einige hundert Meter entfernt, zu überqueren. Erst sah es aus, als würde der Versuch gelingen, doch dann, mitten im Fluss, soff der Motor ab. Immer wieder setzte Cung, inzwischen schweißgebadet, den Choker ein. Erfolglos. Als das Wasser begann, langsam durch die Türschlitze in den Wagen einzudringen, verdrängte ich die entstehenden Horrorszenarien und fing an zu beten. Im Gegensatz zu Cung und mir konnte meine Mutter nicht schwimmen.

Gerade hatte ich Mè Loan die Handtasche quer über die Brust gelegt und ihr ein paar grundsätzliche Verhaltensregeln im Wasser erklärt, da sprang der Motor wieder an. Wir erreichten das Ufer unversehrt und waren so erleichtert, dass wir fast freudig das Wasser aus dem Kofferraum schöpften, ohne dem durchnässten Gepäck Beachtung zu schenken. Dann setzten wir unsere Odyssee fort, stumm und nur darauf konzentriert, ans Ziel zu kommen. Früh genug würden wir uns mit der Rückfahrt befassen müssen.

Irgendwann tauchte eine winzige Siedlung vor uns auf. Wir waren da. Eine Schar halbnackter Kinder rannte uns schreiend vor Begeisterung entgegen. Einige der Frauen verhüllten schnell ihre Brüste. Hier, mitten im Dschungel, lebte also Onkel Lè. Sein Sohn, den wir in Da-Nang getroffen hatten, begrüßte uns und stellte uns dem Rest der Familie vor. Sein Vater war auf der Suche nach Schwester May unterwegs.

Die gesamte Dorfgemeinschaft hatte sich vor Lès Hütte versammelt und starrte uns an, vor allem mich. Trotz ihrer großen Scheu waren alle enorm neugierig. Sie lebten völlig zurückgezogen und ernährten sich hauptsächlich von Früchten, Fisch und gelegentlich von Wild. Einmal im Monat, erzählte Lès Frau stolz, kam ein Lkw im Auftrag des Staates vorbei und spielte ihnen aus einem Lautsprecher Musik vor – eine Maßnahme, die dem Zweck diente, die Einwohner schonend zu »zivilisieren«.

Die meisten von ihnen hatten noch nie eine Ausländerin zu Gesicht bekommen, und erst recht keine mit »silberbedeckten« Zähnen und hellen Augen. Als eine junge Frau mich lächelnd bat, ihren Säugling auf den Arm zu nehmen, befahl mir Mè Loan streng, dies nicht zu tun. Damit, so erklärte sie mir, würde ich einwilligen, das Baby zu adoptieren. Nur gegen Geld hätte die Familie das Kind zurückgenommen.

Um unseren Durst und Hunger zu stillen, kletterte mein Cousin blitzschnell auf eine Palme, brachte Kokosnüsse, verschwand dann für ein paar Minuten und kam mit einer frisch gepflückten Ananas zurück. Als ich mir gegen halb fünf die Füße vertreten wollte, hauptsächlich, um nicht mehr angestarrt zu werden, wurde mir das verboten. Bei Einbruch der Abenddämmerung, so erzählte man mir, machte sich nämlich »Herr Tiger« auf die Jagd …

Mè Loan und ich mussten uns nun entscheiden, ob wir hierbleiben und die Nacht mit der halben Dorfgemeinschaft zusammen in der großen Schlafhütte auf dem Lehmboden verbringen wollten, oder ob wir ins Hotel zurückfuhren. Wir beschlossen, zurückzufahren. Als ein Lkw-Fahrer, der gerade vor der zerstörten Brücke Rast gemacht hatte, Cung vorschlug, unseren Wagen mit einem Seil bis ans andere Ufer zu ziehen, wussten wir, dass wir richtig entschieden hatten.

Bevor Mè Loan und ich Da-Nang verließen, besichtigten wir das Dorf Non Nuao am Fuß der Marmorberge, das besonders für seine Steinmetzkunst bekannt ist. Seit meiner Ankunft spielte ich mit dem Gedanken, vietnamesische Einrichtungsgegenstände nach Europa zu exportieren, um damit zu handeln. Mir waren die ausgesprochen feinen Materialien wie Steinkohle, Büffelknochen und Zimtrinde, um nur einige zu nennen, aufgefallen. Unsere Rundreise war eine ideale Möglichkeit, die besten Lieferquellen für ausgefallene Waren zu finden. Wo immer es ging, stattete ich der staatlichen Fabrik einer Stadt oder eines Ortes einen Besuch ab oder versuchte mit Mutters sprachlicher Unterstützung, Kontakt zu freischaffenden Künstlern zu knüpfen.

Nach einem Aufenthalt in Hue, der Stadt der Kaiser, führte unser Weg in die Hauptstadt Hanoi.

Für meine Mutter war Hanoi eine Stadt voller Erinnerungen. Die schmalen Straßen des alten Stadtkerns waren wie damals von den Quartieren der einzelnen Handwerkszünfte geprägt. Manchmal hatte Mè Loan es als junge Frau genossen, in den Alleen der besseren Stadtviertel mit ihren imposanten Bauten aus der Kolonialzeit gemütlich zu schlendern. »Es war schön schattig, und es wehte immer ein frisches Lüftchen«, erinnerte sie sich wehmütig. Heute hatten sich Behörden in den ockerfarbenen Villen breitgemacht. Ihre unveränderte Pracht bildete jetzt einen noch krasseren Gegensatz zur Armut der kleinen Leute.

In Hanoi lebten viele Menschen von einem Tag auf den anderen, nicht wenige mussten auf der Straße vor sich hin vegetieren. Alte Witwen oder Krüppel, offenbar sich selbst überlassen, mussten mutterseelenallein einen Weg zu überleben finden. So boten sie ihre Dienste als Hausangestellte, Träger, Ohrenputzer oder sonst etwas an, gegen eine Schale Reis. Müde Gesichter begegneten uns, ausgelaugte Erscheinungen, vermutlich die letzten lebenden Opfer der vergangenen Hungersnöte, die das Land vor nicht allzu langer Zeit heimgesucht hatten.

Diese Realität war schwer zu ertragen.

Wir flogen nach Saigon zurück. Bis zu unserem Treffen mit Onkel Lè nutzten wir die Zeit, um den südlichen Teil Vietnams zu erkunden. Unterwegs machten wir auf Mutters Wunsch an einer tibetanischen Tempelanlage halt. Als Dank dafür, dass ein hoher Lama ihr vor langer Zeit über Herrn Phan Beistand gewährt hatte, überreichte Mè Loan dem Kloster eine Geldspende. Ihre Freude darüber war ihr bis zu unserer Rückkehr in Saigon anzusehen.

Am vereinbarten Tag warteten Onkel Lè und Tante Thao vor dem Hotel auf uns, allerdings wieder ohne Tante May. Lè hatte sie nicht gefunden, er vermutete, dass sie in einer anderen Provinz unterwegs war. Im Unterschied zu ihm war Thao erneut barfuß und in ihren alten, zerfetzten Lumpen gekommen. Der Zutritt zum Hotel war ihr daraufhin verweigert worden.

Als Mè Loan ihre Schwester auf ihr Aussehen ansprach, denn sie hatte ihr ja Geld gegeben, erklärte Thao beschämt: »Mein Mann hat mir das gesamte Geld gleich abgenommen und ist damit verschwunden. Er gönnt sich, worauf er bisher hat verzichten müssen: Schum, Reisschnaps, neue Kleidung sowie ein junges Weib ...«

Wie es die Sitte vorschrieb, musste sie als vorbildliche Gattin dies dulden und kommentarlos auf seine Heimkehr warten. Der Frau kamen die Tränen.

Fassungslos schüttelte Mè Loan den Kopf und sagte leise zu mir: »Wieder so ein Zuhälter. Bin ich froh, dass ich von hier weg bin!«

Nachdem wir an der Rezeption versichert hatten, dass Thao dort von uns Kleider erhalten würde, durften wir alle zusammen auf unser Zimmer gehen. Im Aufzug klammerte sich Thao plötzlich an Lè und fragte voller Panik: »Warum sperrt uns die große Kiste ein? Was macht sie mit uns? Wieso bewegt sie sich?« Lè musste ihr erst erklären, wie ein Aufzug funktioniert.

Als wir in einem oberen Stock ausstiegen, sah sie sich ängstlich und erstaunt um: »Zauberei! Es ist Zauberei!«

Im Zimmer forderte meine Mutter ihre Schwester auf, sich zu waschen, und ging mit ihr ins Bad. Sie kniete sich vor das Klo und fing an, Wasser aus der Schüssel zu schöpfen, um sich damit das Gesicht zu waschen. Mè Loan musste ihr das Waschbecken und die Dusche erklären. Mit großen Augen und offenem Mund, fasziniert und ehrfürchtig, betrachtete Thao die »magischen« Armaturen, aus denen Wasser floss.

Wortlos, wie ein kleines Kind, ließ sie sich dann von meiner Mutter abduschen. Als diese sie anschließend parfümierte, gestand Thao kichernd, dass sie zum ersten Mal in ihrem Leben Parfüm roch. Was für ein Kulturschock muss das für sie sein, dachte ich.

Am nächsten Tag, beim Abschied, schenkte Mè Loan ihrer Schwester erneut etwas Geld, diesmal unter der Bedingung, dass ihr Mann nichts davon erfuhr. Lè gab sie Mays Anteil mit. Er sollte ihn ihr aushändigen, sobald er sie aufgespürt hätte. Zugleich forderte sie ihn auf, uns May bei unserem nächsten Besuch vorzustellen. Er gab uns sein Wort. Nach einem langen, zärtlichen Schnuppern an unseren Schläfen verließen uns die beiden.

Für meine Mutter und mich stand fest, dass wir in naher Zukunft als energisches Gespann zurückkommen würden. Mein Entschluss, in Deutschland ein Geschäft mit vietnamesischem Kunsthandwerk aufzumachen, war inzwischen getroffen. Unterwegs hatten wir bereits zahlreiche Waren erworben, die ab Saigon in einem Schiffscontainer nach Deutschland verschickt werden sollten. Viele kleine Kunsthandwerker brachten die bestellten Produkte selbst zu uns, oft mit dem einzigen Transportmittel, das ihnen zur Verfügung stand, dem Fahrrad. Die weiteste damit zurückgelegte Strecke betrug zweihundert Kilometer. Der Mann hatte Waren mit einem Gewicht von 170 Kilogramm dabei.

Die Reise hatte uns um einige Erkenntnisse reicher gemacht. Auf dem Weg zum Flughafen gestand mir Mè Loan, dass sie nicht mehr in Vietnam hätte leben können. Zu viel hatte sie in Europa kennen- und schätzen gelernt, an zu vieles hatte sie sich gewöhnt, nicht zuletzt an einen gewissen Lebensstandard und Komfort.

Bei der Passkontrolle händigte uns ausgerechnet dieselbe Beamtin, die uns bei der Einreise festgehalten hatte, ohne ein Wort und mit gesenktem Blick unsere Pässe aus.

Mè Loan sagte leise zu mir: »Weißt du, Schatz, uns kann es doch wirklich egal sein, ›Du Lich‹ oder ›Viet-Kiêu‹ zu sein. Im Gegensatz zu den Menschen hier sind wir frei!« Und sie lachte.

»Es war das Herz. Sie ist einfach im Wohnzimmer umgekippt ...«, sagte er mit erstickter Stimme. »Als der Notarzt eintraf, war es bereits zu spät. Er konnte nichts mehr für sie tun.« Guido brach in Tränen aus. Ich kondolierte ihm und beendete das Telefongespräch, zu bestürzt, um einen klaren Gedanken fassen zu können.

Ahnungslos hatte ich bei Tharsilla angerufen, nachdem sie, ganz entgegen ihrer Gewohnheit, wochenlang nicht auf meine Postkarte aus Vietnam reagiert hatte. Nun war sie ausgerechnet während meiner Reise in die Heimat meiner Mutter gestorben. Immer wieder, wie in einem Film, sah ich sie bei meinem letzten Besuch vor zwei Monaten vor mir.

An jenem Morgen im Mai hatte ich Stephan gedrängt, mich auf den Stadtmarkt zu begleiten, um für Tharsilla und Guido einen riesigen Blumenstrauß zu kaufen. Ich hatte den beiden noch nie etwas geschenkt und wollte sie überraschen.

Jetzt sah ich sie noch einmal vor mir, wie sie sich freute. Sie hatte gelacht, und Guido hatte gesagt: »Das wäre wirklich nicht nötig gewesen, Isabelle. Du bist immer willkommen, das weißt du doch.«

Tharsilla zugewandt hatte ich geantwortet: »Kein Strauß der Welt könnte groß genug sein, um euch für all das, was ihr für mich getan habt, zu danken!«

Obwohl ich es tröstlich fand, dass ich ihnen wenigstens meinen Dank noch rechtzeitig hatte aussprechen können, ließ mich Guidos Verzweiflung nicht los. Tharsillas Tod bedeutete auch für Guidos Leben eine Art Ende.

Vollkommen verwirrt wollte ich meine Trauer mit jemandem teilen, der sie verstehen würde und vielleicht weitere Erinnerungen an die gemeinsame Zeit mit Tharsilla zum Leben erwecken konnte. Zum ersten Mal nach vier Jahren rief ich meine Schwester an. Freudig, als ob nichts gewesen wäre, begrüßte sie mich und erkundigte sich neugierig nach allem Möglichen. Ich sprach sie gleich auf den Todesfall an.

»Du warst bestimmt ab und zu bei ihnen zu Besuch«, sagte ich. »Bestimmt hast du erfahren, was passiert ist. Warst du bei der Beerdigung?«

Ein paar Sekunden lang herrschte Stille am Ende der Leitung.

»Selbstverständlich haben wir noch Kontakt«, beteuerte Hélène. »Wir sind dort regelmäßig zu Gast. Aber zum Begräbnis bin ich absichtlich nicht gegangen. Ich hätte es nicht ertragen können, Tharsilla an Guidos Grab weinen zu sehen.«

Mir verschlug es den Atem. Hélène hatte mich frech angelogen, und das war für mich fast ebenso schlimm wie die Nachricht selbst. Nach all den Jahren, nach allem, was diese Frau für uns getan hatte. Ich war fassungslos, und ich schämte mich.

»Nicht er«, sagte ich, ohne meine Enttäuschung verbergen zu können, »sondern sie ist gestorben«, und legte auf. Noch einmal hatte meine Schwester etwas in mir zerstört.

Trotzdem versuchte ich mir zu sagen, dass Hélène auch eine gute Seite hatte, ich hatte es ja erlebt.

Guido starb wenige Monate später. Kurz zuvor war er mir im Traum erschienen. »Ich halte es nicht mehr aus und gehe jetzt zu ihr«, hatte ich ihn sagen hören. Wie bei Tharsilla hielt ich keine Andacht an seinem Grab. Für meine Trauer brauchte ich keinen Friedhof. Lieber trug ich die Erinnerungen an diese beiden Menschen, die mir unendlich viel bedeuteten, im Herzen. Es war der beste Platz für sie, um unsterblich zu sein.

Ob »Perestroika«, Umstrukturierung, in der Sowjetunion oder »Doi Moi«, Erneuerung, in Vietnam, beide Bewegungen in der kommunistischen Welt hatten keine Auswirkungen auf unsere Geschäfte. Bei Verhandlungen wurden zwar in den Moskauer Restaurants eine Zeit lang keine Wodkaflaschen mehr auf den Tisch gestellt, dafür konnte man sich nun Cognac aus großen Teekannen, die als Tarnung dienten, einschenken. Die Gesprächsrunden endeten in Russland immer gleich: unter dem Tisch. Ebenso flogen Mè Loan und ich weiterhin nach Vietnam. Dort wurden wir inzwischen herzlicher empfangen. Ich hatte mir ein ganzes Netz an geschäftlichen Beziehungen aufgebaut. Auch Lè hatte sein Versprechen gehalten. Anfang 1992 schloss meine Mutter ihre Schwester May endlich in die Arme.

Stephan und ich setzten unverändert unsere ganze Energie ein, um beide geschäftlich erfolgreich zu sein. Zusammen waren wir ein unschlagbares Team. Wir hatten uns angewöhnt, in gewissen Abständen Bilanz zu ziehen, über unsere Arbeit, über unser gemeinsames Leben.

Wo standen wir, wo wollten wir hin? Stephan erinnerte mich manchmal lachend daran, wie ich früher an unserer Beziehung gezweifelt hatte: »Mit siebzig wirst du mir noch sagen: Es ist das verflixte 50. Jahr!«

Wir spürten, dass wir uns Kinder wünschten. Die Kombination von Kindern und Karriere war für uns, die wir mit so vielen Dingen beschäftigt waren, vor allem eine Frage der Organisation, und organisieren konnten wir ja inzwischen ganz gut. Also »organisierten« wir unsere Hochzeit.

Zu diesem Anlass reisten meine Eltern mit Paulette, Heidi aus Amerika sowie Freunde aus Russland an. Als Einziger von meinen Geschwistern fand Jean-Pierre den Weg zu uns. Es machte mich traurig, Stephans Familie nur so wenige Verwandte vorzeigen zu können. »Sie wären gerne hier, aber sie wohnen einfach zu weit weg«, versuchte ich eine Erklärung und fühlte mich nur noch einsamer und verlassener.

Doch um mich waren so viele strahlende, wohlwollende und glückliche Gesichter versammelt, dass ich bald meine Enttäuschung vergaß. An der Seite meines Mannes hatten unerfreuliche Gefühle sowieso nichts zu suchen.

Stephan verkörperte meine Sehnsucht und meine Träume, Träume, die ich niemals zuvor gewagt hätte auszusprechen, aus Angst, sie würden zerplatzen. Oft blickte ich dankbar zum Himmel. Wenn Stephan merkte, wie ergriffen ich war, nahm er meine Hand in seine. »Hab keine Angst, glücklich zu sein, genieße es. Denke nicht immer an das Ende, wenn es nicht da ist.«

Am Tag unserer Hochzeit im Sommer 1992 begriff ich, dass meine Familie mit Stephan und mir begann, und Glück das war, was wir daraus machten. Es gehörte nun zu meinem Auftrag, meine Familie zu beschützen und glücklich zu machen. Dafür wollte ich alle meine Kräfte einsetzen. Ich wusste, dass ich dabei Mè Loan nie vergessen würde. Meiner Mutter wollte ich unbedingt einen erfüllten Lebensabend mit Enkeln schenken, eine Erfahrung, die ihr meine Geschwister bisher leider nicht gegönnt hatten.

In den darauffolgenden Jahren wurden unsere Töchter Rebecca und Meliha zu Mutters wichtigstem Lebensinhalt. »Ich bin sehr stolz auf euch und auf dich«, sagte Mè Loan immer wieder, wenn sie uns besuchte oder wenn wir sie in den Urlaub mitnahmen. »Vielleicht darf ich sogar ein bisschen stolz auf mich sein«, fügte sie lächelnd hinzu, »weil ich niemals die Hand gegen dich erhoben habe!«

Ich freute mich über Mutters Lob, Vaters Lobeshymnen dagegen, in denen er meinen Erfolg stets auf seine harte Erziehung zurückführte, konnten mir gestohlen bleiben.

Stephan und ich führten ein ausgeglichenes, glückliches Leben, es ging uns gut. Wir waren gesund, und von Tag zu Tag fühlten wir unsere Liebe füreinander noch mehr wachsen. Haushilfen, die wir uns inzwischen leisten konnten, hielten uns den Rücken frei, sodass wir uns gezielt auf die Geschäfte und auf die Erziehung unserer Kinder konzentrieren konnten.

Leider hatte der Erfolg auch manche Kehrseiten. Nicht selten begegneten wir Neid und Missgunst, die wir aushalten mussten. Gravierender allerdings war, wie ich mich selbst verändert hatte, ohne es zu merken.

Mein Hang zum Perfektionismus war schon immer groß gewesen, daraus resultierte eine ständige Gefahr, mich zu überlasten, um als die Beste unentbehrlich zu sein. Der Wunsch, dass anerkannt wurde, was ich leistete, war weiter gewachsen, damit einher ging die Angst, abzustürzen und als Versagerin dazustehen. Also erhöhte ich den höllischen Leistungsdruck noch weiter. Und während ich für alles zuständig und für alle da sein wollte, vergaß ich etwas Entscheidendes: Ich vergaß, auf mich selbst zu achten. Ich gönnte mir keine Zeit für mich selbst, oft nicht einmal wenige Minuten zum Essen. Es war ein schleichender Prozess. Ohne es zu merken, war ich ein Workaholic geworden, süchtig nach Arbeit.

Lange ignorierte ich die ersten Warnsignale und machte zum Beispiel meinen niedrigen Blutdruck dafür verantwortlich, dass es mir nicht gut ging. Bis ich eines Tages zusammenbrach. Zunächst einmal und dann in kürzeren Abständen immer wieder. Ich fühlte mich leer, ausgelaugt, innerlich wie tot. Mir fehlte der Wille, am aktiven Leben teilzunehmen, und weil ich stark abgenommen hatte, fehlte mir bald auch körperlich die Kraft dazu. Die kleinste Anstrengung, das Lesen einer Adresse, das Öffnen einer Tür, wurde für mich zu einer schier übermenschlichen Aufgabe, die zu lösen ich nicht imstande war.

Da ich nicht einmal mehr in der Lage war, klar zu denken, musste ich liegen bleiben und Hilfe in Anspruch nehmen. Wie hasste ich es, schwach zu sein!

Doch das Furchtbarste war für mich, mich krank zu fühlen, ohne irgendeine Krankheit deutlich benennen zu können. Während Stephan, die Kinder und meine nach den Zusammenbrüchen gerufenen Eltern machtlos waren, riss mich der Gedanke, versagt zu haben und weiterhin zu versagen, immer mehr in die Tiefe. Schließlich war ich ein seelisches Wrack.

In einer Spezialklinik wurden 1996 Erschöpfungszustände diagnostiziert, als Burn-out-Syndrom heute ein fester Begriff in der Medizin. Trotz der Erleichterung, endlich zu wissen, was los war, wehrte ich mich am Anfang lange, den Befund zu akzeptieren. Es dauerte seine Zeit, bis mir klar wurde, dass Perfektion nicht existiert und dass wir Menschen letztlich alle ersetzbar sind – ein zunächst unerträglicher Gedanke für mich. Doch erst mit dieser Einsicht konnte ich wieder gesund werden.

Bestimmte Gedanken begleiteten mich bei diesem Prozess. Wir Menschen, so stellte ich mir vor, sind Sandkörner am Rand des Ozeans, die stets, von Ebbe und Flut bewegt, einen glatten Strand bilden, ganz egal, ob ein Korn fehlt. Jede Welle bedeutet einen Neuanfang. Die Zeit würde uns nach unserem Tod in Vergessenheit geraten lassen. Nicht gleich, aber irgendwann bestimmt. Auch wenn nach dem Tod nichts mehr wie vorher war, ging das Leben dennoch weiter. Ich brauchte nur einen Blick auf die Friedhöfe zu werfen, wir waren weder unsterblich noch unentbehrlich. Der Weg, begriff ich mühsam, ist viel wichtiger als das Ziel. Er macht unser Leben aus. Mit dieser Erkenntnis konnte ich mich und meine Familie neu sehen, so konnte alles für mich wieder einen Sinn bekommen.

Stephan und meine Mutter unterstützten mich dabei, zu lernen, viel disziplinierter mit meiner Gesundheit umzugehen. Ich nahm wieder zu und erreichte schließlich ein gutes Gewicht. Dann rückte ich meinem lästigen Perfektionswahn zu Leibe. Es begann nach einer Weile sogar Spaß zu machen, ganz bewusst »Nicht-Perfektion« zu akzeptieren. Ich lernte, Sachen liegen zu lassen, nein zu sagen oder Arbeit zu delegieren, ich gönnte mir Ruhephasen und hatte nichts mehr dagegen, einfach zu schlafen, wenn ich müde war – vor einigen Monaten noch undenkbar! Ich versuchte, jeden Augenblick ganz bewusst zu erleben.

Irgendwann wich der zwanghafte Übermensch in mir dem Menschen, der ich wirklich war: ein Mensch mit all seinen Schwächen. Jetzt war ich auch in der Lage, der Außenwelt meine Gefühle zu zeigen, ich weinte ohne Hemmungen, wenn ich traurig war, und traute mich zu schimpfen, wenn mich die Wut packte. Ich genoss es, wie ein Kind zu lachen, wenn mir danach war.

Der letzte große Schritt, um gesund zu werden, bestand darin, mich zu weigern, mich länger in einer Welt aus lauter Fassaden zu bewegen. Ich sah mir mein Leben an, die Niederlagen, die Verletzungen, die Wunden, und ich merkte, dass ich sie akzeptieren konnte. Sie waren nicht mehr rückgängig zu machen, ich musste sie annehmen. Jetzt spürte ich, dass ich sie annehmen konnte. Ich hatte vieles bereits zu den Akten gelegt, Rolands Verrat, Vaters Missbrauch, die gescheiterte Beziehung zu meinen Geschwistern. Das alles waren Tatsachen, die nicht mehr vor anderen vertuscht werden mussten. Ich wollte sie nicht mehr vertuschen, denn ich fühlte mich schlicht und einfach nicht mehr für sie verantwortlich. Ich konnte offen damit umgehen, fast gelassen, ohne Scham- oder Schuldgefühle – das ist passiert, ja. Und?

Es hatte einen heftigen Sturm gegeben, dann hatte eine neue Welle den Sand wieder glatt gestrichen. Ich war frei. Es war Zeit, mit dieser Maxime ein neues Leben zu beginnen.

Lebensgefahr

Philadelphia war eine graue, öde Stadt. Vielleicht irrte ich mich auch, aber das kümmerte mich nicht. Während sich Stephan höflich mit dem Taxifahrer über »the beautiful Black Forest« unterhielt und die Kinder eine übergewichtige, farbige Polizistin beobachteten, die phlegmatisch den Verkehr regelte, ließ ich die letzten Tage Revue passieren. Vier Tage nur, aber eine Zeit, in der so viel geschehen war, dass sie unser Leben für immer veränderte.

»Es ist ein sogenanntes ›Katzenauge‹, völlig harmlos, ein Schönheitsfehler«, hatte unser Kinderarzt kurz vor Weihnachten behauptet, als wir ihn auf den hellen Schimmer hinter der Pupille von Meliha angesprochen hatten. »Das legt sich.«

Die Augenärztin hatte seine Diagnose bestätigt, es handle sich um einen gewöhnlichen Lichteinfall in der Hornhaut.

Später rief der Kinderarzt uns sogar noch einmal an, um uns zu beruhigen. »Ich habe recherchiert und in verschiedenen Fachbüchern nachgeschlagen. Es kann sich nicht um ein Retinoblastom, einen Tumor im Auge, handeln. Schlafen Sie ruhig!«

Einigermaßen beruhigt verbrachten wir Weihnachten und die Zeit danach. Wertvolle Zeit, in der sich der Tod langsam anschlich. Ein halbes Jahr darauf, an einem Donnerstag Mitte Juli, erfuhren wir die Wahrheit.

Ich wollte noch kurz etwas in der Apotheke besorgen, weshalb ich den Kindern spontan einen kleinen Stadtbummel vorgeschlagen hatte. Stephan hielt sich gerade im Ausland auf. Direkt vor der Apotheke kam uns zufällig unsere Augenärztin entgegen. Sie begrüßte mich herzlich wie immer, bevor sie auch meine Töchter grüßte. Als sie Meliha erblickte, wurde ihr Gesichtsausdruck auf einmal starr, und sie wurde kreidebleich.

»O Gott, das kann nicht sein«, sagte sie ungläubig. »Kommen Sie bitte sofort in meine Praxis!«

Verunsichert machte ich schnell meine Besorgungen in der Apotheke, dann suchte ich mit einem mulmigen Gefühl ihre Praxis auf. Ich konnte mir ihr plötzliches Erschrecken nicht erklären.

Während sie Melihas Augen untersuchte, schüttelte sie fassungslos den Kopf: »Mein Gott, habe ich da etwas übersehen? Wie konnte ich das bloß übersehen!«

Minuten später hörte ich aus ihrem Mund die verheerende Diagnose: »Es ist ein Retinoblastom. Eine seltene, schwere Krebserkrankung bei kleinen Kindern.«

Mir wurde eiskalt. »Welche Therapien gibt es?«, fragte ich mechanisch, ohne wirklich begriffen zu haben, was sie gesagt hatte.

»Keine«, antwortete sie, anscheinend genauso unter Schock stehend wie ich. »Das Auge muss entfernt werden. Der Tumor ist schon groß. Es tut mir leid ...«

Während die Ärztin eine Überweisung mit dem Vermerk »RB-rechts/Lebensgefahr!« für die Augenklinik in Heidelberg vorbereitete, erreichte ich mit viel Mühe Stephan. Ich war aufgewühlt und teilte ihm wie in Trance die schlechte Nachricht mit.

»Mein Gott, nein! Bist du sicher?«, fragte er mich ein paarmal. Nachdem er sich wieder gefasst hatte, sagte er mit erstickter Stimme: »Pass auf euch auf! Ich komme so schnell wie möglich heim.«

Mit dem Versprechen, dass wir gemeinsam etwas Spannendes spielen würden, konnte ich die Kinder, die wegen der Aufregung, die sie natürlich spürten, völlig überdreht waren, nach Hause lotsen.

Ein Wettlauf mit der Zeit hatte begonnen. Am nächsten Morgen setzte ich Rebecca ganz früh im Kindergarten ab und fuhr mit Meliha nach Heidelberg, voll panischer Hoffnung, es könnte vielleicht ein Irrtum sein. Wir kamen sofort dran.

Ein junger Arzt untersuchte Meliha. Bald machte seine Bestätigung der Diagnose eines einseitigen Retinoblastoms die Hoffnung allerdings endgültig zunichte. Wie betäubt hörte ich seine Worte, taktvolle und doch so gnadenlose Worte über die Krankheit, deren tödlicher Ausgang definitiv war, wenn nichts unternommen wurde. Ich war am Boden zerstört.

Meliha, die sich bisher still verhalten hatte, holte mich plötzlich aus meiner Lethargie zurück. Mit ernster Miene nahm sie meine Hand, blickte zu mir hoch und fragte: »Mama, hat der Doktor gesagt, dass ich sterben werde?«

Was im Himmel sollte ich meiner Tochter sagen? Meliha war nicht einmal drei Jahre alt. Sie hatte das ganze Leben noch vor sich, ein Leben, das wir uns möglichst sorglos, voller Glück und Freude wünschten, und das nun an einem seidenen Faden hing.

Ich riss mich zusammen und holte tief Luft. »Die Krankheit kann zum Tode führen, mein Schatz«, antwortete ich ihr. »Aber nur, wenn man zu lange wartet und keine Medikamente nimmt. Du wirst nicht sterben, denn Papa und Mama werden alles tun, dass dir nichts passiert. Und wir schaffen das! Mama wird immer bei dir sein, immer, das verspreche ich dir.«

Ein Lächeln zeichnete sich auf dem Kindergesicht ab. Ich unterdrückte meine Tränen, ich war völlig verzweifelt.

Frühabends traf Stephan mit dunklen Ringen unter den Augen in Frankfurt ein. Wir fuhren gleich nach Heidelberg. Dort wartete der zuständige Professor auf uns.

Wie ich es auch bereits getan hatte, bot Stephan als Erstes eine Transplantation eines eigenen Auges an. »Ich habe die Welt schon gesehen«, sagte er, »meine Tochter noch nicht ...«

Doch das war nicht möglich. »Verstehen Sie, durch den dünnen Sehnerv fließen Millionen von Informationen.

Der Stand der Wissenschaft ist leider noch nicht so weit …« Der Mann erklärte uns, dass als Therapie entweder eine Enukleation, die Entfernung des Auges, oder eine sogenannte Chemoreduktion mit eventuell anschließender Strahlentherapie in Frage kam. Um keine voreilige Entscheidung zu treffen, da keine akute Lebensgefahr bestand und es auf ein paar Tage nicht ankam, erkundigten wir uns nach den am besten spezialisierten Kliniken in diesem Bereich. Kliniken in Berlin und Essen besaßen den besten Ruf für Europa, doch als weltweit führend wurde uns eine Klinik in Philadelphia genannt. So stiegen wir am Sonntag ins Flugzeug und landeten am frühen Morgen in dieser grauen, öden Stadt in Amerika, um uns beraten zu lassen.

Vier Tage hatten gereicht, um unser Leben komplett aus den Fugen geraten zu lassen.

Das gesamte folgende Jahr wurde von Melihas Krankheit bestimmt, wir verbrachten Wochen damit, im In- und Ausland die jeweiligen medizinischen Institute aufzusuchen, die uns für die erforderliche Therapie am geeignetsten erschienen. Inzwischen hatten wir immer wieder gehört, dass eines der ersten Warnzeichen dieser Erkrankung ein schimmernder Pupillenreflex ist – der Grund, weshalb wir damals mit Meliha zum Arzt gegangen waren. Doch kamen wir nicht dazu, uns weitere Gedanken darüber zu machen. Die Zeit drängte.

Da eine winzige Hoffnung bestand, Melihas Auge zu retten, hatten wir uns für die Chemoreduktion entschieden, eine Schritt-für-Schritt-Lösung unter strenger ärztlicher Aufsicht. Eine Zeit zwischen Bangen und Hoffen brach für uns an, denn über die Fortsetzung der Behandlung musste Monat für Monat aufs Neue eine Untersuchung unter Vollnarkose entscheiden. Diese Zeit wurde zu einer echten Folter für uns. Auf einmal war das Leben so anders geworden, für uns alle.

Rebecca reagierte angesichts der neuen Situation ungewohnt aggressiv und mit Eifersuchtsausbrüchen. Warum galt auf einmal Meliha die meiste Aufmerksamkeit, und warum verbrachte ich wochenlang, oft Tag und Nacht, alleine mit Meliha im Krankenhaus? Wieso durfte sie uns niemals auf der Onkologiestation besuchen? Zu Hause herrschten oft Chaos und Hektik, und abends brachten sie oft Verwandte oder Fremde anstelle ihres Papas, der sich allein um das Geschäft kümmern musste, ins Bett. Es war kein Wunder, dass sie das zunächst nicht begreifen konnte und dagegen rebellierte.

Geduldig bemühten wir uns, sie zu beruhigen und ihr auch die Angst vor dem Verlust ihrer Schwester zu nehmen. Wir ließen sie bei uns schlafen und versicherten ihr, dass die Unruhe nur vorübergehend sei. »Eines Tages«, sagte ich ihr, »wird alles wieder gut. Im Moment müssen wir uns mehr um Meliha kümmern, deswegen haben wir nicht so viel Zeit für dich. Aber wir haben dich genauso lieb wie sie.«

So lernte Rebecca mit ihren fünf Jahren, mit der Situation umzugehen. Sobald ihre kleine Schwester nach Hause durfte, kümmerte sie sich vorbildlich um sie. Stundenlang ermunterte sie Meliha, etwas zu essen. Bald brachte sie ihr gleich eine Nierenschale, wenn sie merkte, dass ihr von der Chemotherapie übel wurde. War die Kleine zu schwach, um zu spielen, setzte sich Rebecca an ihr Bett und erzählte ihr mit einer Engelsgeduld Geschichten, die sie auswendig kannte oder in dem Moment erfand. War Rebecca krank, trug sie, wie wir auch, im Haus konsequent einen Mundschutz, um die für ihre Schwester tödliche Infektionsgefahr so gering wie möglich zu halten. Und weil sie wusste, dass Melihas implantierter Katheter nicht mit Wasser in Berührung kommen durfte, verzichtete sie oft von sich aus auf ein Badevergnügen, um ihre Schwester, die das Wasser so sehr liebte, nicht traurig zu machen.

Oft tat mir das Herz weh, wenn ich sah, wie vernünftig, wie einsichtig und ernst Rebecca war. Meine Aufgabe war es, für meine Töchter täglich die Sonne scheinen zu lassen, damit diese dunklen Wolken über ihrer Kindheit schnell vorüberzogen. Sie waren zu jung, um Sorgen zu haben.

Zwar lebten wir ständig mit dem Damoklesschwert namens Enukleation über uns, jederzeit konnte sie notwendig werden, doch hatte ich es bei aller Machtlosigkeit auch in der Hand, meiner Tochter Kraft zu geben. Ich wappnete sie mit einem gesunden Selbstbewusstsein, das sich durch nichts erschüttern ließ. Bald gehörte Meliha zu den wenigen Kindern, die mit Witz und großer Schlagfertigkeit mit den Hänseleien anderer Kinder bezüglich ihres kahlen Kopfes fertig wurden und singend eine Onkologiestation betraten, um die wöchentlichen Torturen über sich ergehen zu lassen.

Kraft allein war jedoch nicht alles, was sie brauchte. Genauso gehörte es zu meiner Pflicht, sie zu beschützen, vor der Bosheit mancher Menschen, vor der Willkür einiger Ärzte und Ämter und vor allem vor der traurigen Routine des Krankenhauses, von der wir unfreiwillig ein Teil geworden waren. Aus diesem Grund hatte ich auch bald durchgesetzt, die Katheterreinigung selbst zu Hause vornehmen zu können. Dadurch blieben uns lange Fahrten ins Krankenhaus erspart, und auf diese Weise vermied ich auch die ständige Konfrontation Melihas mit dem Tod. Einmal hatte sie mich gefragt: »Mama, wo ist das Mädchen vom Nachbarzimmer, das mit mir letzte Woche im Flur Ball gespielt hat?« Ich konnte nicht zulassen, dass sich trübe Gedanken in Melihas Kopf einnisteten, also gab ich ihr zur Antwort: »Das Mädchen durfte nach Hause.«

Abgesehen von Menschen aus unserer nahen Verwandtschaft hatten sich nur wenige Bekannte als wahre Freunde erwiesen, die uns zur Seite standen und den nötigen Halt gaben. Andere, darunter auch »enge Freunde«, blieben urplötzlich und ohne eine Erklärung weg. Oft fragte ich mich, warum das wohl so war, ob sie der Umgang mit einem schwerkranken Kind überforderte oder ob er ihnen zu lästig war. Diese Menschen blieben verschwunden und meldeten sich erst wieder, als alles vorbei war. Eine bittere Erfahrung.

Ebenfalls rar machten sich die Vertreter der Kirche. In dieser von Not geprägten Zeit lief mir nur ein einziges Mal einer von ihnen freiwillig über den Weg. Es war der junge Seelsorger des Krankenhauses, der eines Tages in Melihas Zimmer vorbeischaute, um sich ihre Leidensgeschichte anzuhören. Unwillkürlich rief sein Besuch die

Erinnerung an unseren Gemeindepfarrer in mir wach, der vor Jahren bei uns hereingeplatzt war, um Rebeccas Taufe zu besprechen. Als der Geistliche gemerkt hatte, dass ich nicht bereit war, seiner Aufforderung, regelmäßig an den Gottesdiensten teilzunehmen, zu folgen, und dass unsere Auffassungen vom Glauben ziemlich weit auseinanderlagen, hatte er voller Empörung unser Haus verlassen. »Sie armes Schaf brauchen dringend geistige Nahrung«, hatte er mir noch mit auf den Weg gegeben.

Der Krankenhausseelsorger lud mich ebenfalls zu seinem nächsten Gottesdienst ein, statt mir mit ein paar persönlichen Worten beizustehen. Ich war enttäuscht – erbarmte sich Gott nur innerhalb der heiligen Mauern? Ein armes Schaf, wer das glaubt ...

Meine Kirche trug ich in mir, in meinem Herzen, an jedem Ort, zu jeder Zeit. Das Geben und Nehmen funktionierte einfach. Ich betete viel, wo immer ich mich auch befand, unterwegs oder daheim. Bei uns zu Hause betete ich am Fuß des Buddhas – desjenigen Buddhas, den Mè Loan von Herrn Phan bekommen und den sie mir zu meinem fünfundzwanzigsten Geburtstag weitergeschenkt hatte. So stand ich in direktem Kontakt mit Gott. Und manchmal stellte ich ihn auch zur Rede: »Wir sind uns unseres Glückes bewusst, es hätte noch viel schlimmer kommen können. Doch warum prüft uns dein Himmel auf diese Weise? Warum gerade unser Kind? Haben wir etwas verbrochen?«

Jedes Mal glaubte ich, dieselbe Antwort zu vernehmen: »Wie könntet ihr euch je über das Licht erfreuen, wäre es nicht auch dunkel?«

Zwei dicke Sicherheitstüren trennten uns. Während Stephan, blass wie die Wand und mit glasigem Blick, an diesem Morgen nur ein paar Meter von uns entfernt auf dem Flur wartete, ließ ich auf der Aufwachstation die zarte Kinderhand nicht mehr los. Der lebensrettende Eingriff hatte vor knapp einer Stunde stattgefunden. Ich war froh, dass sie noch schlief, so konnte ich meinen Tränen für einen Moment freien Lauf lassen.

»Meliha«, flüsterte ich ihr zu, »bedeutet: ›Die, die Schönheit besitzt‹, und Schönheit kommt von innen. Deinen Namen wirst du zu Recht tragen, mein Schatz, da bin ich mir sicher!«

Die Entscheidung, die Stephan und ich Mitte August 1998 treffen mussten, war die schwerste unseres Lebens, es war eine Entscheidung zwischen Pest und Cholera. Während der letzten Narkosen hatte der Arzt eine verstreute Glaskörperaussaat in Melihas befallenem Auge festgestellt, ein Zeichen dafür, dass der zum Teil verkalkte Tumor wieder aktiv wurde. Versuche, diesen mit einer Kryotherapie, mit Behandlungen durch Kälte, oder mit einer Thermotherapie zu bekämpfen, waren fehlgeschlagen. Wieder sahen wir uns der Gefahr einer Enukleation gegenüber, die einzig mögliche Alternative bestand in einer externen Strahlentherapie, die jedoch möglicherweise eine Entstellung des Gesichtes zur Folge haben konnte.

Früher oder später würden wir uns den Fragen unseres Kindes stellen müssen, das wussten wir beide. Doch jetzt ging es allein darum, mit welcher Antwort wir bis ans Ende unserer Tage würden leben können. Von unserer Entscheidung hing Melihas Zukunft und damit das Glück unserer Familie ab. Tage vergingen, die wir mit endlosen Anläufen zubrachten, das Für und Wider abzuwägen, schlaflose Nächte, in denen wir sämtliche negativen Gefühlszustände durchlebten. Waren wir nicht schon einmal in unserer Elternrolle gescheitert, als wir dem Kinderarzt und der Augenärztin blind vertraut hatten? Hing die Krankheit mit der Tschernobyl-Katastrophe zusammen, oder war sie vielleicht sogar eine Spätfolge des im Vietnamkrieg versprühten Pflanzengifts Agent Orange? Trug ich im Endeffekt nicht als Mutter die ganze Schuld, da, wie die Wissenschaft inzwischen belegen konnte, bei einer solchen Krankheit in der elften Schwangerschaftswoche »irgendetwas« schiefgegangen war?

Zuletzt beschlossen wir, ganz pragmatisch vorzugehen. Auf ein Blatt Papier schrieben wir alle Vor- und Nachteile der jeweiligen Therapien nieder, bis sich eine vernünftige, klare Entscheidung herauskristallisierte. Als wir fertig waren, stand schwarz auf weiß da: Enukleation. Und so fand zwei Tage später der operative Eingriff statt.

Mit großer Erleichterung erfuhren wir, dass alles gut verlaufen war. Wir atmeten auf. Doch kaum waren wir wieder zu Hause, erreichte uns ein Anruf des Professors. Die Laboranalysen deuteten auf eine leichte Infiltration der Aderhaut hin. Auch wenn dieser Befund keine Anomalie darstellte, empfahl er dennoch, »um kein Risiko einzugehen«, eine systematische Chemotherapie.

Meliha musste kurz nach ihrem vierten Geburtstag erneut sechs Zyklen mit der Verabreichung von Gift über sich ergehen lassen. Und wieder musste sie voller Entsetzen zusehen, wie sie ihre frische Haarpracht, auf die sie so stolz war, langsam verlor. Wieder wachte das arme Kind nachts schweißgebadet aus seinen Albträumen auf, wieder hieß es, weitere sechs Monate voller Leid und dessen psychische Folgen klaglos ertragen ... Das alles, während andere Kinder eine unbeschwerte Kindheit genossen, eine Kindheit, die wir Eltern ihr so sehr gönnten.

Als der Therapieabschluss absehbar wurde und sich die Lage für uns etwas entspannte, beschlossen wir, die beiden Ärzte, die so falsche Diagnosen gestellt hatten, zu verklagen. Ein neuer Kampf hatte begonnen. Trotz nachgewiesener grober Fahrlässigkeit kamen die beiden nach einem langjährigen Rechtsstreit unbestraft davon.

Vor dem Sturm, nach dem Sturm

Aus zwei Gründen war dieser Dienstag der schönste Tag seit langem: Zum einen hatte Stephan spontan in einem Reisebüro zwei Wochen Urlaub am Meer gebucht und uns alle damit überrascht – in zwei Tagen war Abflug! Und zum anderen durfte Meliha endlich wieder baden, zum ersten Mal seit über anderthalb Jahren. Da sie aus medizinischer Sicht aus dem Gröbsten heraus war und sie nun keine Medikamente mehr benötigte, war ihr Katheter eine Woche zuvor entfernt worden.

Niemals werde ich die unbeschreibliche Freude unseres Kindes vergessen, als es in die Wanne stieg. Sie rührte Stephan und mich zu Tränen. Erst nach anderthalb Stunden und dem Versprechen, am nächsten Tag bestimmt wieder baden zu dürfen, erklärte sich Meliha bereit, aus dem Wasser herauszukommen.

Weshalb sich der darauffolgende Tag uns aber für immer einprägte, als bitter dunkle Erfahrung, hatte einen anderen Grund. Es war der Tag, an dem ich mich dafür hasste, wieder das Richtige vorher gespürt und nichts gesagt zu haben. Der Tag, der sich wie eine Ohrfeige anfühlte, weil die Wahrheit einen stets einholt.

Es war am Mittwochmorgen, als Stephan mich von der Stadt aus anrief und mit erstickter Stimme sagte: »Es ist Krebs.«

Obwohl sich Stephan schon seit Monaten leicht angeschlagen fühlte, hatte er sich nie wirklich Zeit für einen Arztbesuch genommen. Er hatte die Müdigkeit stets mit dem beruflichen Stress und den Strapazen der letzten Jahre in Verbindung gebracht. Am Dienstag hatte er, bevor er in das Reisebüro gegangen war, endlich einen kurzfristigen Termin bei einem Internisten wahrgenommen, eine Viertelstunde, um sich einer allgemeinen Routineuntersuchung zu unterziehen.

»Sie sind vollkommen gesund«, hatte der Arzt gesagt. »Ihre Werte sind alle in Ordnung, aber wir machen sicherheitshalber noch einen letzten Ultraschall.«

Beide unterhielten sich über unseren bevorstehenden Urlaub, während der Schallkopf langsam über die Bauchfläche glitt. Als die Nieren zum Vorschein kamen, begann die Hand des Internisten unruhig zu werden.

»Da ist etwas an der rechten Niere«, stellte er leise wie zu sich selbst fest. »Ganz hinten, um die Ecke versteckt. Ein leichter Schatten, schwer zu erwischen.«

Geduldig versuchte er einige Minuten lang, näher an die Stelle zu kommen, allerdings ohne Erfolg.

»Wenn ich mir Ihre Werte anschaue, kann es bestimmt nichts Schlimmes sein. Trotzdem empfehle ich Ihnen, eine Magnetresonanztomographie zu machen. Dann wissen wir Genaues. Am besten gleich morgen früh, wenn der Kollege Zeit hat, damit Sie beruhigt in den Urlaub fliegen können.«

Am nächsten Morgen saß Stephan bei dem Kollegen, ruhig und überzeugt, dass alles in Ordnung sei, während ich die letzten Besorgungen für die Reise machte. Die Untersuchung beim Internisten hatte ein komisches Gefühl bei mir ausgelöst, das ich versuchte loszuwerden.

Als mein Handy klingelte, erfuhr ich die Hiobsbotschaft. »Dieser Schatten an der Niere«, Stephan sprach, als fiele ihm jedes Wort schwer, »ist offenbar ein Tumor, mandarinengroß und vermutlich bösartig. Es ist Krebs.«

Ich hörte mich gefasst sagen, als ob das etwas ändern könnte: »Aber deine Werte gestern ...«

»Ich weiß. Die Ärzte hier können selbst nicht glauben, dass sie bei dieser Tumorgröße so einwandfrei sind und ich bisher keinerlei Beschwerden hatte. Überhaupt ist es ein Wunder, dass der Internist ihn an dieser unzugänglichen Stelle entdeckt hat. Wenn ich Glück habe«, fuhr er fort, »ist das Krebsgeschwür noch eingekapselt. Aber ich kann auf keinen Fall bis nach Weihnachten warten. Wir müssen deshalb wohl hierbleiben ...«

Die Reise wurde storniert und ein OP-Termin in einer Heidelberger Klinik für den nächsten Morgen vereinbart.

Wir beschlossen, den Kindern die Wahrheit sanft beizubringen, sollte während des Eingriffs etwas schiefgehen.

»Das, was Papa hat, ist es schlimm?«, fragte Rebecca.

»Wenn man nichts dagegen tut, schon. Deswegen wird Papa morgen schnell operiert, damit er wieder gesund wird«, antwortete ich ruhig.

»Bleibst du auch die ganze Zeit bei ihm, wie bei mir?«, wollte Meliha wissen.

»Ja, sicher! Nur nachts nicht. Er ist nämlich schon groß genug«, versuchte ich zu scherzen und sah sie lächeln. »Aber da werde ich auch Unterstützung von euch beiden brauchen: Werdet ihr jeden Tag schön brav sein, bis ich vom Krankenhaus zurückkomme? Es wird wahrscheinlich jedes Mal sehr spät werden und ein paar Wochen dauern, bis Papa wieder heim darf.«

Beide nickten.

Ein Tag, ein einziger Tag, nur ein kurzer Atemzug, war mir und uns vor dem nächsten Sturm gewährt worden. Immerhin. Am Nachmittag, während sich Stephan im Internet mit dem Thema Nierenkrebs vertraut machte, um sich seelisch besser vorzubereiten, kümmerte ich mich schnell um die Betreuung unserer Kinder durch unsere hilfsbereiten Nachbarn. Ungläubig und bestürzt reagierten sie auf diesen nächsten Schicksalsschlag. »Das schaffst du, Isabelle!«, sagten sie zu mir, obwohl ihr Trost mehr nach Hoffnung als nach Überzeugung klang. »Du bist doch stark ...«

Bin ich das, fragte ich mich innerlich. Ich weiß es nicht, ich weiß überhaupt nichts mehr.

Ich bestand darauf, unsere Gäste, die wir schon lange für diesen Abend eingeladen hatten, willkommen zu heißen, als sei nichts geschehen. Es war kein Fatalismus, der mich dazu trieb, ich versuchte einfach, durch Normalität der Verzweiflung zu entkommen. Ich wusste nur zu gut, wie Verzweiflung sich anfühlte und was sie alles anrichten konnte. In meiner Familie hatte sie aber nichts zu suchen!

Zugleich fragte ich mich fassungslos, wie ich diese neue Prüfung durchstehen sollte. Warum musste unsere gerade neu errichtete Welt inmitten von Melihas Genesungsprozess wieder zusammenbrechen? Warum verlangte das Leben uns und unseren Kindern so viel ab? Versuche es wenigstens, sagte mir eine innere Stimme immer wieder. Mè Loan würde kämpfen, und du bist nicht umsonst ihre Tochter!

Es machte mich völlig fertig, wenn ich merkte, wie bislang unbekannte, trübsinnige Gedanken Stephan plagten und ihm seinen letzten Lebensmut zu rauben drohten. Nicht nur die Angst vor dem Tod beschäftigte ihn, sondern auch der Kummer, seiner Familie noch nicht genug gegeben zu haben und vielleicht nie mehr die Chance dazu zu bekommen.

Obwohl mir oft danach war, konnte ich nicht weinen. Ein gewisser Sarkasmus hinderte mich zunächst daran, mein Leid auszudrücken, gefolgt von einer furchtbaren Wut.

»Gott, willst du mir denn alles nehmen, was mir lieb ist?«, schrie ich manchmal aufgebracht vor mich hin. »Oder willst du mich prüfen? Lachst du, wenn du dich fragst, wie viel die da unten noch ertragen kann? Keiner von uns hat es verdient, so geprüft zu werden.«

Viele dunkle Gedanken suchten mich in der Zeit heim, bis ich gefasst sagen konnte: »Ich werde vor dem Schicksal nicht resignieren, sondern kämpfen! Prüfe mich, aber sei wenigstens fair und gib mir die nötige Kraft, es durchzustehen.«

Diese himmlische Hilfe wurde mir gewährt. Sie drückte sich in meinen Augen auf viele verschiedene Arten aus. Mal war es in Form eines bunten Schmetterlings, der sich mitten im harten Winter in unsere Küche verirrt hatte, dessen unbekümmertes Flattern mich zum Lächeln brachte. Mal waren es positive Träume, die mich beruhigten. Oder nur überraschend gute Straßenverhältnisse nach einem Schneesturm, wenn eine lange Autofahrt bevorstand. Das stärkste Zeichen war jedoch, dass Stephan Glück hatte: Der Tumor war völlig eingekapselt und hatte nicht gestreut.

Mit dieser Hilfe war ich stets in der Lage, Optimismus um mich zu verbreiten, sodass Stephan neue Lebensfreude fand und rasch wieder zu Kräften kam. Im Haus hörte ich wieder Kinderlachen, und manchmal Gebell. Seit kurzem brachte ein kleiner Hund namens Zorro die Mädchen auf andere Gedanken. Von der ersten Minute an hatte das flauschige Tier es geschafft, die dunklen Wolken aus ihren Gedanken zu verjagen.

Immer wieder bewiesen mir Kleinigkeiten, dass ich nicht alleine war. Einmal, als wir als frisch wiedervereinte Familie ein paar Tage am Meer verbringen durften, fragte mich Meliha, plötzlich nachdenklich geworden: »Mama, warum habe ich ein falsches Auge? Bin ich die Einzige, die so etwas hat?«

Wie ich es immer machte, wenn ich keine Antwort wusste oder mir Zweifel kamen, blickte ich zum Himmel auf und flehte: Lass mich bitte nicht im Stich! Im selben Augenblick joggte am Strand eine junge Frau an uns vorüber. Sie trug eine Beinprothese. Und schon hatte ich die passende Antwort.

»Nein, mein Schatz. Viele Menschen tragen falsche Augen, falsche Haare, falsche Zähne. Schau mal, die Frau dort hat sogar ein falsches Bein. Jeder Mensch hat eine Last zu tragen. Wir auch. Aber im Gegensatz zu vielen anderen besitzen wir das Glück, uns zu haben.«

Meliha lachte.

Nach dem Sturm war der Sand wieder glatt gestrichen. Der Himmel strahlte blau. Zeit für die Menschen, jeden Tag so zu erleben, als sei es der letzte. Zeit für uns, um glücklich zu sein.

EPILOG

> Mit Zorn und Hass reißt man alles nieder, mit Geduld und Liebe aber baut man aus nichts einen Tempel.
> – *Mein vietnamesisches Lieblingssprichwort* –

Erinnerungen gehören nur uns. Sie sind Lasten und Schätze zugleich. Diese Eindrücke der Seele, diese Stützen des Verstandes machen begreiflich, wie ein Mensch zu dem wurde, was er ist. Sie sind das Letzte, das uns bleibt – allen Menschen.

Im Sommer 2001 hatte ich einen seltsamen Traum. Ich befand mich an Mè Loans Seite an einem schönen, einsamen Strand. Wir blickten auf das blaue Meer, als sich vor uns plötzlich eine riesige Welle bildete, die direkt auf uns zurollte. Ich erstarrte vor Angst, denn die Wellenhöhe betrug über zwei Kilometer. Meine Mutter und ich schauten uns an. Es war zu spät, um zu fliehen. Ich nahm ihre Hand, sie nahm meine. Wir blieben stehen und ließen die Flut über uns hinwegfegen. Als es vorbei war, standen wir beide heil da und strahlten uns an.

Bald darauf zeigte mir Mè Loan eine geschwollene Lymphdrüse unter ihrem Arm. Ich schickte sie zum Arzt. Die Diagnose lautete Lymphdrüsenkrebs. Die Welle. Weniger als zwei Jahre blieben uns, Zeit, um uns alles zu sagen, was wir zu sagen hatten. Ein Geschenk, trotz allem.

Am 7. März 2003, um acht Uhr morgens, schloss Mè Loan für immer ihre Augen, ohne eine Spur von Bedauern.

Wir saßen im Wohnzimmer, und mein Bruder Marcel versuchte, seine Tränen zu unterdrücken. »Mama ist gegangen ...«

»Ja, aber sie wird immer bei uns sein und über den Tod hinaus über uns wachen«, antwortete ich.

»Glaubst du an solche Sachen?«

Ich nickte. »Ja, wie Mè Loan auch.«

Jetzt nickte er und sah mich ziemlich perplex an. Genau in diesem Augenblick bekam der Rahmen mit Mutters Bild auf der Kommode einen Sprung.

Marcel zuckte zusammen. »Was ist das? Spukt es hier?«

»Ich habe dir gerade erklärt, dass Mama bei uns ist. Du hast genickt, aber nicht daran geglaubt.«

Plötzlich hörten wir noch einen Knall. Der Bilderrahmen war über die ganze Länge gerissen.

»Sie spricht gerade mit dir und sagt: ›Verstehe, ich bin da.‹« Marcel wandte sich Mutters Bild zu und sagte: »Ja, Mè Loan, das glaube ich jetzt auch.« Dann lächelte er mich an.

Ich holte aus Mutters Garten, was ich ihr mitgeben wollte. Eine blühende Forsythie, als Symbol für die Sonne, die sie für mich war, eine japanische Zierquitte, rot wie ihr Blut, das auch in meinen Adern fließt, und einen grünen Bambuszweig für die Ferne, aus der sie kam. Diese Zweige legte ich ihr für die große Reise in die Hände, zusammen mit Zeichnungen von Meliha und Rebecca.

Ihrem Wunsch entsprechend wurde meine Mutter eingeäschert. Einen Teil ihrer Asche verstreute ich in ihrem

Garten. Als ich damit fast fertig war, holte sich eine kleine Windhose den Rest aus der offenen Urne und nahm sie mit. Mè Loans Wirken auf dieser Erde war längst nicht zu Ende.

Tag für Tag spüre ich, wie sie mit einem sanften Lächeln über uns wacht – so, wie ich es eines Tages für meine Kinder bestimmt auch tun werde.

Während ich dieses Buch geschrieben habe, sind mir seltsame Zusammenhänge aufgefallen, und es sind einige merkwürdige Dinge geschehen.

Die Frau, die meiner Mutter das Baugrundstück für das Haus vermittelt hatte, Nguyen Thi Qui, wurde auf den Tag genau vierzig Jahre vor mir geboren, am 25. Mai 1924.

Fünf Monate nach Mutters Tod, im August 2003, ich hatte lange damit verbracht, den Namen von Mutters zweitem Bruder herauszufinden, erhielt ich von einer unbekannten Cousine aus Vietnam Post. Als Beleg ihrer Verwandtschaft mit mir legte sie einen Brief bei, den Mè Loan selbst am 2. Januar 1979, also vierundzwanzig Jahre zuvor, verfasst und an ihren Bruder Hoe – den von mir Gesuchten – zum neuen Jahr adressiert hatte.

Mutters beste Freundin Ngoc erhielt nur wenige Tage nach Mè Loans Tod einen Brief von ihrer ersten großen Liebe – nach fünfundfünfzig Jahren. Der Krieg hatte das Liebespaar getrennt, wie Ngoc Mè Loan oft geklagt hatte. Am 27. Februar 2006 konnten sich die sich noch immer Liebenden in Vietnam endlich wiedersehen. Wie Ngoc mir sagte, war dies der schönste Tag ihres Lebens. Nun würden sie beide mit reinem Herzen eines Tages ihre Augen schließen dürfen.

Auch wenn wir die meisten Dinge in unserem Leben selbst bestimmen und unsere Rolle im Leben mitgestalten können, liegt nicht alles, was geschieht, in unserer Hand.

NACHWORT

Heute weiß ich, dass ich ohne das Vorbild meiner Mutter nicht überlebt hätte. Von ihr lernte ich, in Momenten tiefer Verzweiflung noch etwas Hoffnungsvolles zu entdecken, Hindernisse als etwas zu nehmen, das man beiseiteräumen kann. Ihr fest verwurzelter Glaube, ihr vietnamesisches Blut, ihre Tatkraft waren meine Rettung. Ihr Vorbild half mir über alle Schwierigkeiten hinweg. Ihre Liebe werde ich immer spüren.

Nun kann ich das Geschenk dieser unermesslichen Liebe weitergeben an meine eigene Familie, an meine beiden Töchter. Manchmal kann ich sogar sehen, wie in ihnen meine Mutter weiterlebt. Dafür bin ich unendlich dankbar.

Isabelle Müller verkörpert in unserer globalen, multikulturellen Welt als halbe Vietnamesin und Französin die klassische Eurasierin. Durch ihre Herkunft verbindet sie die Kulturen Europas und Asiens.

Die Autorin wurde 1964 in Tours (Frankreich) als Isabelle Gaucher geboren. Ab 1985 arbeitete sie in Deutschland als Dolmetscherin und Übersetzerin.

Mit ihrer Mutter Dau-Thi-Cuc, genannt Loan, bereiste sie Südostasien und lernte die Geschichte ihrer vietnamesischen Wurzeln kennen. Isabelle Müller ist mit einem Deutschen verheiratet und hat zwei Kinder.

Printed in Poland
by Amazon Fulfillment
Poland Sp. z o.o., Wrocław

52265853R00200